[개정판]

학교사회 복지론

School Social Work

전재일
이성희
이성국
이경은
박영준
이선자
공저

School Social Work

양 성 원

머리말

청소년은 미래의 국가사회를 책임지고 이끌어 갈 중요한 인적 자원으로서 건전하게 성장, 발달할 권리와 기회를 보장받아야 한다. 그러나 청소년의 대부분을 차지하고 있는 학생들은 교육정책상의 문제로 인한 전인적 교육으로 성공적인 교육목표를 달성하지 못하거나 교육실패의 위기에 처한 경우가 날로 증가하고 있어 학교는 이들을 지도할 능력과 기능을 상실한 채 처벌을 위주로 학교장면에서 밀어내 사회로 책임을 전가하고 있는 현실에 처하고 있다.

이러한 상황을 고려하여 사회복지학계에서는 청소년복지 증진에 관심을 기울이면서 청소년의 대부분이 학생이라는 점에서 학생복지에 관심의 초점을 두지 않을 수 없게 되었다. 그리하여 청소년복지에 관심을 가진 학자들과 실무자들이 학교에서의 사회복지실천을 발전시키기 위하여 노력을 기울이기 시작하면서 학교사회복지실천의 필요성을 인식하게 되었고, 초·중등학교 교육을 담당하고 있는 교사들과 교육계 인사들에게 학교사회복지의 직·간접적인 실천활동을 통하여 학교사회복지의 필요성을 인식시키는 데 심혈을 기울여왔다.

이러한 시기에 정부의 교육당국은 1997년부터 2년간 '학교사회사업'을 시범적으로 시행하였으나 그 내용 면에서는 본래의 의미를 벗어난 바 있다. 1997년에는 한국학교사회복지학회가 창설되어 학문적 기반을 형성, 발전시키는 계기를 마련하였고, 같은 해에 삼성복지재단의 기획사업과 서울시 교육청의 시범사업으로 학교사회복지실천이 실시되었다. 이러한 학교사회복지의 실천으로 사회복지사들의 숫자가 늘어나자 2000년에 한국학교사회복지사협회가 창설되었다.

이어서 2002년에는 사회복지공동모금회가 기획사업으로 학교사회복지사업을 실시하여 학교사회복지를 제도화하는 여건을 더욱 성숙시키는 데 크게 기여하였다. 그러나 2003년에 과천시가 학교사회복지사업을 실시함으로써 지방자치단체가 주체가 되는 전기가 되었다. 정부의 교육당국은 교육복지투자우선지원사업을 실시하게 되면서 정부에 의하여 처음으로 사회복지사가 학교에 근무하는 새로운 전기를 마련하게 되었고, 이어서 사회복지사를 활용한 연구학교를 2004년 48개교에서 시작하여 이듬해 96개교로 확대 실시하여 학교사회복지실천의 전문성을 발전시키는 기회가 되었으나 결국 이 프로그램은 2008년까지 실시하고 중단되고 말았다.

따라서 한국학교사회복지학계는 2004년 선거를 앞두고 5개 정당 초청정책토론회를 국회강당에서 개최하여 학교사회복지를 정당정책에 반영하도록 촉구하기도 하였다. 이어서 학계대표들이 교육부총리를 면담하여 학교사회복지를 제도화할 것을 건의하고, 보건복지부장관을 면담하여 제도화를 위한 지원을 당부하기도 하였다.

한편으로는 제도화를 전망하며 필요한 학교사회복지사를 사전에 확보해 두어야 한다는 전제하에 학교사회복지사 양성을 위하여 자격시험제도를 마련하고자 '학교사회복지사 자격관리위원회'를 결성하여 제1회 학교사회복지사 자격시험을 2005년에 실시한 후 매년 시행해 오고 있다.

그리고 2007년은 용인시가 학교사회복지사업을 실시하고, 2009년에는 '성남시 학교사회복지활성화 및 지원에 관한 조례'가 제정되었고, 2010년에 '수원시 교육경비보조에 관한 조례'를 개정하여 '각급 학교에 대한 학교사회복지지원사업'을 추가하였으며, '경상남도 공교육 내실화지원조례'를 '경상남도 교육지원 및 교육복지활성화에 관한 조례'로 개정하였고, 2011년에는 '용인시 학교사회복지활성화 및 지원에 관한 조례'를 제정하는 등 최근 지방자치단체들에 의한 학교사회복지사업에 관한 관심이 제고되고 있다. 이러한 시점에서 정부에 의한 학교사회복지제도화는 더 이상 미루어야 할 이유가 없으며, 국가사회 발전을 위해서도 우선적으로 해결되어야 할 과제라 하겠다. 학교사회복지실천은 학생들이 학교의 전인교육으로 건전하게 자라나 미래사회의 지도자로서 자질을 갖추도록 학교교육의 목적을 달성하는 데 중요한 의의를 가진다.

최근 우리나라의 교육환경과 여건은 많은 변화 속에서 새로운 도전과 교육적 대처가 요구되고 있는 상황에 직면하고 있다. 출산율 저하로 인하여 아동청소년 인구가 감소하여 학급당 학생 수가 20~30명 전후로 현저히 줄었는가하면 농어촌지역 학교에는 학생들이 급감하여 학년통합수업을 하고 있는 실정이다. 도시의 학생들은 공교육과 동시에 사교육을 통해 선행학습으로 인지학습이 이루어지고 있어 행동적 정의적 요소가 소홀이 다루어지고 있고, IT 기술의 영향으로 스마트폰의 보급 확산이 인간관계의 단절을 초래하게 되고 학생들의 생활양상이 바뀌고 있어 청소년의 인성교육이 새로운 국면을 맞이하고 있다.

또한 코로나바이러스감염증-19(COVID-19) 팬데믹으로 학교대면수업이 중단되고, 온라인 수업과 주 2~3회 정도 대면수업이 이루어지는 등 교육자나 피교육자인 학생은 물론, 학부모들도 교육적 위기를 직면하고 있다. 이러한 격동적 변화의 상황에서 교육당국과 학교에서는 새로운 교육적 방향의 모색과 학생지도의 대안 모색이 시급한 과제로 제기되고 있다.

머리말

이 책은 사회복지실천의 한 분야로서 학교사회복지의 주요 개념, 정책 및 실천을 비롯하여 통합적 서비스, 학교 내 폭력과 예방적 중재도 다루었다. 이 책은 학교와 지역사회의 관련 기관에서 학생들을 돕는 데 관심을 가지고 있는 학교경영자, 생활지도교사, 교사 및 사회복지사들이 학교정책, 교육실천, 그리고 교육실패의 위험에 처한 학생집단을 이해하고, 학교에서 사회복지서비스를 구체화하려는 사람들을 위한 지침서가 될 것이다.

이 책은 학교사회복지에 관련된 전문적 문헌과 학교에서의 사회복지실천의 사례에 관한 경험적 결과를 활용하였다. 또한 사회복지실천은 교육의 질을 개선하려는 교육개혁의 추진과 관련하여 검토하였다. 학생들과 그들의 가족생활의 질에 영향을 미치는 사회적 상황과 주요 정책적 이슈, 그리고 아동과 청소년의 심각한 문제를 해결하려고 시도하는 학교의 전략적 입장에도 초점을 두었다.

사회복지사들은 주요 교육정책과 실천, 학생들에게 영향을 미치는 사회상황을 잘 모른다면 학교에서의 양질의 사회복지서비스를 전달할 수 없을 것이다. 이 분야의 학제 간의 특성 때문에 사회복지사는 이에 대한 이해와 협력방법도 요구된다.

이 책의 중요 목적은 사회복지의 개념적 틀을 학교사회복지에 적용하는 것이고, 학교직원과 서비스를 받는 학생과 부모의 역할과 책임을 검토하고, 학교교육의 중요 문제영역을 설명하고 교육의 질에 영향을 미치는 정책적 이슈를 분석하고, 학교사회복지의 대상 인구를 명백히 하고, 학생의 생태에 관련된 사회복지실천을 이해하고, 학교사회복지서비스를 계획하고, 전달하고, 그 효과성을 평가할 책임을 수행하기 위한 기초를 제시하는 것이다.

끝으로 학교사회복지실천에 관심을 가진 교육자, 실무자, 그리고 학생 모두에게 유용한 지침으로 활용되어 하루속히 우리나라 학교사회복지법을 입법하여 제도로 정착되고 발전해 나가기를 기원하는 바이다. 이 책이 나오기까지 출판을 맡아주신 양성원 강철원 사장님과 편집부 직원 여러분의 수고에 감사드린다.

2020년 8월

청호 전재일

School Social Work

CONTENTS

제4부 학교사회복지의 미래

제13장 학교사회복지의 과제와 전망

<부록>

PART 01

School Social Work

학교사회복지의 개관

CHAPTER 01

학교와 사회복지

제1절 학교교육의 환경

1. 학교교육의 환경

학교는 국가가 국민에게 교육의 의무와 권리를 시행하기 위해 행하는 모든 교육과정과 교육행위, 더 나아가서 학생이 학교에서 생활하는 공간으로의 의미를 가진다. 따라서 학교란 국민의 교육의무와 권리를 이행할 수 있도록 제공하는 교육과정과 교육행위를 말하며 더 나아가서 학교생활을 영위할 수 있도록 보장하는 공공체계이다(한국학교사회복지사협회 부설 교육복지연구소, 2010: 72).

학교에서의 교육은 개인의 능력을 발견하고 개발하여 미래의 인생을 준비하도록 하는 것이며, 또한 사회생활을 하는 데 필요한 훈련과 직업보도 등을 통하여 최대한으로 만족한 삶을 영위할 수 있도록 준비시켜 주는 과정으로 이해할 수 있다. 인간다운 삶의 수준은 한계가 없을 뿐만 아니라 다양하여 만족한 삶을 규정짓는다는 것은 매우 어렵다. 그러나 인간다운 삶을 영위하려는 것은 인간에게 공통된 소망이다. 이러한 소망을 성취하기 위하여 자신의 노력과 교육은 필수적이다.

학교교육의 근본목적은 학생 개인의 지식과 진리를 추구하는 능력에 따라 학생을 지도하는 것이며, 민주주의적 생활방식을 터득하도록 준비시켜 주고, 학생으로 하여금 자긍심과 자기 수련 및 개인을 존경하는 도덕관을 발전시키도록 도우며 학생으로 하여금 행복감과 당당함을 가지고 생활을 영위할 수 있게 준비하는 데 있다고 하겠다.

학교교육은 학교환경에 의하여 크게 영향을 받기 마련이다. 학교환경의 이해는 일반적으로 체계적 접근과 이를 바탕으로 하는 생태체계적 접근을 사용한다. 체계이론은 학교에 대한 조직과 하위체계를 조사하고 이해하는 것을 도와주는 도구를 제공한다. 체계이론은 각 환경이 영역, 구조, 유지체계를 가지고 있다고 본다. 체계이론의 개념은 다양한 시설과 체계 내(학교, 가족, 지역사회 등)에서의 학생의 기능에 대한 자료를 개념화하고, 수집하고, 조직하는 데 유용하다.

생태체계적 접근은 상호작용과 교류에 대한 이론으로써 사람과 사람 사이, 사람 또는 상이한 시설이나 다른 체계 사이의 교류의 본질을 이해하기 위한 틀을 제공한다. 이것은 조직과 환경 사이의 광범위하고 복잡한 상호교류를 다루고 있으며, 학교사회복지사가 학생의 상황이나 학생이 직면한 어려운 점에 기여하는 모든 체계를 규명하고 그 관계를 고려하도록 도와준다. 초점은 상호작용에 대한 사회적 과정과 학생과 학생의 환경 사이의 교류에 있다. 환경은 학생의 생활과 발달을 결정하고 영향을 끼치는 외부적 조건과 영향력의 집합체로 정의된다. 이러한 결정적인 영향을 미치는 환경 중에 가족과 아울러 학교, 지역사회(이웃, 법원, 병원, 진료소, 대중매체 등)가 포함된다.

학생은 이러한 환경체계 안에서 환경의 요구에 끊임없이 도전받고 대처하며 적응해 나가야 한다. 인간의 대처행동은 일생에 걸쳐 발달된다. 종종 개인이나 개별집단에 의해 나타나는 행동들은 개인이 스스로에 대한 축적된 정보나 중요한 환경에서부터 얻어진 정보와 관련되어 있다. 특별히 학교는 학생에게 교육매체를 통해 집중적이고 조직적으로 정보를 제공하는 곳이다. 학생의 학습능력에 관해 가족이나 학교에서부터 끊임없이 주어지는 부정적인 정보나 환류는 학생의 능력을 소멸시키거나 학습 부진을 계속 유지하도록 하는 것이다.

환경은 개인이 직접적으로 접촉할 수 있는 범위 내에 있는 상황에 대한 특징이다(Monkman, 1978, 1982a, 1982b). 환경에는 부가적으로 자원(resource), 기대(desire), 기타 제도적인 환경이 포함된다.

자원은 필요하거나 바람직한 것을 도와줄 수 있는 것으로 판단되는 인간, 가족, 조직, 시설로서 정의한다. 자원은 활용할 수 있는 것이어야 한다. 비공식적 자원은 지지, 애정, 충고, 그리고 구체적 서비스를 제공할 수 있다. 공식적 자원은 조직, 기업, 학교, 그리고 사회적 서비스기관을 포함한다. 이러한 자원들은 사회서비스에 대한 계획을 발달시키고, 학생과 가족을 원조하기 위해서 조정된다.

기대는 확립된 사회적 구조에 근거하는 형식화된 임무수행과 정상적인 의무로 정의된다. 그리고 제도적인 환경에는 법과 정책 등이 포함된다.

학생의 환경체계는 [그림 1−1]과 같이 학생이 상호작용하고 교류하는 중요한 환경 또는 체계를 포함한다(Allen-Mears, Lane, & Oppenheimer, 1981, and modified 1998).

Swap(1978)은 개인을 둘러싸고 있는 주변의 환경을 생태체계론적 관점의 환경으로 특징화하고 설명하였다. 생태체계적 망은 다음과 같이 구성된다.

첫째, 첫 번째 수준인 가장 기본적인 환경단위나 체계는 행동장면이다. 행동장면은 물리적 환경이나 활동 프로그램, 주민, 시간과 공간 설정을 포함하고 있다. 행동장면(예: 교실)에 있어서 학생은 장면의 구성요소이고 그러한 장면에 있어서 활용할 수 있는 기대, 절제, 기회에 의해 중요한 영향을 받는다. 행동장면은 학급, 학교 전체, 가족 등 다양한 체계를 포함하고 있는 것으로 설명될 수 있다.

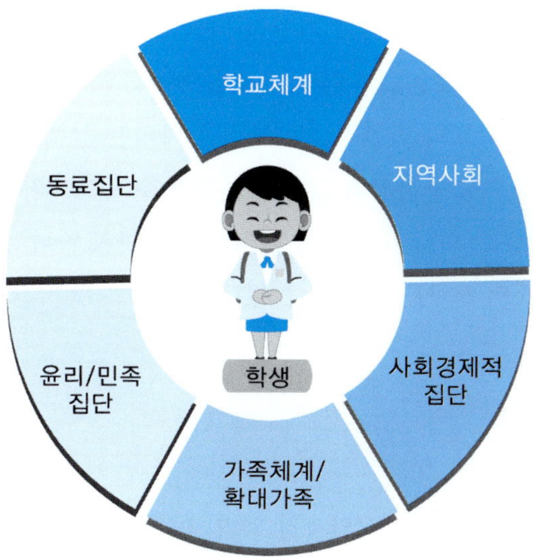

그림 1-1 학생의 환경체계

둘째, 환경에 있어서 분석의 두 번째 수준은 장면을 교차하는 행동패턴이다. 이 수준에서 행동장면은 학생–환경 간의 상호작용에서 더욱 복합적인 학습공간을 형성한다. 예를 들면, 이것은 동일학생이 가정과 학교에서 다른 행동을 나타낸다. 즉, 학생이 한 장면에서는 정서장애로 낙인찍히고 다른 장면에서는 비정서장애로 인정되는 행동을 포함한다. 지역사회와 문화는 단순한 행동장면, 그리고 그들 사이의 관계에 영향을 미친다.

셋째, 세 번째 가장 복잡한 분석수준으로는 지역사회와 문화는 물리적 환경의 특성과 마찬가지로 지역 그리고 보다 큰 지역수준에서 공식적, 비공식적 구조를 포함한다. 생태체계에서 모든 학생은 고유하게 간주되어지므로 학교와 하위체계와의 그들의 교류와 상호작용도 고유하다.

이상에서와 같이 학교도 다른 사회체계와 같이 제도적인 조직을 가진 하나의 사회체계이다. 즉, 목적을 달성하기 위하여 제도적으로 규정된 다양한 역할을 수행하며 많은 개인들이 상호작용하는 조직체인 것이다.

흔히 학교를 단순한 제도적 조직을 가진 하나의 소규모 사회체계로 생각하고 있으나, 학교의 구조는 내부적으로는 소수인의 행정가, 행정직원, 교사 및 학생으로 구성되어 있으며, 외부적으로는 학교와 직접적으로 관련을 가지는 상부 행정기관(교육청, 교육과학기술부), 지역사회 등으로 구성되어 있다고 설명할 수 있다. 따라서 학교교육의 환경을 파악함에 있어 단순한 하나의 관점에서 이해하는 것이 아니라 복합적이고 다양한 관점으로 접근하는 것이 요구된다고 할 수 있다.

2. 생태체계적 관점

생태학적 관점은 특정한 문화와 역사적 맥락 속에 단일체계로 인간과 환경을 조명할 필요성을 강조한다. 인간과 환경은 특별한 문화와 역사적 맥락 속에서 서로에게 끊임없이 영향을 미치기 때문에 인간과 환경의 관계 면에서 충분히 이해되어져야 한다. 그러므로 생태학적 측면에서 비롯되는 모든 개념은 인간과 환경이 따로 적용되는 것이 아니며 오히려 각 개념이 긍정적이든, 부정적이든 또는 중립적이든지 간에 특정한 인간과 환경과의 관계를 표현한다. 단일관점에 따라 인간–환경의 관계는 시각적으로 접촉이 단절된 전통적 관계 대신 홀론(holon)으로 설명된다(전재일, 1998: 39).

생태학적 관점의 또 다른 면은 '생태학적 사고'로서 이것은 단선적 사고와는 확연히 구별되는 사고이다. 단선적 사고는 몇 가지 단순한 현상으로 설명된다(예: 영철이가 타일 바닥에 컵을 떨어뜨려 컵이 깨지지만 다음에 컵을 사용할 때의 태도는 여전히 변하지 않는다). 생태학적 사고는 사회복지영역에서 다루어지는 복잡한 인간현상을 설명할 수 있다. 생태학적 사고는 A와 B 사이의 교류를 검토하는데, 예를 들면 서로 어떤 영향을 미치는지 혹은 두 가지의 반복적인 변화가 어떤 것인지와 같은 것들이다. A의 행동은 B의 변화를 초래한다. B의 변화는 A에서 변화를 이끌어내고 이것은 다시 B의 변화를 초래한다. 이러한 과정은 서로 다른 변인들이 동시에 작용하므로 더욱더 복잡해진다.

반대로 단선적 사고는 A의 영향은 특정 시점에 B의 변화를 초래하는 반면에 A는 변하지 않고 남아 있다고 보는 것이다. 생태학적 사고는 원인보다는 A와 B의 변화의 결과와 부적응적 교류의 개선에 도움을 주는지에 관심을 가진다. 그러므로 생태학적 사고는 단순한 원인과 결과의 예상에 가치를 두기보다는 복잡한 인간환경 속의 불확정성에 가치를 둔다(전재일, 1998: 39).

생태체계적 관점은 사람과 사회환경 사이의 관계력을 강화하는 것으로 간주한다. 개념적으로 이 관점에서는 부적절한 사람도 없고 부적절한 환경도 없지만, 사람과 환경 사이의 적합성은 일치할 수 있고 일치하지 않을 수도 있다는 것을 함축하고 있다(Rappaport, 1977). 즉, 학생이 자신의 외부 환경과의 적합성을 최대화시킬 수 있도록 학교사회복지사가 노력해야 한다는 것이 학교사회복지에 있어서의 생태체계론적 접근의 기본원리이다.

Apter(1982)은 생태학적 환경에 관하여 다른 설명을 하였다. 그가 설명한 생태학적 환경의 각 구조는 [그림 1–2]와 같다.

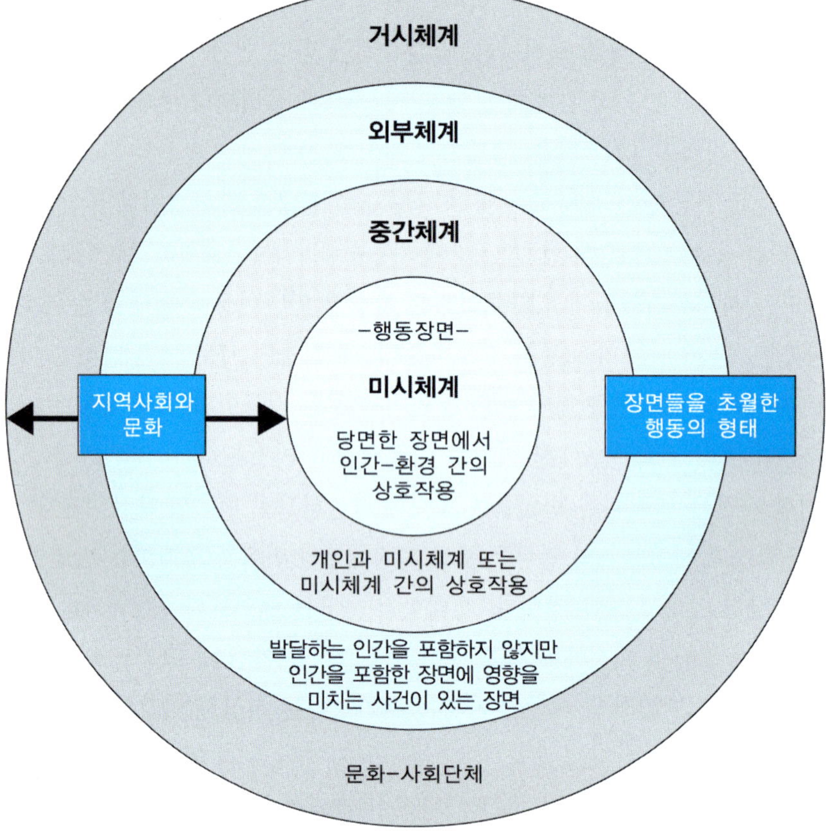

그림 1-2 생태학적 환경

인간의 위험과 기회는 모든 수준의 환경에서 발견될 수 있으며, 이러한 수준은 다음 〈표 1-1〉과 같이 미시체계수준, 중간체계수준, 외부체계수준, 거시체계수준으로 구분할 수 있다(Bronfenbrenner, 1979; Garbarino, 1982).

미시체계수준은 개인의 일상환경을 통합하는 개인, 모든 사람, 그리고 집단을 포함한다.

중간체계수준은 개인의 미시체계 안에 있는 개인과 집단의 상호작용과 개인과 집단이 서로 관련되어 있는 방식을 포함하지만 개인을 미시체계에 집어넣지는 않는다.

외부체계수준은 개인에게 직접적으로 관련되지는 않지만 개인이 기능을 수행하는 방식에 영향을 미치는 지역사회수준의 요인들을 포함한다.

거시체계수준은 문화적 태도와 사회의 가치와 같은 사회적 승인을 포함한다.

〈표 1-1〉 환경과의 관계에서 개인을 이해하는 생태체계적 관점

생태체계적 수준	정 의	예	사람에게 영향을 주는 이슈
미시체계	사람이 영향력 있는 타인과 면대면 접촉을 가지는 것	가족, 학교, 직장, 동료집단, 교회	• 그 사람이 긍정적으로 여겨지는가? • 그 사람이 수용되는가? • 그 사람이 능력 있는 행동을 위해 강화되는가? • 그 사람이 역할과 관계 면에서 충분히 다양성을 나타내는가? • 그 사람이 상호적 관계에서 적극적 역할을 하는가?
중간체계	미시체계들 간의 관계: 상황들 간의 연결	가정-학교, 가정-직장, 가정-교회, 학교-이웃	• 장면들이 서로 존경하는가? • 장면들이 가치에 있어서 기본적인 일관성을 보이는가?
외부체계	사람이 참여하지 않지만 중요한 결정이 그 사람이나 그 사람과 직접적으로 상호작용하는 다른 사람에게 영향을 미치는 장면들	사람이 미시체계 안의 다른 사람들의 고용의 위치, 학교이사회, 지방정부, 사람의 미시체계 안에 있는 다른 사람들의 동료집단	• 진심으로 그 사람과 가족의 관심으로 결정되는가? • 가족들의 균형이 부모와 자녀들의 긴장을 얼마나 잘 지지하는가?
거시체계	사회의 제도적 생활을 정의하고 조직하기 위한 청사진	이데올로기, 사회정책, 인간본성에 관한 공통된 가정, 사회적 계약	• 어떤 집단들이 다른 집단을 희생할 가치가 있는가? • 개별주의적 또는 집단주의적 성향이 있는가? • 규범을 위반하는가?

학교사회복지사는 강력한 생태체계를 형성하고 각 학생의 환경에 다양한 특징을 연결하여야 한다(Apter, 1982). 학교사회복지사는 다음의 목표를 달성하여야 할 것이다.

① 학생에 대한 새로운 사회기술과 능력의 형성

② 학생과 그들의 가족을 지지하고 학교나 지역사회에서 새로운 프로그램을 개발하는 데 있어서 새로운 자원과 사회복지서비스의 규명
③ 성인들의 인식(학생에 대한 교사의 부정적 견해)의 변화
④ 지식과 이해(예: 아동학대나 유기에 대하여 교육자에게 현장훈련을 제공하는 것)의 증진
⑤ 행동(예: 일상생활을 수행하는 기능에 어려움을 가지고 있는 학생들을 위해 적절한 교육일정을 개발하는 것)의 재구성
⑥ 관련 있는 지역사회기관들(정신건강, 청소년 관련 기관)을 새로이 묶을 수 있는 방법의 개발
⑦ 교사, 부모, 지역사회기관 직원에 대한 새로운 역할의 개발(예: 집단지도자로서 교사, 자원봉사자로서 부모, 학교자원으로서 지역사회기관 직원)
⑧ 필요성이 있는 곳에 새롭고 혁신적인 프로그램의 개발(대안적 프로그램, 융통성 있는 일정, 임신한 소녀들에 대한 학교 프로그램, 부모가 직장인인 학생들의 방과 후 프로그램, 신체장애아동을 위한 시설개조).

학교사회복지는 학생을 둘러싸고 있는 다양한 환경체계(학교 · 가정 · 지역사회 등)와의 상호작용을 통해 존재하는 것이다. 학교사회복지의 개입은 학생과 그를 둘러싼 환경체계들과의 상호 교류가 일어나는 공동영역에 초점이 맞추어지며 개입목적은 각 공동영역에서 학생의 대처능력과 환경의 요구 사이에 조화를 획득하는 것이다. 학생이 속해 있는 생태학적 환경은 직접 그 장에 소속되어 밀접하면서도 직접적인 영향을 받는 인접환경인 가족과 친인척, 가족 안에서의 교사, 교우, 선후배 그리고 좀 더 확대해서는 지역사회 안에서의 친구, 이웃을 포함한다. 또한 학생의 생태학적 환경은 사회복지기관, 의료기관, 종교기관, 법률 및 경찰기관, 문화여가시설, 기타 시설 등의 더 큰 외부체계도 포함하며 이들을 통해 영향을 받고 있다.

따라서 학생들이 갖는 많은 문제들은 학생 자신과 그들을 둘러싼 환경 간의 상호 교류에서 발생하며, 이러한 상호 교류는 다양한 개인적 측면, 환경적 측면들과의 공동영역을 만들어 낸다. 그러므로 학생들의 문제에 대한 개입은 이러한 학생과 환경과의 공동영역에 초점이 맞추어져야 할 것이다.

제2절 학교교육과 학교사회복지

1. 학교교육의 과제

교육제도는 교육적 · 심리적 · 지적 · 사회적 기초 위에서 민주교육의 기본이념 아래 인간발달적 측면이 충분히 고려되고 다른 사회체계와도 유기적으로 연계되도록 체제화되고 정착되어야 한다.

'학교교육의 과제는 무엇인가?'라는 질문은 학부모, 교사, 학교사회복지사, 교육학자, 정치가를 비롯하여 학생 및 교육 현실과 접하고 있는 모든 사람들이 깊은 우려를 가지고 자주 던지는 질문이다. 이러한 질문을 던지는 동기는 많은 학생들에게서 나타나는 정신병리, 성격장애, 행동장애, 자살 등 여러 가지 병리적 요인이 오늘날의 학교교육과 관련이 있다고 생각하기 때문이다. 즉, 이러한 질문의 저변에는 일반적으로 학교가 학생에게 지속적으로 많은 부분에서 장애가 되고 있다는 의미가 내포되어 있다. 이러한 문제의식은 학교교육에 대한 주된 논의가 종래의 정치 이데올로기적 논의에서 의학, 사회심리학, 교육학적 비판의 견지로 옮겨졌다.

학교교육의 과제는 정치가나 교육자뿐만 아니라 일반인도 많은 관심을 갖게 되었고, 학교교육의 문제성에 대처하기 위해 '인성'교육이 강조되고 있다. 즉, 오늘날의 학교는 비인간적 교육방법과 학생들의 정상적인 성장, 발달을 저해하는 조건들이 지배적이어서 학생에게 교육적으로 오히려 부정적인 영향을 끼치는 면이 많다. 그러나 인성교육의 의미와 학교교육의 병리현상에 대한 논의는 학자나 학문분야에 따라 서로 다르지만 인성교육에 대한 요구는 학교에서의 가장 중요한 것으로 대부분 공감한다.

이러한 차원에서 학교교육이 해결하여야 할 과제는 사회체계로의 학교체계가 가지는 문제를 해결하는 것이 가장 중요한 논의점이 된다. 학교교육의 가장 핵심적 위치에 놓여 있는 학생의 문제행동이 학교교육이 해결해야 할 가장 중요한 과제라고 할 수 있다. 학교 내 · 외에서의 성폭력, 학교급우에 대한 신체적 · 정신적 학대의 심각성, 중 ·

고등학생의 임신과 출산, 그 밖에도 가출, 약물남용, 학교중퇴자의 증가, 학생의 학업부진, 학교폭력과 비행, 저조한 출석, 학교에 대한 흥미결여 등 수많은 문제가 학생의 학업성취와 전인으로서의 성장을 방해하고 있다.

학교교육 관계자들은 학생들에 의해 발생하는 문제행동의 이유나 동기를 학문적으로 이해하지 않으려는 속성을 갖고 있다. 학생의 행동을 비교육적으로 잘못 양육된 결과, 세대차이, 개인적인 문제로 규정하려는 강한 속성을 갖고 있다.

따라서 사회적으로나 개인적 차원에서 가장 많이 논의가 되고 있는 학생의 일탈 · 비행 등의 원인을 개인, 가정, 학교, 기타 사회환경에서 찾을 수 있지만 본 절에서는 학생이 가지는 다양한 문제는 학교체계가 적극적으로 나서서 해결해야 할 가장 중요한 과제라 규정하고 논의를 전개하고자 한다.

학교교육은 학생비행문제에 직 · 간접으로 관여하고 있다. 즉, 학교교육이 가정, 개인, 지역사회 변인과 더불어 학생비행 촉발에 영향을 주고 있다. 학교교육은 학생에게 학업지도에 영향력을 행사하고 있음에도 불구하고, 비행학생의 건전한 인격형성을 위한 인성교육적인 면에는 실제적으로 성공적이지 못하다. 학교의 현실은 독자적으로 활용하고 있는 각종 비행학생 선도대책은 양적 · 질적인 면에서 제한적이고 한계를 가질 수밖에 없기 때문이다. 이러한 한계는 학교교육이 학생에게 그들의 문제해결에 적극적인 도움을 줄 수 없게 하고 있다.

한국의 청소년인구는 점차 줄어드는 양상이고, 이들 청소년의 학력을 보면 현재 초등학교 졸업생 중 약 99% 이상이 중학교를 거쳐 고등학교에 진학하고 있으므로 청소년의 대부분이 학생이라 할 수 있다(청소년백서, 2003: 87-88).

청소년백서에 의한 소년범죄의 유형별 분포상황에서 폭행, 상해, 공갈 등의 폭력범, 절도, 횡령, 사기 등의 재산범, 살인, 강도, 강간 등 강력범의 비율이 많아지는 것을 보더라도 문제의 정도가 심각하고 양상들도 난폭한 성격을 띠고 있으며, 또한 청소년비행에서 학생비행이 차지하는 비율도 점차 증가하여 학생들의 문제가 사회적 관심의 대상이 되고 있다(청소년백서, 1996: 409-418).

국가 차원에서 학생비행문제에 대한 예방적인 대책으로 학생의 진로상담을 위해 중 · 고등학교에 전담진로상담교사제를 도입하여 12학급 이상의 중학교, 9학급 이상의 고등학교에 상담실을 운영하고 있다. 그 외 국가적 시책으로 학교상담자원봉사제를 운영하고 있다. 이 제도는 서울시 교육청이 처음 운영하여 전국 15개 도시에 확대 실시되고 있다. 그러나 교사로 훈련받았을 뿐 상담교사로는 간단한 자격교육만 이수한 전담진로상담교사와 상담에 적합하지 못한 환경을 갖춘 상담실은 그나마 절대적으로 부족한 상태이고, 진로상담교사들은 서비스의 공급자 중심, 즉 어디까지나 교사의 입장에서 진로상담활동을 하므로 학생들의 사회 · 정서적인 문제에 적절히 개입하지 못하고 있는 실정이다(이성희, 1995: 5).

최근에는 해당 정부부처와 지방자치단체 등의 관할 아래 청소년종합상담실, 청소년대화의 광장, 아동상담소, 경찰서 산하 청소년상담실 등이 운영되어 지역사회의 학생문제에 개입하는 역할을 하고 있다. 이 밖에 사회 · 종교단체, 개인 등도 학생이 보다 나은 삶을 추구하도록 도와주려는 프로그램들을 개발하여 전개하고 있지만 전체 학생 수에 비하면 아직 일반화되지 않아 그 활동이 미미하다(이성국, 1996: 368).

이러한 상황에서 학교교육 관계자들과 학교가 문제의 핵심을 다른 곳으로 전가시키는 데 교육적 정력을 너무 소비해 왔다는 데 있다. 즉, 학생이 문제를 가지게 될 때에는 이미 학교가 강조하는 부적합한 교과내용, 교과과정, 교수방법, 교육활동 그 자체가 변화하지 않고 있음을 의미하는 데도 불구하고 학생 개인의 혹은 사회적 여건 탓으로 돌려왔다는 것이다. 학교교육에 의한 학생의 사회화의 방향과 내용, 그리고 교육현실이 변화될 기미가 없는 상황에서 전개되는 각종 선도를 위한 규제와 통제는 오히려 학생이 문제를 가지는 진원지로 인식될 뿐이다.

2. 학교사회복지의 필요성

학교교육에 있어서 가르침–배움의 과정에 영향을 주는 문제들을 조사하고, 사정하고, 해결하며, 또한 모든 학생들의 잠재적인 학습능력을 최대화하려고 공동으로 노력을 기울이는 학교교육의 방침 중의 하나로 학교사회복지를 이해할 수 있다.

학교에서 발생하는 많은 학생들의 문제는 대부분 일대일관계에 바탕을 두고 다루어지지만 집단수준 사회복지도 활용될 수 있고, 지역사회에 의한 총체적인 사회복지서비스도 학생과 학부모가 이용할 수 있다.

최근까지 학생들이 학교의 경험을 잘 활용하지 못하는지를 알려고 많은 지적인 노력이 모아졌다. 일부 학생들이 문제를 가지는 이유, 그리고 개인에 대한 학교의 영향과 학생의 욕구 및 특별한 능력에 대해서 어떻게 반응을 해야 할 것인가에 대해서 학교가 많은 것을 알게 되었다. 그러나 아직도 교육제도의 개선, 교육시설의 확충, 변화하고 개선하고자 하는 노력, 그리고 지속적인 조사연구가 필요하다. 학교교육이 가지는 여러 과제를 해결함에 있어 나아가야 할 방향을 결정할 때 합의가 부족할 때도 있다. 변화하려는 헌신과 결단이 필요하며, 이에 덧붙여 자원, 계획, 그리고 해결하는 데 있어서 학생 스스로의 참여도 대단히 중요한 영향을 미친다.

학교에서 학생을 위한 순수교육적 차원에서의 서비스는 교사와 학교의 교육적 목표와 분리되어서는 안 된다. 따라서 교육목표의 실현을 위해서 오늘날 인간의 잠재력 개발을 극대화하고 전인적 차원에서 성장, 발달을 촉진하는 사회복지서비스 제공을 목적으로 하는 학교사회복지제도를 실천하고 적용, 확장시키는 것이 필요하다.

학교사회복지는 사회복지실천의 세분화된 분야 중의 하나이다. Bartlett은 미국의 경우 학교장면에서 사회복지실천에 대한 특징을 다섯 가지로 제시하여 자세히 설명하였다. 그는 사회복지실천의 특징을 핵심문제, 조직된 서비스체계, 지식의 실체, 사회문화적 태도, 서비스를 받는 사람의 특징적인 반응과 행동으로 세분화하였다.

① 핵심문제: 학교의 일차적 기능은 교육이다. 학교와 학생 사이의 상호작용이 양자에 대한 역기능적 관계를 야기할 때, 학생이 학습이나 적응에 실패할 때, 그리고 학교가 학생들이 성취할 수 있도록 도와주려는 데 어려움을 가지고 있을 때 교육기능에 문제가 있게 된다.

② 조직된 서비스체계: 학교는 대단히 관료주의적 체제이다. 학교는 성취와 진전의 수준에 따라 학생을 범주화한다. 학교는 구체적 영역을 담당하기 위하여 담임교사, 교과교사, 보건교사, 상담교사, 학교사회복지사, 행정가 등 다양한 전공의 전문인력을 가지고 있다. 운영에 대한 학교의 역할은 수행능력과 순응성을 고양하기 위하여 복합적으로 잘 확립되어 있다. 이러한 체계는 서비스를 조직화하기에

용이하다.

③ 지식의 실체: 교육분야는 다양한 교재와 방법뿐만이 아니라 학생을 위한 최선의 학습조건과 방법에 관한 이념까지도 포함하고 있다. 전문직 간의 견해의 차이는 인간적 접근부터 보다 구체적인 행동접근까지 광범위하게 걸쳐 있다. 교육자로서 준비하는 근본적인 지식기초와 방법은 학교사회복지사의 준비와 훈련에 활용되는 지식기초와 방법과는 차이가 있다. 교육자는 인지적이고 애정적인 기술로 학교 내에서의 학생이 임무수행에 관한 것을 배우는 데 초점을 둔다. 역시 학교사회복지사도 이러한 역동에 가치를 두지만, 학교사회복지사의 초점은 '총체적 학생'(가정, 학교, 지역사회 그리고 문화)과 이러한 구성요인들 사이의 상호작용의 질까지 포함하는 것으로 훨씬 광범위하다. 학생 중의 사회복지 대상과 함께 하기 위한 기술과 여타 능력요소들은 학교사회복지에 대한 미국사회복지사협회(NASW)의 학교사회복지 실무지침에 명시되어 있다. 이러한 기술은 사회복지지식의 실질적인 실체에서부터 나온다. 그 지식은 학생과 그들의 가정–학교–지역사회 환경 사이의 교류 속에서 사회복지의 중재로 옮길 수 있다.

④ 사회문화적 태도: 우리 사회는 학교의 기능에 대단히 가치를 두고 있다. 학생의 기능적 기술개발과 직업인과 사회인으로서(사회를 고양하고 자극하는 역할) 준비시킬 책임성을 가지고 있다.

⑤ 서비스를 제공받는 사람들의 특징적 반응: 학교장면의 다수의 학생들의 일반적 반응은 적응에 관한 것이다. 불안에 떠는 학생과 실패에 대한 두려움을 가지고 있는 학생들은 학습에 대한 그들의 잠재력을 손상시키고 있다. 제도의 구조 속에서 적응하지 못하는 학생과 그에 따른 환경적, 사회적, 심리적 요구에 적응하지 못하는 학생들은 거부당하거나 특별반에 맡겨지거나 치료적 프로그램에 보내진다.

여기에 덧붙여 변화의 힘을 설명하고 있다. 변혁, 법률, 지역사회압력 때문에 공립학교체계는 간헐적으로 방법론에서 변화해 왔고 학습방법에 관한 이론을 자주 바꾸어 왔다. 그러한 변혁들 중에는 학습교재, 개별화된 교육 프로그램, 인간 중심적 교육,

'기본으로 돌아가자'는 시도 등이 있다. 역사적으로 입법은 교육적 체계를 구상하는 데 중요한 역할을 해왔고 학교사회복지서비스와 관련되어 있는 발달은 간헐적으로 분석됐다. 아울러 Bartlett는 학교장면에서 사회복지의 적용을 위해 학생, 학교, 지역사회, 그리고 부모와 학생의 부적응에 원인이 될 수 있는 그들 사이의 교류와 상호작용에 대한 종합적 관점을 제공했다.

학교사회복지는 '모든 사람의 학생 모두'를 그들의 잠재력과 가능성을 극대화할 수 있도록 교육하고 훈련하라는 사회의 명령에 그 뿌리를 깊이 내리고 있다. 따라서 학생의 사회적 기능과 학습경험을 가능한 한 최대로 활용할 수 있는 욕구에 초점을 맞추며, 욕구 달성에 장애를 제거하려고 중재하는 기능을 한다. 그렇게 함으로써 학생이 개인, 집단, 그리고 학교 자체와 함께 또 학교의 목적과 목표를 지지하는 방향에서 지역사회와 협력관계를 가지도록 도움을 준다.

우리나라에서도 1996년 6월 학교사회복지 도입에 관하여 당시 교육부가 발표하였다. 학생들 사이에 나타나고 있는 각종 문제는 단지 학생에 대한 심리적 상담이나 취업 또는 진로지도만으로 해결되기는 어려우므로 근본적이며 효과적인 개입을 위해서 체계적인 전문가의 개입이 필요하다. 이에 따라 학교사회복지제도의 도입을 아주 심각하게 고려하였지만 당시 교육부가 구상하고 있는 학교사회복지제도의 내용은 기존의 교도교사제나 상담교사제와 다를 것이 없었다.

보통 학생의 대부분이 학교나 지역사회 내에서 서비스를 필요로 하지만 어디에 가서 어떻게 도움을 요청해야 할지를 모르고 있다. 학교사회복지사는 학생을 기존 서비스의 자원과 방법에 연결한다. 다른 어떠한 전문직보다 학교사회복지사는 자원에 대한 지식이 많고 서비스 전달방법과 의뢰과정을 알고 전문가들이 제공하는 서비스와 서비스를 필요로 하는 학생을 연결하는 역할을 한다. 그것은 학교사회복지사가 학생과 가족의 특징과 학생의 학업성취도, 학생의 가족과 지역사회의 생활의 질에 영향을 미치는 환경적 조건에 대한 지식을 갖추도록 훈련받았기 때문이다.

학교는 다양한 학생집단에게 각각의 학문적, 사회적 욕구에 개별적으로 인식하여 대처하도록 기대되어 왔다. 그러나 학교에 다니는 학생은 능력과 욕구 면에서 너무나 다양하다. 몇몇은 뛰어난 능력을 가졌으며 반면에 다른 몇몇은 평균의 능력을 가졌고 나머지는 경제적 박탈과 장애요인 때문에 위험에 처해 있는 경우도 있다. 그러나 학교교육은 학생의 개별성이 고려되지 않은 채 그들 전체의 발달을 촉진시키는 동일한 학습환경에 놓여 있다. 학교 내 프로그램은 모든 학생이 다양한 생활역할, 과업과 책임을 수행하도록 도와야 한다.

결론적으로, 학생을 교육하는 최우선의 업무에 대처할 학교의 능력이 현실적 관점에서 자주 의문시된다. 그러므로 교육체계는 21세기가 요구하는 교육시설로의 발전을 위하여 새로운 변신을 해야 하고 그를 위해 학교사회복지제도를 한 방법으로 도입하려는 것이다.

제3절 학교사회복지체계

학교사회복지는 주로 학교라는 실천현장에서 이루어지는 사회복지실천이다. 따라서 학교사회복지사는 학교조직체계에 대한 기본적인 이해를 하여야 한다. 학교사회복지사는 전문적인 역할을 원활히 수행하기 위하여 학교조직체계의 역할과 기능을 잘 파악하여 체계 내의 분위기, 문화, 의사소통구조 및 권한, 역할 등에 대한 이해는 학교사회복지 실천과정에서 업무협조와 지원을 필요로 할 경우 원활히 받을 수 있는 유용한 자원이 될 수 있다.

1. 교장과 교감

학교 교장은 모든 지역에서 핵심적 인사이다. 교장은 교육에 관한 모든 업무를 통괄하고 소속 교직원을 지도 · 감독하며 학생을 교육하는 임무를 가지며, 학교위원회의 정책과 행정적 역할 그리고 그들의 학교 내에서의 이러한 정책과 역할 수행 사이의 상호작용을 수행한다. 그들은 또한 지도력 혹은 안내, 자원, 그리고 지원을 제공하는 것으로 교사의 담임업무를 촉진시킨다. 교장의 영향력과 의지에 따라 학교조직 풍토 및 학생들에 대한 지도방침이 좌우되며, 교장의 인식 정도에 따라 학교사회복지실천의 폭이 좌우된다. 교장은 학교사회복지사에 의뢰하는 주요 자원이며 문제해결에 대한 환류의 중심적 위치에 있다. 이러한 과정에서 학교사회복지사는 교장이 학교관리기술을 고취시키도록 돕고 학생과 부모의 기능화에 영향을 미치는 환경적이고 가족적인 조건을 이해하도록 돕는 자문을 제공한다(Sabatino, Timberlake, & Hooper, 1991).

교감은 교장을 보좌하여 교무를 관리하고 학생을 교육하며 교장이 직무를 수행할 수 없을 때에는 그 직무를 대행한다. 학급이 43학급 이상의 초 · 중 · 고등학교에는 복수교감제를 두어 각각 교육과정운영과 교육과정지원을 관할하고 있다(성민선 외, 2004: 164).

2. 교사

교사는 정교사, 준교사, 전문상담교사, 사서교사, 실기교사, 보건교사 및 영양교사가 있다. 교사의 역할은 일차적으로 교과지도자로의 역할, 생활 및 특별활동지도자, 학급경영관리자, 연구 및 연수자, 행정관리자, 학부모 및 지역사회관계자로의 역할로 구분하고 있다(홍봉선 · 남미애, 2009: 113).

교사와 학교사회복지사는 협력적으로 일해야 하고, 학교사회복지사는 교사에게 자문서비스를 제공하여야 한다. 교사연수의 초점은 대인관계 및 사회적 이슈를 포함하는 경향이 있지만, 교육내용과 교수방법에 있다. 그리하여 교사는 교수의 주요 지침이 대부분의 학생이 적절히 배우고 잘 행동하는 것이라고 믿도록 교육받았다. 학교사회복지사들은 교사가 특수학급 혹은 정규학급에 상관없이 개별적으로 아동의 욕구에 교사의 기대와 방법을 어떻게 적응시키느냐에 대해 자문을 제공한다.

3. 교원조직

교원조직은 교육과정운영부와 교육과정지원부로 구분된다. 교육과정운영부는 주로 학년과 학과 중심으로 조직되어 있으며, 학년조직은 학년을 근거로 추진하기 위한 조직으로 학년교육과정의 운영을 담당한다. 교육과정지원부는 생활지도, 특별활동, 교무기획, 연구부 등 교육지원업무를 중심으로 조직되어 있다.

교원조직에는 이외에도 각종 협의회와 위원회가 있고, 협의회는 기획협의회, 직원협의회, 학년협의회, 교과협의회, 성적관리위원회, 교육정보화추진위원회 등이 있다.

기획협의회는 교장, 교감, 부장, 교사, 행정실장으로 구성되어 학교운영의 주요 업무를 협의한다. 직원협의회는 모든 직원이 참석하는 회의로 학교경영의 주요 문제에 대한 협의가 이루어진다. 학년협의회는 동학년 담당교사로 구성되며 학년의 교과 및 생활지도의 제 문제를 협의한다. 교과협의회는 교과운영, 수행평가규정, 평가방식 등에 대한 논의를 한다.

4. 학부모조직

학부모조직은 교육의 다른 주체인 학부모들이 교육의 대상자인 학생들의 권익을 보호하고 지역사회의 협조를 얻기 위하여 조직된다. 학부모조직은 학교운영위원회, 학부모회, 어머니회, 녹색어머니회, 학교급식위원회, 학교급식후원회, 명예교사회 등이 있다.

학교운영위원회는 대표적인 학부모조직으로 교육에 있어서 주민자치의 원리를 실천하고 학교단위의 자율성을 확대하며 학교교육의 효과를 극대화하기 위하여 학부모, 교사, 지역사회인사 등이 참여하여 교육의 중요사항을 심의하는 기구이다. 학교운영위원회는 학생 수에 따라 5인 이상 15인 이내의 학부모위원, 교원위원, 지역위원으로 구성된다. 교장은 당연직 교원위원이 된다.

학교운영위원회의 심의사항은 학교헌장 및 학칙의 재·개정, 학교예산 및 결산, 학교교육과정의 운영방법, 교과서 및 교육자료의 선정, 방과 후 활동 및 수련활동, 학교 급식 등에 관한 사항이다.

5. 학생조직

학생조직은 학생들이 자신의 생활에 영향을 주는 학교생활 관련 정책이나 과정에 관심을 가지고 그들의 의견을 제안하고 건의하는 것으로부터 학생들의 관심사에 따라 다양한 자치활동을 하는 자율적인 학생기구이다. 각급 학교는 학교의 자치활동을 권장·보호하도록 되어 있어 학생회가 구성되는데 학교마다 학생회조직의 자율성과 권한을 보장해 주는 정도에는 차이가 있다(성민선 외, 2004: 169-170).

6. 자원인력

교장과 담임교사 이외에 학교사회복지사, 상담사, 보건교사, 그리고 언어능력과 청취, 운동치료와 같은 영역에서의 전문가는 개별학생을 위한 팀으로 구성된다. 이들 중 일부는 특수학교에 있지만, 보통은 몇 개의 학교에서 예정된 기간 동안 일한다.

이러한 팀은 학생연구팀, 심사팀, 아동연구팀, 위기중재팀 혹은 높은 위험팀으로 알려져 있다. 그들은 보통 담임교사, 교장, 학생 혹은 부모로부터 의뢰를 받고, 자주 개별화된 가족서비스계획을 개발하고 수정하는 것으로 문제의 해결을 촉진한다. 또 다른 상황에서는 위기상황과 예방서비스를 통해 문제학생의 우선적 욕구를 설명하고 있다. 추가로 그들은 사례관리전략을 통해 학교 내·외부에서 제공되고 있는 모든 서비스를 조화시킬 수 있다.

7. 학교 외부인사와의 관계

학교사회복지사는 보통 지역사회조직으로부터의 개인과 서비스를 조정한다. 공식적인 서비스는 정해진 기간 동안 매주 학교 외부의 지역사회기관에 있는 학교사회복지사를 지정하거나 학교지역에 있는 지역사회기관의 직원과 서비스를 지정하거나, 합동 프로그램을 계약한다. 다양한 형태의 직원들이 프로그램에서 같이 일하고 있지만, 합동 프로그램은 자금조달, 계획, 서비스도구를 포함하고 있기 때문에 자원을 가장 효과적이고 효율적으로 사용할 수 있다. 지역사회전문가는 아동복지, 정신건강, 청소년법원, 그리고 고용기관과 같은 기관을 포함한 공식적 조정전략을 수행한다(Brier, 1986; Freeman, Goldberg, & Sonnega, 1983).

미국의 경우 어떤 학교사회복지사는 몇몇 작은 지역학교위원회들이나 교육협동조합들에 의해 고용되어 있지만, 대부분은 특정 지역학교위원회에 직접적으로 고용되어 있다. 일반적으로 대부분의 학교사회복지실천은 공립 · 사립학교에서 수행한다. 예를 들어, Nelson(1990)은 미국사회복지사협회의 862명의 학교사회복지사의 연구에서 응답자의 90%가 공립학교에서, 4%가 비공립학교체계에서, 2%가 학교서비스기관에서, 그리고 5%가 다른 서비스영역에서 일하고 있는 것으로 보고되었다.

다른 서비스영역은 특별한 학령기 전 프로그램, 정서장애아동을 위한 입원치료센터, 아동병원 및 외래환자를 위해 고용서비스를 제공하는 정신건강센터와 같은 지역사회현장과 관련하여 일하거나 또는 외부지역에서 일하는 학교사회복지사를 포함할 수 있다. 비록 이러한 지역사회기관의 최우선적인 서비스는 학교연계서비스가 아니지만, 학교사회복지사는 종종 교육적인 측면에서 서비스 조정을 시도한다. 그러므로 이러한 현장에서 그들의 역할은 공 · 사립학교에서 학교사회복지사의 역할을 가지게 된다.

학교사회복지는 다양한 실천장면에도 불구하고, 제공서비스는 비슷한 방법으로 구성되어 있다. 현재 학교사회복지실천은 일반 · 특수학급에 있는 학생의 교육적 욕구를 위한 서비스와 학교에서 학생의 성취를 방해하는 문제들을 설명하는 서비스를 강조하는 경향이다. 전자는 학생의 특별한 교육적 욕구를 설명하고 평가하기 위한 사회적 사정과 개별화된 교육계획을 개발하기 위한 회의참여를 포함한다. 약물중독을 위한 가족상담, 고아학생을 위한 지지집단, 그리고 문화적 다양성과 아동학대에 대하여 교사에게 실시하는 교육서비스는 후자의 예이다(Schilling, Koh, Abramovitz, & Gilbert, 1992; Schwartz, 1988; Wykle, 1986).

다양한 서비스, 갈등, 자금조달에 대한 요건사항이 급증하는 것은 학교 내·외부의 분열을 증가시켰다. 이러한 운동의 보기는 '학교 내의 도시(cities in schools)', 지역서비스센터 개념, 그리고 서비스의 학교연계모형을 포함한다. 이러한 모든 접근은 공통적인 구성요소를 가진다. 그것은 학교와 지역사회기관 사이의 제도화된 협동에 대한 동의를 통하여 학교 내에서 포괄적인 보건 및 사회서비스를 촉진시킨다. 학교사회복지사는 이런 역할이 다른 사회복지서비스전문가 혹은 학교 관련 인사에 의해 수행되더라도, 종종 이러한 서비스들 사이에서 적극적인 협동연결로서 일한다.

CHAPTER 02

학교사회복지의 개념

학교사회복지는 '학교'와 '사회복지'라는 용어가 합쳐진 명사이다. 우리말 큰 사전에 의하면 학교는 어떤 의도와 목적 아래 일정한 장소에 시설을 갖추고 계획적이며 계속적으로 교육을 베푸는 기관이다. 그리고 사회복지는 공사의 단체에 의하여 사회공중의 생활개선, 보호교화를 목적으로 행해지는 사업이다.

아직 '학교사회복지'라는 용어는 사전에 없지만 우리나라 교육기본법에서 명시하고 있는 바와 같이 교육은 홍익인간의 이념 아래 모든 국민으로 하여금 인격을 도야하고 자주적 생활능력과 민주시민으로서의 필요한 자질을 갖추게 하여 인간다운 삶을 영위하게 하고 민주주의 발전과 인류공영의 이상을 실현하는 데 이바지하게 함을 목적으로 하고 있다. 학교는 이와 같은 목적을 가지고 교육을 실시하고 있는 장소이다. 사회복지는 학자에 따라 그 용어 정의를 달리하고 있지만 사회생활상의 곤란 또는 장애를 받고 있는 자에 대한 보호, 육성, 지도, 치료, 재활 등의 서비스시책을 총괄하여 지칭하는 용어이다. 그러므로 학교사회복지란 학교라는 실천영역에서 학교의 본질적 목적인 교육에 장애를 가진 학생을 도와주는 서비스를 총괄하는 것으로 볼 수 있다.

학교사회복지는 유동적이어서 개별학생에 대한 직접서비스뿐만 아니라 학생을 위한 학교와 학교 직원과의 교류를 크게 강조한다. 학교사회복지사는 개인과 학교, 가족, 지역사회의 더 넓은 체계를 이해할 필요가 있는 실천현장에서 일을 한다. 따라서 변화가 일어난다면 개인적 수준뿐만 아니라 이러한 많은 체계 안에서 일어난다. 학교와 학생의 다양한 욕구는 학교사회복지사로 하여금 여러 대처방법을 강구하게 하였다. 개별학생을 원조하는 전통적인 역할부터 학교정책개발, 가족, 자문관계, 지역사회의 자원과 함께 다양한 발전을 이룬다.

학생에 대한 사회복지적 접근은 다른 전문분야와 크게 두 가지 측면에서 다르다고 할 수 있다.

첫째, 사회복지의 이론적 자세가 단지 학생이나 가족 혹은 환경에 중점을 두고 있는 것이 아니라 생태체계이론을 기반으로 환경 내의 인간에 초점을 두고 있다.

둘째, 사회복지는 문제를 최소화하고 능력을 최대화하는 데 관심을 두고 있다는 점이다.

그러므로 이러한 독특한 관점의 학교사회복지란 학교, 가정, 지역사회와의 중재역할을 하면서 학교제도 내에서 아동과 청소년의 문제를 이해하고 치료하고 예방하여 학생 개개인이 건전한 인격을 형성할 수 있도록 사회복지의 적절한 원리와 기술을 활용하는 전문적인 활동이라고 할 수 있다.

제1절 학교사회복지의 정의

미국에서 학교사회복지라는 용어는 미국공립교육이 시작되는 1900년대부터 도입되어 시기에 따라 그 정의를 달리하여 사용되었다. 초기 학교사회복지사는 방문교사라고 불리워졌으며 그들의 역할에 대하여 학생의 복지를 위해 가정과 학교 사이의 협조를 최대화하는 것으로 정의됐다. 학교사회복지가 발달하는 시기인 중기에는 개인수준 사회복지발달의 영향으로 전문성이 크게 강조되어 학교사회복지사의 역할은 개인수준 사회복지실천을 통하여 학생이 학교생활에 적응하도록 학교와 교사의 협조를 받아 활동하는 것으로 정의되었다.

이처럼 초기의 학교사회복지는 학생 개인에 대한 개인수준 사회복지실천에 한정되었다. 오랜 발달과정을 거치면서 학생 개인뿐 아니라 가족, 학교, 지역사회 등의 환경적 요소와 예방적 접근까지도 포함하는 확장된 정의를 가지게 되었다.

학교사회복지는 학생들이 만족스러운 학교생활에 적응하도록 돕는 것이며, 학생이 학교생활에 잘 적응하도록 돕기 위해 학교, 가족, 그리고 지역사회가 수행하는 여러 가지 노력을 조정하고 관여하는 것이다(Barker, 2003).

현재의 학교사회복지는 개인수준 사회복지실천만으로는 학생을 중심으로 하여 일어나는 사회문제에 효율적으로 대처할 수 없으므로 학생, 학교, 가족과 지역사회가 학생이 만족스러운 학교생활을 성취할 수 있도록 서로의 노력을 조정하고 도와주는 사회복지의 한 분야로 볼 수 있다.

이 책에서는 여러 학자들에 의하여 내려진 정의를 다섯 가지로 나누어 정리하였다.

첫째, 학교사회복지는 여러 가지 장애로 학교생활에 적응하지 못하고 학습효과에 문제가 있는 학생을 돕는 치료적 활동으로 개인수준 사회복지실천에 초점을 두고 있다.

Konopka(1963, 280)는 "학교사회복지는 학생이 사회적 정서적 문제를 가지고 있어서 학교에서 기대하는 기능이나 목표를 성취하지 못할 때 이를 도와주는 노력"이라고 정의하였다. 학교사회복지는 부적응아동이나 정서장애를 가진 아동들이 학교에서 자유롭게 교육목적을 성취할 수 있도록 돕는 전문서비스이며, 문제학생의 무력한 행동을 조기에 발견, 예방, 치료하는 교육의 중요한 도구라 하겠다. Nebo는 학교사회복지란 "교육정책이나 프로그램 내에서 교육자원의 활용에 어려움을 가진 학생을 이해하여 도움을 제공하는 학생복지서비스 접근의 분야로 학생들의 잠재능력을 최대로 발휘할 수 있도록 교육경험을 활용할 수 있게 한다."고 하였다. Pearman과 Burrows는 학교사회복지란 "학업 중에 문제가 발생했을 때, 개별학생들과 그들 가족을 돕는 숙련된 한 방법이다."라고 말했다. Boston과 Ferguson(1965: 280)은 "학교사회복지란 어떤 학생 개인이 학교생활에서의 정상적인 학습활동을 방해하는 정서적인 문제를 가지고 있을 때 이의 해결을 도와주는 협력으로써 이것은 인간의 행동에 대한 지식이 증가함에 따라 발전되었다."라고 정의하였다. 여기서 학교사회복지는 개인수준 사회복지실천을 활용하며 구체적으로 심리적인 도움, 정신의학적인 도움, 결석문제의 해결, 취업상담까지를 포함한다.

둘째, 학교사회복지는 개인수준 사회복지실천과 사회적 기능에 초점을 두고 사회적 역기능의 예방적 측면까지 고려하고 있다.

학교사회복지의 대표 학자인 Johnson과 Alderson의 정의가 이 분류에 속한다. Johnson은 학교사회복지를 "학생 개인 및 학생집단의 기능과 성취에 방해가 되는 사회적 혹은 정서적 문제를 극복하도록 돕는 것이며, 모든 사회복지영역이 그런 것처럼 손상된 사회기능을 회복시키고 개인과 지역사회에 자원을 제공하며 사회적 역기능을 방지하는 것"이라고 했다(Lurie, 1967: 672). Alderson도 학교사회복지란 "사회적 · 정서적 문제를 가진 개별학생을 돕기 위해 ① 손상된 사회적 기능의 회복, ② 개인과 지역사회에 존재하는 불변적인 능력에 의한 자원의 제공, ③ 사회적 역기능을 예방하는 것이다."라고 말했다.

셋째, 학교사회복지는 학생 개인을 원조하기 위해 부모, 학교, 지역사회의 활용뿐만 아니라 이러한 환경요소들 간의 연결망을 중요시한다.

Costin은 학교사회복지란 "학교의 주요 목적 달성을 위한 사회복지의 여러 가지 원리와 방법의 적용으로 학생이 자신의 문제에 적절히 대처할 수 있도록 도와주고 학교와 부모가 똑같이 그들의 문제에 대해 느낄 수 있도록 원조하며, 필요한 경우 지역사회자원까지 활용하여 학생이 자기능력을 최대한 발휘하도록 하는 것"이라고 정의하고 있다. 학교사회복지는 "학생의 부적응문제를 치료 · 예방하기 위해 모든 학생을 상대로 사회복지의 여러 가지 접근방법을 활용하여 학생, 학교, 부모, 사회를 연계체계로 하여 손상된 기능회복과 자아실현으로 최대의 학습효과와 건전한 인격을 형성하도록 돕는 과정으로 볼 수 있다."고 하였다(최인욱, 1985: 23).

넷째, 학교사회복지는 전문직업적 특징을 바탕으로 해서 교육과 관계된 다른 전문가들과의 상호 협력적 관계를 강조한다.

Smalley와 Rowen은 학교사회복지는 "학생의 전인교육의 기본적인 목적을 달성하기 위해 전문적이고 교육적인 서비스와 전문가 간의 상호 협력적인 접근으로 학교가 제공하는 교육기회를 학생들이 최대한 활용할 수 있도록 돕는 전문직"이라고 정의했다. William은 학교사회복지란 "고도로 숙련된 훈육활동이며, 모든 학생을 위한 협력적이고 치료적인 환경제공을 위해 돕는 원조전문직이다."고 하여, 학교사회복지의 전문성과 그 위상을 설정하였다. 또한 미국 펜실베니아주교육협회 학생복지국은 학교사회복지란 "학교제도 내에서 학생을 이해하고 돕는 전문가 간의 상호 협력적인 접근의 통합된 활동분야이다."라고 정의하였다.

다섯째, 학교사회복지는 생태체계적 관점에서 학생과 환경체계 사이의 관계를 강조한다.

특히, 미국사회복지사협회(NASW, 1992)는 이 관점에 초점을 두고 정의하고 있다. 학교사회복지란 "학교체계 내에서 학습능력을 완전하게 발휘하지 못하는 학생들이나 특별서비스를 필요로 하는 문제를 가진 학생들을 이해하고 교육적 기회를 최대로 활용할 수 있도록 원조하기 위한 전문가 간의 상호 협력적인 접근이다."라고 정의하였다. 즉, 학교사회복지는 학교 내에서 학생 개인이나 학생집단의 기능과 성취에 방해가 되는 사회적 · 정서적 문제를 극복하도록 돕기 위해 수행하는 전문적 활동이다. Germain(1979: 326)은 생태체계적 관점에서 학교사회복지를 "학생뿐만 아니라 가족, 학교, 지역사회에서 학생과 부모, 지역사회가 사회적 능력을 개발하는 것을 도와주고 동시에 학생, 부모, 지역사회의 욕구에 대해 학교가 책임성을 가지도록 도와주는 것"이라고 학교사회복지를 정의했다.

Barker(1995)에 의하면 학교사회복지는 학생이 만족스럽게 학교적응을 하도록 돕고, 이러한 목표를 달성하도록 하기 위하여 학교, 가족, 지역사회의 노력을 조정하고 영향을 미치는 것이다.

이상과 같이 학교사회복지란 좁은 의미로는 특정 학생 개인의 부적응에 대한 예방적 · 치료적 활동으로 한정지을 수 있고, 광의로는 교육의 목적을 달성하기 위해 모든 학생과 그의 환경체계, 그리고 체계 사이의 관계에 관한 전문적인 원조활동을 포괄하는 의미로 볼 수 있다.

결국, 학교사회복지란 학교에서 이루어지는 사회복지실천의 한 분야로 학교사회복지사가 사회복지실천의 원리와 방법을 활용하여 학교, 가정 및 지역사회의 자원체계를 연계 · 조정 · 활용하여 학생의 정상적인 생활에 방해가 되는 부적응을 조기에 발견, 예방, 치료하여 교육체계의 교육적 기능을 원활히 수행하는 데 필요한 서비스를 제공하는 전문적 활동이다.

제2절 학교사회복지의 목적

오늘날 교육은 민주주의교육으로 사회의 경제적 · 정신적 가치에 따라 교육제도가 계속 변화되고 있다. 이것은 교육의 책임이 인간을 보호하고 강화하며, 민주주의를 확대시키고 수호하기 때문이다. 따라서 학교교육의 목적은 학생으로 하여금 지적, 신체적, 정신적 및 사회적 자질을 충분히 발휘하도록 지도하고 격려하는 데 있다고 하겠다. 이러한 목적을 위하여 현대 학교교육은 종전의 지식위주의 교육과는 달리 학생의 신체적, 사회적, 그리고 정서적 차원에 관심을 둔 전인교육을 통하여 건전하고 원만한 인격을 갖춘 민주시민의 양성에 초점을 두고 있다.

따라서 학교는 교육적 욕구를 충족시키기 위하여 학생이 학교에서 최대로 교육경험을 활용하는 데 필요한 서비스를 언제든지 제공하여야 한다. 학교의 근본목적은 학생 개개인의 지식과 권리를 추구하는 능력에 따라 학생을 지도하고 민주주의방식을 터득하도록 하며 자긍심 강화 및 타인을 존경하는 도덕관을 발전시키도록 도우며, 행복감과 성취감을 가지고 생활을 영위할 수 있도록 하는 데 있다. 또한 학생들이 현재 살고 있는 세계와 미래에 다가올 세계에 대해 스스로 준비할 수 있도록 가르치고 배우는 환경을 제공하는 데 있다.

그러므로 오늘날의 학교체계에서 효과적인 교육은 학생이 그들의 내 · 외적인 세계에 적극적으로 대처할 수 있는 능력을 배양함으로써 개인성격의 내적 성장으로 보다 높은 성취감을 느낄 수 있고, 충실한 자아의 이해력을 배양하여 현대사회에 적절히 적응하도록 하는 것이다. 위에서 설명한 민주교육이념을 성취하기 위하여 대량교육에 따르는 학생문제를 돕고, 국가와 사회가 바라는 건전한 인격을 형성하도록 지적인 면뿐만 아니라 신체적, 정서적 및 사회적 활동에 걸친 전인교육에 기여하고자 사회복지적인 서비스가 요청되는 것이다(전재일 외, 1996: 383-384).

학교사회복지는 학교의 주요 목적에 대한 사회복지의 원칙과 방법을 적용하는 것이다. 즉, 학생행동의 바람직한 변화를 가져오는 것이 학교와 사회 간의 기본적인 약속이다. 그러므로 학교사회복지사는 학생의 부적응양상을 학생의 특성과 학교환경의 조건과 실제 사이의 교류에서 야기된다는 것을 강조하고 있다. 학교사회복지사는 학생과 학교환경 사이의 교류를 변화시키고자 한다.

그러므로 학교사회복지사는 우선적으로 학교가 학교의 중심적 목적, 즉 학생들이 학습능력, 문제해결과 의사결정능력, 변화에 대한 적응능력, 지속되는 학습에 대한 책임성 등을 가질 수 있도록 학습장면을 제공하고 더 나아가 삶의 질을 개선하는 데 기여하여야 한다.

Radin(1975)은 학교사회복지의 목적을 학생이 자신의 잠재력과 능력을 최대한 개발할 수 있도록 도와주고, 모든 학생이 미래의 건전한 사회구성원으로 성장할 수 있도록 최적의 교육환경을 제공해 주는 것이라고 하였다(홍봉선 · 남미애, 2015: 21 재인용).

학교사회복지의 목적은 학생들이 어떤 일을 수행할 수 있는 능력, 계속되는 학습을 위한 준비성과 적응하고 변화할 수 있는 능력을 가질 수 있도록 도와주는 것에 중점을 둔다.

학교사회복지의 구체적인 목적은 ① 학생에게 자신감을 키워주고, ② 계속적으로 배울 수 있는 준비를 시키며, ③ 닥쳐오는 변화에 대한 적응력을 키워주는 것이다. 이처럼 학교사회복지의 목적은 정서와 성격문제의 초점에서 벗어나 학생 자신이 '스스로 배우게 하고', '생각하게 하며', '문제해결을 하게 하는' 학생의 능력을 도와주는 것이다.

결론적으로 학교사회복지는 1차적인 목적을 학교장면 안에서 교육체계가 가지고 있는 본연의 목적을 원만하게 수행되도록 돕는 데 두고 있다. 즉, 학생이 민주사회의 시민으로서 본연의 역할을 수행하는 데 필요한 기초적인 요건, 즉 읽기, 쓰기, 계산하기 등을 학습할 수 있도록 도와야 한다.

학교사회복지의 2차적 목적은 학생의 특성, 학교체계, 외부 지역사회체계, 그리고 그 밖에 학생이 직면하는 사회상황들과 관계가 있다. 사회복지의 목적이 클라이언트의 사회적 기능 향상에 있으므로 학교사회복지 또한 학생의 사회적 기능 향상, 즉 학교에 적응하고 학문적 성취를 이룰 수 있도록 도와야 한다. 그러므로 학교사회복지사들은 학교가 학생을 개별화하여 개인의 지적, 사회적, 그리고 정서적인 욕구에 반응할 수 있도록 도와주어 각 학생이 성취할 수 있는 기회를 가지도록 노력한다.

더 나아가 학교사회복지는 학교, 가정 및 지역사회의 상호작용을 촉진하여 학교가 가정과 지역사회에게 학생의 교육에 필요한 요구사항에 대하여 협조를 구할 수 있도록 도와준다.

더불어 가정과 지역사회에 학교의 교육지침들을 해석하여 주어 학교교육을 이해하고 참가할 수 있도록 돕는 데 목적을 두고 있다.

제3절 학교사회복지의 기능

학교사회복지의 정의와 마찬가지로 학교사회복지의 기능에 대해서도 학자마다 그 의견을 달리하고 있다.

우선 학교사회복지는 치료적 기능을 수행하고 있다. 치료적 기능이란 학교생활 부적응으로 나타나는 문제학생을 대상으로 직접서비스를 제공하는 것으로 주로 개인수준 사회복지실천을 활용한다.

Stroup는 학교사회복지의 전통적인 기능으로 볼 수 있는 치료적 기능에 대해 가장 잘 설명하였다. 그는 학교사회복지의 기능을 "사회적 · 정서적 문제를 가진 특수학생을 이해하여 전체 교육과정 동안에 각자가 지니고 있는 최대한의 능력을 발휘시킬 수 있도록 적절히 조정할 기회를 발견하고 각 개인이 학교생활에 가장 많은 혜택을 가질 수 있도록 필요한 제반서비스를 제공하는 것"이라고 설명하였다(Lurie, 1967: 672).

그리고 Constable(1996: 159-160)은 치료적 기능에 초점을 두고 설명하였다. 그는 학교사회복지가 학교경험에 참여하는 데 특별한 어려움을 가진 학생을 돕기 위해 전문적인 기술을 이용하는 것이며, 학교사회복지사의 역할은 정상적인 기대에 미치지 못하는 학생에게 학습에 대한 개별화된 접근을 개발 · 수행하는 것이라고 주장하였다.

하지만 학교사회복지의 기능을 치료적 기능만으로 한정할 때 현재 학교 내 문제에 효과적으로 대처할 수 없을 뿐 아니라 앞에서 살펴본 학교사회복지의 목적을 제대로 수행할 수 없게 되므로 학교문제를 미연에 예방할 수 있는 예방적 기능이 주장되었다. 이러한 경향으로 문제의 해결과 예방적 기능을 동시에 수행하기 위해서 가정, 학교와 지역사회를 대상으로 하는 기능이 중시되었다.

Johnson은 학교사회복지의 기능을 치료적 기능을 중심으로 서술하면서도 가정과 학교, 지역사회를 부각시키는 혼합적 기능을 설명하였다. "학생을 사회에 공헌할 수 있는 일원으로 발달시키고, 교육목표를 달성하지 못하는 학생을 돕기 위하여 교사와 행정가 및 다른 전문가들과 협조를 이루면서 학교사회복지의 전문적인 기능을 발휘하는 것"이라고 했다(Lurie, 1965: 672).

미국사회복지사협회는 학생의 전체 생활경험이 주로 학교에서 이루어지므로 학교사회복지사는 학생의 만족스런 학교경험을 위해 학생, 부모, 교사, 학교, 지역사회로부터 모든 자원을 동원하여 학생의 정서적, 신체적, 지적 능력을 개발하고 문제를 해결하여 학교생활에 잘 적응하도록 돕는 기능을 한다고 했다(오창순, 1981: 9).

이러한 기능 설명은 학교사회복지의 기능을 학생이 당면한 학교생활의 적응을 위하여 모든 체계가 노력해야 함을 직접적으로 나타내고 있을 뿐만 아니라 더 나아가서 앞으로의 사회생활의 성공적인 적응까지 관심을 둔다는 것이다.

현대사회의 학생문제가 사회의 빠른 변화와 다양성을 그대로 반영하여 문제의 원인이 하나의 체계에 한정되어 있는 것이 아니므로 문제의 해결을 위한 노력도 학생과 그의 환경체계, 즉 가정, 학교, 그리고 지역사회를 중심으로 생태체계론적인 기능이 제시되었다.

생태체계론적 관점에서 기능을 설명한 학자는 Allen-Meares가 대표적이다. 그는 학교사회복지사가 학생과 가정, 학교, 지역사회 등 그들의 환경과의 교류에 초점을 두고 학생을 지역사회에 통합시키고 사회통합을 유지하도록 돕는 기능을 해야 한다고 설명하였다.

우리나라에서도 학교사회복지의 도입을 주장하는 논문이 발표되어 왔는데 우리나라 청소년문제와 학교상황을 고려하여 학교사회복지의 기능을 생태체계론적 입장에서 설명하고 있다. 즉, 학교사회복지사는 학생의 총체적인 생활경험이 학교에서의 적응에 영향을 미친다는 것을 인식하여 학교 내에서는 물론 가정과 지역사회 등 학생의 전체적인 생활환경 속에서 학생과 그의 문제를 취급해야 한다고 기능을 제시하고 있다(최인욱, 1993: 19).

본 저서에서도 학교사회복지의 기능이 학생 개인에 대한 개인수준 사회복지실천을 통해 문제를 가진 학생이 학교생활에 적응하고 잠재능력을 충분히 발휘할 수 있도록 하여 건전한 사회구성원이 되도록 돕는 치료적 기능만을 수행하여서는 효과 측면에서 볼 때 많은 제한을 갖게 될 것이다. 그러므로 오늘날의 학교사회복지는 생태체계론적 관점에서 기능을 이해하여야 한다. 즉, 학생의 학교생활 부적응을 초래하는 문제를 예방하는 기능과 학생을 둘러싼 전체 생활환경 속에서 학생의 문제를 파악하고 학교, 부모, 지역사회와 상호 협력하여 문제를 해결하는 기능을 포함하는 것으로 확장되어야 한다.

학교사회복지의 기능을 구체적으로 살펴보면 다음과 같다.

첫째, 사회적, 정서적 부적응의 징후를 나타내는 학생문제를 조기발견하고 예방하는 기능

둘째, 학생이 학교에서 만족스러운 자아실현의 기회를 갖도록 그의 잠재력을 최대한으로 개발시키는 기능

셋째, 개인수준 사회복지실천 및 집단수준 사회복지실천을 통한 직접적인 치료활동을 비롯하여 지역사회의 이용 가능한 자원을 조직하고 동원하는 기능

넷째, 교사와 학생 간의 관계 개선의 노력과 학교 내의 문제해결을 위한 전문가팀(심리학자, 정신의학자, 교육책임자)을 구성하여 효과적인 원조관계를 형성하는 기능

다섯째, 학교–학부모–지역사회인사와의 상호 협력체계를 구성하는 기능

여섯째, 정신건강의 입장에서 학생들에게 장애를 주는 환경적 요소를 개선하고 교육적 분위기를 조성하는 기능

일곱째, 학생문제에 대한 새로운 중재방법을 제공하고 활용하는 기능

CHAPTER 03

학교사회복지의 철학과 가치

제1절 교육의 철학과 가치

미국에 있어서 초기의 학교교육은 흥미롭고 풍부한 역사를 가지고 있다. 예를 들면, 1787년 Northwest 법령은 공교육을 유지하기 위해 Ohio주에 있는 각 도시들 중의 한 구역에 대하여 제정되었다. 미국공립교육의 아버지라고 불리는 Horace Mann은 공립교육은 "인간적인 조직으로서……, 그리고 어떠한 문명단체보다도 가장 효과적이고 이로운 것이다."라고 하였다. 공립학교교육을 옹호하는 자는 민주주의에 있어서 교육은 모든 아동들로부터 빼앗을 수 없는 기본권리라고 하였다. 교육은 책임성 있는 시민, 자기개발, 직업이나 전문직을 위한 준비를 확실히 해주며 계급의 차이 없이 제공되는 것이고, 동시에 편협한 지식으로부터 지적 성장의 기회를 제공하여 주는 것이다. 모든 시민들이 준비해야 하는 공통적인 교과목은 진보적인 교육이라고 믿어왔고, 미국사회에서 그것의 위치를 더욱 강화시켰으며, 지식의 광범위한 확산을 가져왔다. 국가가 점점 산업화되고 기술화됨에 따라 일상적인 교육은 다양한 학생집단들에게 이상적인 교육을 제공할 능력이 점차 약화되고, 사회적 요구에 반응할 능력이 저하된 스트레스와 교육의 위기를 초래하는 결과를 낳았다.

불행하게도 사회에 의해 주어진 학교의 전통적인 기능은 복잡하고 때로는 부정하기도 한다. 일반적으로 확실한 기능은 학생이 학습을 통합하는 데 도움이 되는 교육과정을 조장하고 지도하는 것이며, 학생에게 사회를 가르치고 배운 교과목과 과정을 사회규범과 가치에 적용해서 사회를 감지하고 판단하도록 하는 것이다.

이러한 기능에 대한 다소 광범위하지만 명확히 인식되지 않은 모순된 학교의 기능도 있다. 가령 어떤 직업과 사회적 지위가 적합한지 개인을 분류하고, 사회적 기회나 보상에 따라 개인을 문지기로서 행동하도록 하며, 학생에게 연령과 성, 그리고 인종에 기초해서 사회화를 시킨다. 또한 일하는 부모들에 대한 보호기능을 수행하도록 하며, 국가경제를 아직 모르는 학생들에게 국가경제를 위하여 행동하도록 가르치는 것이 그 예이다.

학교는 사회로부터 격리되어 있는 조직이 아니다. 학교는 그 기능에 영향을 미치는 사회 속에 존재해 있다. 그리고 사회와 함께 평가받아야 한다. 예를 들면, 학교는 어떤 종류의 가치를 교과목으로 채택해야 하는가? 누구의 관심과 믿음이 교과과정에 반영되는가? 이러한 것들은 거역할 수 없는 질문이다. 특히, 미국에서는 수많은 사회경제적, 인종적, 문화적, 종교적 집단들이 있기 때문에 더욱 중요한 질문이다. 학교의 중추적인 역할은 일련의 가치를 유지하는 것이다. 왜냐하면 학교는 정상적인 기능을 수행해야 하기 때문이고, 이것은 사회적 변화를 가져올 수 있기 때문이다.

학교는 분류기능을 수행함에 있어서 동일한 종류의 잣대로 모든 학생을 판단할 수 없다. 사회경제적 지위, 인종, 문화적 집단, 성, 초창기 학교생활의 적응, 시험 및 학생을 가르쳤던 교사의 경험은 학생을 분류하는 데 있어서 어떤 영향을 미친다. 학교는 학습부진아나 낙제생들을 분류할 수도 있다. 학교가 수행하는 기능은 사회가 가지고 있는 가치 중 모순되는 것을 반영할 수도 있고 강화할 수도 있다. 이러한 가치와 학교–지역사회환경 사이의 비교는 다음 〈표 3–1〉과 같다.

교육은 인간의 변화와 관련하여 무엇을 성취하려는 의도와 더불어 이루어지는 활동이다. 그런데 무엇을 '의도한다'는 말은 그 자체가 의도된바 그것이 어떤 주어진 기준에 의해 '가치 있음', '바람직함'을 암시하고 있다.

교육을 통하여 성취하고자 하는바 그것을 흔히 '교육목적' 혹은 '교육적 가치'라고 표현하고 있다. 즉, 교육활동을 통하여 우리는 어떤 가치들을 추구하고 있다. 다시 말하면, 교육에 의해서 학생에게 어떤 가치의 변화가 일어나기를 기대한다. 그러므로 매우 좋은 '교육을 받았으나' 아무런 가치 있는 변화가 일어나지 않았다는 말은 '교육되지 않았다'는 뜻을 나타낸다.

〈표 3-1〉 교육의 가치와 현실

가치	현실
• 교육은 개인의 지위를 향상시키기 위한 수단으로 제공된다. • 공교육은 사회변화의 수단이다. • 학생들은 그들 자신의 교육을 계획하는 데 참여할 권리를 가지고 있다. • 인정은 학생의 바람직한 행동을 강화하는 적절한 수단이다. • 모든 학생들은 그들의 완전한 잠재력을 성취할 교육권을 가지고 있다. • 학교의 열린 환경은 학습을 증진시킨다.	• 학교는 학생에게 그들 부모의 사회적·경제적 지위에 기초하여 기능하도록 교육한다. • 학교는 기존의 체계 내에서 유지되고 진행된다. • 학생들은 그들 자신의 교육계획에 참여할 힘이 없다. • 공동체벌은 학교에서 사용되는 주요한 사회적 통제이다. • 많은 학생들은 학교로부터 배척당하고 있다. • 학교는 '질서와 통제'에 빠져들어 있다.

* 자료: Paula Allen-Meares, Robert O. Washington, & Betty L. Welsh, 1986, pp.3-4.

그런데 교육을 통하여 어떤 가치를 추구한다는 사실 그 자체가 그 추구하는 가치와 양립할 수 없는, 즉 그것과 모순되는 관계를 가지는 어떤 것을 배척한다는 것을 의미한다. 우리가 교육을 통하여 '사고할 수 있는 능력'을 기르려고 한다는 사실은 사고능력과 모순되는 관계에 있는 성향, 즉 '사고하지 못하는 성향'을 배척한다는 것을 의미한다. 그러므로 교육을 통하여 '민주적 시민의 자질'을 가지게 한다는 말은 '비민주적 시민의 기질'을 배척한다는 뜻이다. 이처럼 교육을 통하여 추구하는 가치는 어떤 기준에 의해서 선택되고 결정되는 것이므로 교육행위는 그 자체가 가치중립적이지 않다. 교육행위가 가치중립적인 행위가 아니라는 사실은 단지 서로 모순된 가치들 중의 어느 하나를 선택하고 다른 하나를 버린다는 사실만을 의미하는 것은 아니다.

우리는 교육을 통하여 가치 있다고 판단되는 모든 것, 즉 모든 가치 있는 인간의 성품, 능력, 태도, 신념, 습관을 형성하고자 할 수는 없으므로 그 중 어떤 준거에 의하여 보다 가치 있는 것을 선택하고 결정하여 형성할 수 있을 뿐이며, 그 이외의 것은 우연히 형성되기를 기대하고 만다. 말하자면, 가치 있는 것들 중에는 서로 경중의 차이가 있으므로 특히 학교교육에서는 덜 중요한 것들은 교육적 가치의 대상에서 제외된다. 교육행위는 가치중립적인 행위가 아니라 특정한 가치 혹은 가치체계(여러 가치들이 서로 관련성을 가지고 조직되어 있는 체계)가 전제된 행위이다.

그러나 예외적으로 특정한 교육활동에서 가치중립적이어야 하는 경우가 있다. 예를 들어, 어떤 교사가 종교에 관해서 가르치고 있다고 생각해 보자. 만약에 그 교사가 어느 특정한 종교를 비합리적 신앙이라든가 미신에 불과하다고 하고 다른 종교를 신봉할 것을 가르쳤다면, 적어도 신앙의 자유를 표방하는 자유민주사회의 윤리적 원칙에 어긋난다는 비난을 받을 수 있다. 특히, 그것이 공립학교에서 일어난 일이라면 도덕적 비난을 면하지 못할 것이다. 그 교사는 자신이 어느 종교를 신봉하든지 간에 교육의 장면에서는 가치중립을 지켜야 하기 때문이다. 그런데 이러한 가치중립적 태도는 매우 제한된 특정한 상황에서 요구된다. 즉, 그것은 '신앙의 자유'라는 원칙을 지키는 과정에 있어서의 가치중립성이다.

이와 유사한 사례로 '개성의 존중', '자율성의 존중' 등 그 원칙 자체가 실현되는 방식의 다양성으로 인해 요구되는 가치중립적 교육활동이 있을 수 있다. 그러나 그 원칙들, 즉 신앙의 존중, 개성의 존중, 자율성의 존중 등 그 자체는 가치중립적인 원칙들이 아니다. 즉, '교육에 있어서 때때로 가치중립적인 태도를 취해야 한다.'는 주장 그 자체가 가치중립적인 주장이 아니라는 것이다. 왜냐하면 그 주장은 가치 비중립적인 태도를 배척하고 있기 때문이다.

이처럼 교육활동은 궁극적으로 가치중립적이지 않고 선택된 가치에 관계한다는 점에서 보면 도덕적 책임이 수반되는 활동이다. 교육이 이루어지고 있다는 것은 학생의 학습활동에 의한 것이지만, 교육적 가치들의 선택은 언제나 교사, 학교, 사회, 국가 등 교육을 실시하는 측의 행위이므로 교육담당자는 어떤 가치를 선택하고 어떤 가치를 버릴 것인가에 대한 도덕적 책임을 언제나 가지고 있다. 우리는 교육을 통하여 사회로부터 비난받고 멸시받을 인간을 기르려고 하는 것이 아니다. 그러나 어떤 교육적 가치들을 실현할 것인가가 언제나 쉬운 문제일 수는 없다. 흔히 매우 성공적이었다고 믿었던 여러 가지 교육활동이 훗날에 비난거리가 되는 경우가 있다. 그러므로 교육의 과정은 도덕적 책임을 안고 있는 과정이다.

어떤 기준에 의해서 파악되는 인간의 바람직한 변화는 흔히 개별적인 행동에 관한 것으로 이해되는 경향이 있다. 읽지 못하던 어린이가 읽게 되고, 무엇을 알지 못하던 것을 알게 되고, 어떤 훌륭한 생활태도가 형성되고, 어떤 기술을 익히게 되는 등의 개별적인 행동변화가 있을 때 교육이 이루어진 것으로 이해하는 경향이 있다. 그러나 교육은 그러한 개별적인 행동의 변화 그 자체를 일컫는 말이 아니다. 교육은 오히려 '인간 전체'에 관한 것이다. 그러한 개별적 행동의 변화도 인간 전체의 부분으로 이전되는 것이 아니라면 교육적으로 별로 의미가 없다.

일반적으로 말해서 가르치는 행위와 배우는 행위가 함께 이루어지고 있을 때 '교육'이라는 활동이 성립된다. 그러나 교육하는 것(가르치는 것)과 학습하는 것(배우는 것)은 같은 것이라고 할 수 없다. 교육적 의도는 학습자의 의도가 아니라 엄격한 의미에서 교육자의 의도이다. 교육을 하고 있으나 학습하지 않을 수 있으며, 언제나 교육하고 있는 것만 학습되고 있는 것도 아니다.

예컨대, 교사가 맞춤법을 완벽하게 가르치고 있으나 학생들이 완벽하게 배운다고 할 수 없고, 학생들은 교사로부터 그 배움의 상황에서 맞춤법만 배우고 있는 것도 아니다. 교육행위는 의도적인 행위라고 언급한 바 있듯이 어떤 학습, 즉 우연적인 학습은 교육의 개념으로부터 제외된다. 그러므로 '교육되어 왔다.'는 것은 '학습해야 할 가치가 있는 것을 학습했다.'는 것을 뜻한다. 그리고 교육은 인간의 변화에 관한 것이니 그만큼 교육에 의한 학습이 이루어졌다는 것은 그 학습으로 기대된 변화가 이루어졌다는 뜻이다.

교육을 통한 인간의 변화에 관한 증거는 행동에서 찾는 것이 보통이다. 그러나 우리는 그와 같은 명백한 행동적 증거를 얻음으로써 교육을 통하여 성취하고자 하는 바가 이루어졌다고 하기는 어렵다. 왜냐하면 교육적 변화 그 자체와 그 변화에 관한 증거는 반드시 동일한 것이라고 할 수 없기 때문이다.

우리는 인간의 성향을 교육의 상황에서 변화시키고자 한다. 그러나 그것이 매우 구체적으로 표현된 것이든 아니든 간에 그것은 인성의 전체로의 성향체제 속에 있는 것이며, 개별적으로 존재한다고 가정할 수 있는 것은 아니다. 그러나 '전인'이라는 것은 우리가 엄격히 '이것이다'라고 말하기 어려운 것이므로, 교육이론에서는 흔히 '성격'이니 '인격'이니 하는 용어로 개념을 동원하여 접근할 뿐이다.

일반적인 개념으로는 교육이란 인간의 전체적인 성향체제를 대상으로 한다고 전제되어 있다. 이러한 점에서 그것은 단순한 지식의 주입이나 길들이기 혹은 특정한 능력의 훈련과 구별된다. 물론 교육의 전반활동 속에 지식의 주입, 길들이기, 능력의 훈련을 포함하지만 이들이 전인적 관심과 더불어 행하여지고 있지 않다면, 그것만으로는 교육이라는 것과 거리가 멀다.

제2절 사회복지의 철학과 가치

일반적으로 사회복지는 독특한 가치체계를 가지고 있다. 가치는 전문직에 대한 철학적 기초를 제공하는 문화적 개념과 가치로 정의될 수 있다. 학교사회복지사가 어떻게 사람들과 관계하고 그들에게 어떠한 서비스를 제공할 것인가를 결정한다. Bartlett에 따르면, 가치는 종종 궁극적 가치(이념)와 도구적 가치(궁극적 가치를 성취하기 위한 수단)로 분리된다고 하였다. 자유와 자기실현을 부여받기를 원하는 모든 인간은 궁극적 가치의 하나의 예이다. 도구적 가치의 예를 들면, 모든 개인이 자기결정과 동등한 교육기회에 대한 권리를 가지고 있다는 것이다. 가치의 두 번째 수준은 잘 기능하는 사람에 대한 가치 있는 자격을 의미한다. 세 번째 수준은 조작적 가치에 초점을 두고 있는 것으로 더욱더 높은 가치를 성취하기 위한 수단이다. 궁극적인 가치와 도구적인 가치는 사회적인 습관과 사회에서 기대하는 행동과 관련이 있는 문화적 가치와는 구별된다.

사회복지는 기독교의 자선구제사상과 공동체의 상호부조를 사상적 원류로 하고 그 밖에 스토아철학, 유대교, 유교, 불교 등의 많은 이데올로기가 보충되어 사회복지의 철학과 가치가 형성되었다. 이러한 사회복지실천의 가치에서 사회복지목적과 목표가 나온다. 사회복지는 18~19세기에 민주주의와 인도주의에서 사회복지 실천가치가 형성되었다. 좀 더 구체화하면 자유, 평등, 우애가 조화롭게 실천가치를 형성하게 된다.

위에서 설명한 사상적 배경으로부터 나온 사회복지실천의 가치는 크게 네 가지, 즉 인간존중, 자기결정, 사회적 연대책임, 그리고 기회균등으로 나누어 볼 수 있다. 이러한 실천가치가 추구하는 바는 개인이 지니고 있는 성장의 가능성을 최대한으로 실현하는 것이 선이 되도록 하는 것이다.

1. 인간존중

사회복지의 철학 중 가장 중요한 기본이념으로 인간은 개인의 이용가치와는 상관없이 존중되어야 한다. 집단에서 발생되는 모든 문제의 작은 단위는 개인이고 모든 문제의 근본원인도 개인에게 귀착되므로 개인은 절대 무시되어서는 안 된다. 그러나 자신의 권리를 위하여 타인의 존엄성을 무시하여서는 안 된다. 사회 속에서 개인의 복지, 사생활의 자유, 그리고 행복추구를 강조하게 된다.

2. 인간의 자기결정

사회복지의 이론과 실제에 있어서 극히 중요한 원리가 되고 있는데 피치 못할 경우에는 대안이 제공되기도 한다. 각자의 자기능력과 판단에 따라 자신의 태도와 행동을 결정할 권리를 갖는다는 기본적 인권을 존중하는 것으로 개인의 의견존중과 의사를 결정할 기회를 제공해야 한다는 것이다. 학교사회복지사는 클라이언트가 자기의사를 결정할 수 있는 역량을 가질 수 있도록 원조하는 것 또한 선행되어야 한다고 생각한다.

그러나 정신장애로 건전한 판단을 할 수 없는 경우나 미성년으로 그릇된 판단을 할 우려가 있는 경우와 같은 특별한 경우는 예외이나 이를 제외하고는 클라이언트의 판단을 기다리는 것을 원칙으로 한다.

3. 인간의 기회균등

인간은 타인과 함께 권리를 향유한다는 것을 전제로 사회복지의 실천과정에서 꼭 수반되어야 한다. 물질, 지위, 신앙, 인종, 직업, 거주지 및 기타수준에서 많은 사람들이 여러 계층으로 분류되어지곤 하는데 돕는 과정에서 이들에게 차별 없이 똑같은 기회를 제공해야 할 도덕적, 직업적 원칙이 있다. 이 가치는 평등과는 다른 개념이다. 쉽게 설명하면, 모든 사람이 근로를 하면 일상생활을 보장받을 수 있는 개념이다. 예를 들면, 의무교육이나 남녀고용평등, 혹은 최저생활보장과 같은 형태로 실천에서 나타난다.

4. 사회적 연대책임

인간은 근본적으로 누구나 행복하게 살고 싶어 한다. 또한 인간의 고통의 근원은 개인의 잘못에서 1차적으로 기인되나 사회적 · 환경적인 요인으로 올 수도 있다. 인간은 환경과의 상호작용 없이 고립되어 살 수 없으므로 타인의 부적응이 자신의 삶에도 영향을 미칠 수가 있고 나의 문제가 타인에게 영향을 줄 수 있으므로 연대적인 책임, 공동의 과제로 임해야 한다. 자신의 생활을 책임질 수 없는 사람에게 공동체의 상호부조 정신에 입각하여 요보호대상자에 대한 도움을 주어야 하는 실천개념이다.

학교사회복지사는 실천가치를 판단할 때 갈등을 갖게 되는 이유를 근거로 해야 하는 실천가치가 절대적인 것은 아니며, 때로는 서로 상충되기도 하는 상황에서 어떤 실천가치를 중시해야 하는지를 판단하는 것은 쉬운 일이 아니다. 특히, 개입되는 클라이언트가 개인이 아니라 복수일 때는 클라이언트들 간의 이해 역시 상충될 수도 있는데 이런 상황에서 학교사회복지사가 최선의 결과를 기대할 수 있는 판단을 내린다는 것은 더욱 어려운 일이다. 이때 무엇보다도 먼저 고려해야 하는 것은 클라이언트의 입장이 어떤 것인가를 확실히 규명해야 한다. 다음에는 학교사회복지사로서의 자신의 입장은 어떤 것인가를 분명히 해야 한다. 마지막으로 학교사회복지사와 클라이언트의 견해가 다를 때 그것을 어떻게 해결하는가 하는 것이다. 이때에도 최대 기준으로는 클라이언트의 자기실현, 자율성, 그리고 능력의 부여에 기여하고 있어야 한다.

제3절 학교사회복지의 철학과 가치

몇몇 주요 사회복지가치와 학교사회복지에 있어서 적용에 대한 예를 다음에 제시하고자 한다.

다른 가치에 대한 예들이 전문직의 가치와 일치할 수 있지만 학교사회복지사와 관련되어 있는 것은 다음과 같다.

① 학생이 개인의 욕구에 맞는 동등한 교육기회와 학습경험을 부여받을 수 있도록 하는 것
② 교육과정이 미래의 학습도구와 생활을 하는 데 사용하는 기술을 학생에게 제공해야 할 뿐만이 아니라 학생의 정신적 건강도 반드시 포함해야 하는 것

이러한 사회복지가치는 사회복지에 있어서 각 학생의 중심적 지위를 강조한다. 이것은 개인수준 사회복지실천이 학교사회복지서비스를 제공하는 유일한 방법을 의미하는 것은 아니다(표 3-2 참조).

〈표 3-2〉 사회복지의 가치와 학교사회복지의 적용

사회복지의 가치	학교사회복지의 적용
모든 인간존재에 대한 가치와 존엄성에 대한 이해	모든 학생들은 어떠한 독특한 특성에 관계없이 개인으로서 가치가 있다.
자기결정과 자기실현에 대한 권리	모든 학생들은 학습과정이나 학습을 하는 데 있어서 자신의 몫을 할당받아야 한다.
개인의 잠재력을 존중하고 그것을 획득하기 위한 개인의 열망에 대한 지지	학생의 차이(상이한 학습능력을 포함)는 인정되어야 하고 개입은 학생의 교육적 목표를 지지하는 데 초점을 두어야 한다.
각 개인의 권리는 모든 사람들과 다를 수 있고 그러한 차이에 대한 존중	인종이나 사회경제적 특성에 관계없이 모든 학생은 학교에서 동등한 대우를 받을 권리를 가지고 있다.

또한 중재의 다른 형태도 이러한 가치를 실현하는 데 기여할 수 있다. 실천가들은 비록 학생이 클라이언트로 판명될지라도 학생이 가족이나 학급에 원조신호를 실제로 보내거나 또는 몇몇 다른 체계에서 정당하지 못한 영역에 관심을 기울이게 된다는 것을 명심해야 한다. 그러나 개인에 관한 초점은 사회에서 각 개인의 복지에 대한 민주적 공약과 시민에 의한 사회적 책임성에 대한 민주적 공약을 반영한다.

학교사회복지서비스에 대한 미국사회복지사협회의 지침들 중에 지침 2에서는 학교사회복지실천에 대한 전문적 가치와 특징들에 대하여 다음과 같이 그 특성을 설명하고 있다.

'개인은 복지를 위해 인간서비스를 받아야 하고 학생, 부모, 학교인사, 지역사회의 위원들은 학교사회복지사에 대한 클라이언트체계를 구성한다.' 한 사람, 또는 그 이상의 사람이 관련되어 있는 상황에서 어떤 가치는 보다 심각하게 또는 심지어 갈등까지도 나타낸다. 이때 학교사회복지사는 서로 받아들일 수 있는 균형들을 찾아야 한다. '학생에 대한 최선의 관심'은 사려 깊게 지도해야 하는 것이다. 학교사회복지실천에서 갈등을 일으키는 가치들 중에 한 가지 예는 타고난 재능을 가진 학생에게 아버지가 정확히 중간만을 하기를 바랐는데 그 이유는 학생이 학습부진에 대해 스트레스징후를 보이고 있었기 때문이며, 이것이 '더욱더 행복해질 수 있는 방법'이라고 생각하고 있었기 때문이다. 다른 예는 과도한 무단결석을 하는 중학생에게 지역사회와 학교가 그 학생에게 필요한 교육양식을 인정하지 않을지라도 중학생에게 필요한 대안적 교육양식을 제시하여야 한다는 것이다. 궁극적 가치는 실천에서 적용되어야 한다. 학교사회복지사의 행동과정은 클라이언트에게 적합해야지 다른 사람을 위해 희생할 필요는 없다.

학교사회복지는 현재 생태체계적 관점과 학생의 권리를 촉진하도록 구성되어야 한다. Freeman과 Pennekamp는 학교사회복지는 아동, 청소년 그리고 그들의 가족의 욕구가 존재하고, 표면화되고 확인될 수 있는 실천적인 장소에 가능한 한 가까이에서, 즉 가장 제한적인 환경에서 욕구 충족에 필요한 자원을 연결하기 위해 고안되었다. 그리고 이러한 과정에서 '이 생태체계론적 영역의 모든 참여자들 사이에 창조적인 동반관계'를 촉진하도록 하였다.

이러한 철학에 따라 학교사회복지사들은 가정, 학교, 지역사회 사이의 최일선의 연결자이자 조정자였다. 그들은 학생이 직업을 갖기 위해 학교를 떠날 때까지 그런 동반 관계를 위한 촉매자였다. 이 생태체계적 관점은 대부분의 학생이 본질적 발달의 전환과 문제상황에 있을 때와 예방이 적절한 시기를 확인할 때 유용하다. 게다가 학교사회복지사는 학교에서 학문적 수행과 적응을 제대로 하지 못하는 학생을 확인해야 하고, 최우선적, 차선적 혹은 제3의 차원에서 예방적 서비스를 제공할 수 있어야 한다.

또 다른 가치는 클라이언트의 자기결정을 포함하고, 클라이언트의 입장에서 시작하는 것을 학교사회복지의 영역에도 보급하도록 하는 철학으로 이루어져 있다. 이러한 가치는 나이의 제한에 대해 융통성을 요구하거나 혹은 아동과 청소년이 교육계획에 관한 의사결정에 관여하고 결과를 이해하도록 하는 기회를 고취시킨다. 그리하여 학교사회복지사가 모든 참여자의 노력이 학생과 함께 시작하게 하고 가족구성원, 지역사회지도자, 가족에게 중요한 개인, 교사, 교장 그리고 학교 관련 인사, 지역사회 내의 전문가를 포함하도록 한다. 학생의 문제는 다양한 제3자와 환경의 중요한 측면에 관련되어 있고 서로의 광범위한 상호작용에서 발달된다. 생태체계적 영역은 학생, 가족의 욕구, 자원을 조정하여 최선의 결과를 가져올 수 있도록 구성되어야 한다.

자기결정은 클라이언트가 노력할 기회뿐 아니라 의사결정에 필요한 정보, 중심적인 정책, 직원역할 그리고 프로그램 혹은 다른 자원을 가지기를 요구한다. 학교사회복지사들은 노력할 기회를 고취하기 위해 일해야 하고 부모와 학생에게 중요한 정보의 제공자가 되어야 한다.

학교사회복지는 학생생활의 질뿐만 아니라 교수-학습과정의 본질에 영향을 준다. 생활의 질을 주장하는 높은 가치 때문에 학교사회복지사는 생활의 질을 침해하는 사회적 상황을 변화시키는 방법에 관심을 갖는다. 이 철학은 상호작용하는 각 체계가 개입의 목표가 되고, 필요할 때 개입과정을 촉진시키는 협동가로서 모든 체계를 이끌기 위한 이론적 근거를 제공한다. Winters와 Maluccio가 지적했듯이 학교는 이러한 변화를 위하여 홀로 대처해 나가는 것이 아니라 학교, 가족 그리고 지역사회와 함께 일해야 한다.

실제 조사에서 학교사회복지사는 전문적인 가치와 윤리적인 책임에 직면한다. 한편 그들은 미국사회복지사협회(NASW)의 국가자격증법과 윤리강령에 의해 사회복지

전문직의 가치와 윤리에 대한 책임이 있다. 반면에 그들은 실제 상황에서 교육제도의 가치와 윤리적 강요에 대한 책임이 있다. 때때로 이러한 가치와 윤리적 책임은 일치한다. 예컨대, 전문직과 교육제도는 둘 다 학교사회복지실천이 규칙적으로 평가되어져야 한다는 점에서 일치한다.

① 모든 참여자의 존엄성과 개인적 자유에 대한 관심
② 불안, 위험, 상실로부터의 참여자의 보호
③ 학생과 가족들에 의한 자발적이고 알려진 참여를 위한 중요성의 위험 · 이익에 대한 설명
④ 정보의 비밀처리와 전산화된 자료의 안전에 대한 보장
⑤ 영향력의 평가, 사정에 있어서의 편견, 그리고 방법론적인 중재로부터 참여자의 보호
⑥ 효과성에 있어서 가장 좋은 경험적 증거를 결합하는 사정과 중재모델들의 개발과 시험
⑦ 영향력평가의 인정과 조사방법론과 결과들의 해석에 있어서 깊숙이 박힌 편견
⑧ 조사와 시범서비스계획의 접근과 이용에 있어서 공정성의 보장

CHAPTER 04 학교사회복지의 발달

학교사회복지는 19세기 말부터 시행된 의무교육과 함께 시작되었으며, 나라마다 그 발달과정의 형태도 조금씩 다르다. 여기서는 영국과 함께 가장 빠른 시기에 학교사회복지를 시작하여 현재 가장 많은 학교사회복지사가 활동하고 있는 미국을 중심으로 살펴보기로 한다. 그리고 발달과정은 도입기, 발전기, 과도기, 확립기로 구분해서 그 당시의 시대적 배경과 사회복지전문직의 발달 속에서 변천과정을 전개하고자 한다. 학교사회복지의 도입기는 방문교사의 비전문화시기이고, 발전기는 임상 중심으로 개인수준 사회복지실천(casework)을 강조하면서 발달한 시기이다. 과도기는 다시 지역사회와의 관계를 강조하여 학교사회복지사의 역할에 혼란이 있었던 시기이고, 확립기는 1980년대 이후부터 최근까지로 생태체계론적 접근을 중심으로 전개되었던 시기이다. 그리고 우리나라의 경험을 미국의 발달과정과 비교하여 분석하고자 한다.

제1절 미국 학교사회복지의 발달

1. 학교사회복지의 도입기(1900~1930년대)

1900년대 미국의 증가하는 이민인구는 교육의 발전과 확대를 촉진하여 다른 문화권의 국민을 수용하려고 하였다. 이러한 영향으로 학교사회복지를 도입하여 교육에서 학교와 가정 및 지역사회 연계는 더욱 중요해졌다. 이 시기에 학교사회복지사는 학교 외부에서 활동을 시작하였지만 이후에 인정받아 학교 내부로 많이 진출하게 되었다. 그러나 방문교사 혹은 출석 관련 사무인으로 불리고 역할에 대한 전문성을 인정받지 못한 시기였다고 볼 수 있다.

1) 학교사회복지 도입의 사회적 배경

학교사회복지가 도입되어 많은 발전을 하게 된 주요한 사회적 배경은 다음과 같다(Allen-Meares, Washington, & Welsh, 1986: 17-18).

(1) 의무학교출석법의 통과

이주민과 원주민학생의 문맹에 대한 관심사는 최소한의 교육을 받아야 하는 학생의 권리와 모든 학생에게 이 권리를 보장해 주어야 한다는 주정부의 책임에 대한 관심을 고조시켜 주정부에서는 의무출석법령을 제정하였다. 그러나 이 법령은 불충분한 가족수입을 보충하기 위해 학생에게 일을 시키고자 하는 부모와 학생의 값싼 노동력을 이용하고자 하는 사업주에 의해 방해받았다.

Abbott와 Breckinridge(1917)는 의무학교출석법이 효과적으로 실시되지 않자 Chicago 학교의 결석문제에 대해 연구를 하였다. 이 연구결과는 지역사회의 위해(危害)－빈곤, 건강악화, 불충분한 가족수입－와 그것들이 출석에 미치는 영향을 이해하는 학교출석 관련 사무 직원의 필요성을 지적했다. 그들은 그러한 역할이 학생의 욕구와 사회상황의 영향에 대해 잘 알고 있는 학교사회복지사에게 할당되어야 한다고 생각했다.

(2) 교육의 전략적 위치에 대한 인식

20세기 초 사회복지사들은 학생의 생활에서 학교와 교육이 전략적 위치를 차지하는 것에 대해 예리하게 깨달았고, 학교에서 일하는 것을 기회로 삼게 되었다. 학교사회복지사에게 학교는 과거의 문화와 지혜를 다음 세대에게 전달하는 것뿐만 아니라 현 사회관계를 알아보고 사회상황의 개선을 위한 가능성의 도구로 인식되었다.

(3) 인보관의 영향

동시에 인보관의 사회복지사들은 학교 자체가 현재 그리고 미래의 학생의 삶에 좀 더 밀접하게 관계하기 위해서 학교 내 서비스에 대한 필요성을 설명하였다.

Oppenheimer(1925)는 인보관이 학교사회복지의 발달에 미친 영향력은 매우 컸다고 말했다. 많은 인보관에 있는 학교사회복지사들이 '학교와 가정을 함께 할 수 있는 방문교사의 부족'에 대한 관심을 나타냈다.

뉴욕시 교육위원회의 후원하에 있는 Henry Street 인보관은 정서적 장애를 가진 학생을 진급시키기 위한 학급을 첫 번째로 만들었으며, 사업은 학생들을 교육시키기 위해 필요한 장비와 교육적 자원을 제공했다. 이것은 학생들의 특수한 요구에 대응하기 위해 충분한 교육적 물질과 자원을 제공하는 첫 번째 시도 중의 하나였다.

2) 방문교사의 활동

학교사회복지는 거의 같은 시기(1906~1907년 동안)에 뉴욕, 보스턴, 하트포드의 세 도시에서 시작되었다.

사회복지가 점차 발전함에 따라 학교사회복지는 우선 소외된 사람들을 위하려는 경향이 있었다. 뉴욕시 인보관의 사회복지사들은 인보관에 오는 학생의 교사를 아는 것이 필요하다고 생각했고, 그들은 이해와 의사소통을 촉진하기 위하여 학교와 지역사회 집단과 더욱 가까이 일하기 위해 학교와 가정을 방문하는 사회복지사를 임명했다.

1913년 뉴욕 로체스터교육위원회는 서비스의 개발에 적극적인 역할을 했다. 위원회는 방문교사를 학교장의 관리하에 있는 학교의 특수한 부서에 배치하였다. 모든 학교 체계와 지역사회의 분리를 막기 위해 학교사회복지사가 필수적임을 지적했다.

그리고 미국방문교사협회가 조직되었다. 협회의 최초 모임은 뉴욕시에서 개최했고, 그 모임의 관심사는 방문교사의 조직, 행정, 역할 정의에 관한 것이었다.

이 시기에 주요한 학교사회복지의 역할은 가정-학교-지역사회를 연결시키는 것이 중심이 되었다. 1925년에 Oppenheimer는 300개의 사례기록의 분석을 통하여 방문교사서비스의 32개 핵심적 역할목록을 만들었다. 하지만 그도 학교사회복지활동의 중심으로 학교-가족-지역사회의 연결을 강조하였다. Oppenheimer는 '학교사회복지사의 가장 중요한 기능은 학생이 학교생활에서 갖는 어려움의 기초가 되는 바람직하지 못한 조건의 증거를 제시하고 필요한 변화를 지적하는 것으로 학교행정과 학교실천의 재조직화를 돕는 것이다.'라고 말했다. 그러므로 방문교사는 학생의 외부생활과 학생의 사회적 환경에 대해 잘 아는 학교 내의 인사여야 했다(Oppenheimer, 1925: 121-126).

1920년대 동안 학교사회복지의 초점은 학교의 기능을 더욱 효과적으로 만들기 위하여 청소년비행을 예방하는 방향으로 움직였다. 뉴욕 주정부기금, 교육위원회 그리고 미국방문교사협회, 학교사회복지사는 가정-학교-지역사회를 연결시켜 활동했고, 도시와 농촌지역에서 새로운 지위를 세우기 위하여 많은 책임을 맡고 있었다. 뉴욕 주정부기금하에서 학교사회복지사는 3년간의 노력을 통하여 그 숫자를 점점 늘려 갔다. 또한 30명의 학교사회복지사가 시위운동을 위해 도시와 농촌을 포함한 지역사회에 배치되었다.

지역사회는 방문교사의 임금을 예산에서 나누어 부담하였다. 이러한 활동은 1930년까지 계속 되었고 많은 도시로 프로그램이 퍼져 나갔다. 그때까지 31개의 주에 대략 244명의 학교사회복지사가 있었다. 마침내 학교는 학습과 성장이 방해받지 않도록 학생과 가족, 그리고 자원을 연결하여 학생복지사업의 전략적 센터로 간주되었다.

2. 학교사회복지의 발전기(1930~1960년대)

학교사회복지 발달의 형태는 주(州)와 학교구역에 따라 달랐다. 1930년 세계 대공황 동안 학교에 근거를 둔 사회복지사의 수는 조금 감소했으나 2차 세계대전이 계속되면서 회복되었다. 1940년대 초 서비스는 다시 빠르게 확장되기 시작하였다. 이 시기 학교사회복지사들은 학생이 현재의 학교환경을 활용하도록 도와주는 개인수준 사회복지실천에 더 많은 관심을 가졌고 그들 스스로 구체적인 방법과 기술을 찾는 데 열중하였다.

이러한 변화는 학교사회복지사들의 위신에 공헌하여 무단결석자 담당사무직으로 고착되는 많은 낙인을 제거하려 했지만, 가정과 학교 간을 연결하는 역할을 그다지 강조하지 않았다.

1) 정신보건운동의 영향

정신보건운동을 통해 학생의 개별적 특성에 대한 인식이 증가되면서 방문교사는 사회부적응의 예방을 위한 기술을 개발하기 위해 노력하였다.

정신보건상담소는 거의 모든 지역사회에 확산되어 나갔다. 그들의 중심적 목적은 신경증적 장애학생을 진단하고 치료하는 것이다. '우리는 학교생활경험을 통하여 정서장애를 가진 학생을 어떻게 도울 수 있는가?', '우리는 모든 학생이 학교생활에서 정서적으로 풍부하고 안정된 경험을 하도록 어떻게 도울 것인가?' 이와 같은 질문은 이 당시에 방문교사의 과제였다.

학교는 학생이 많은 시간을 보내는 장소이다. 학생의 정신건강을 증진시키기 위한 효과적인 실천방법은 학교체계를 통하는 것이었다. 가정은 너무 접근하기가 어렵기 때문이다. 학교사회복지사는 개인수준 사회복지실천을 통해 개인이 대인적 적응을 돕기 위해 학교와 교사의 적극적인 협조를 받아야 한다(Taft, 1923: 398).

2) 개인수준 사회복지실천에 대한 강조

학교사회복지사의 역할은 학교-지역사회관계를 강조하는 것으로부터 허약한 정신건강을 예방하는 것으로 변화되었고, 그 임무는 개인수준 사회복지실천을 통하여 이루어지고 있다. Everett(1938: 58)에 의하면, 학교사회복지사의 역할은 학교 내에서 개인수준 사회복지실천을 수행하는 것으로 제한하는 것이 가장 좋다. 즉, Everett는 개별 학생의 인격을 가장 주요한 관심사로 보았기 때문에 개인수준 사회복지실천영역 외부에서 지역사회책임감을 수행하는 방문교사의 실천활동을 반대하였다.

많은 학교는 사회적, 정서적인 어려움 때문에 학교생활을 효과적으로 하지 못하는 학생을 위해 개인수준 사회복지실천서비스를 제공하였다. 학교에서의 개인수준 사회복지실천은 장소가 특별하고, 더욱 잘 이해될 수 있으며 포괄성의 원칙에 부합된다. 그러므로 학교사회복지사는 학생이 학교생활에서 나타내는 어려움을 이해하고, 있는 그대로 문제를 명백히 하는 것을 돕는 개인수준 사회복지실천 중심의 전문가로 활동하였다.

이 시기까지도 학교사회복지에 대한 혼란이 많이 있었다. 누가 학교사회복지사인가? 그는 '방문교사', '방문상담가', '학교상담가', '학교사회복지사' 혹은 다른 이름의 사람일 수 있다. 이러한 일관성의 부족은 서비스의 목적과 기능에 관하여 어느 정도 혼란을 가져왔다.

3. 학교사회복지의 과도기(1960~1980년대)

1960년대 중반 이후부터는 학생에게 많은 영향을 미치는 주요 학교상황에 대한 관심이 집중되었고, 사회체계로 학교를 변화시키기 위하여 학교 관련 인사와 연합하는 시기였다. 학생의 만족스러운 학교경험에 장애가 되는 학교상황과 정책을 바꾸기 위하여 실천기술로 지역사회조직이나 집단수준 사회복지실천이 빈번하게 활용되었다. 그러나 학교사회복지사들은 계속해서 학생과 부모와의 개인수준 사회복지실천에 초점을 두려고 하였다.

1970년대 후반기가 되면 공법 94-142조의 실행으로 사회복지사의 새로운 실천형태들이 나타났다. 그들은 학생연구팀의 일원이 되었고, 학교행정가, 교사, 그리고 학교에서의 여러 전문분야에 걸친 구성원에 대한 상담을 제공하였다. 그리고 사회복지사는 학생보호서비스의 위탁을 심사하는 지위에 올랐다.

1) 관련 입법의 영향

연방정부는 학교사회복지와 관련된 3개의 법안을 개정 또는 제정하였다.

첫 번째, 1965년 교육법 제1조로부터 시작되었다. 이 법률은 교육적으로 낮은 경제능력과 낮은 교육적 열망과 관련되어 있다. 법률에 의해 조성된 기금은 대부분 도심

속의 학교들, 그리고 가정-학교관계에서 특별하게 집중된 사회서비스를 제공받는 학생이 많은 학교에 분배되었다.

두 번째, 1972년의 교육개정안 제11조의 통과로 학교사회복지사는 지역의 10대 미혼모를 위한 포괄적인 보충 프로그램의 조정자가 되었다. 이 프로그램에서 미혼모학생들은 일반 학급에 여전히 남았고, 학교는 그들의 아이를 위한 주간보호시설과 출산 전, 출산, 출산 후 양육상의 욕구와 상담을 위한 지지학급을 설치했다.

세 번째, 연방정부 차원에서 학교에서의 사회복지에 강한 영향을 준 것은 공법 94-142조 장애아교육법으로 모든 장애학생에 대해 무상으로 제공되는 공립교육이 가능하게 된 것이다.

① 장애학생에 대한 사회력의 조사
② 장애학생가족과의 집단상담과 개별상담
③ 학교에서의 장애학생의 적응에 영향을 미치는 학생의 생활환경(가정, 학교 그리고 지역사회) 속에서 문제의 사정
④ 학교 또는 지역사회의 교육 프로그램으로부터 최대한의 혜택을 장애학생이 받을 수 있도록 학교 또는 지역사회자원의 동원

이 법의 실행으로 특수교육분야에서 학교사회복지사들의 숫자는 현저하게 증가되었다.

2) 집단수준 사회복지실천의 대두

1969년 공립학교는 모든 지역에서 공격받았다. 교육기회의 불평등성은 분열을 가져왔다. 공립학교의 교직원은 소수민족과 저소득가정의 학생들이 성적이 낮아 중산계급의 백인만큼 수행할 수가 없다는 편견을 가지게 되었다. 따라서 학교는 학생의 창의력 발달과 배우려는 열망을 방해하는 억압적인 기관이 되었다. 어떤 부모는 학교로부터 멀리 있다고 느끼며, 자신이 학생교육에 좀 더 영향력을 미치기를 원했다.

하지만 그들은 부모와 학생을 위한 집단수준 사회복지실천을 사용하는 학교사회복

지를 강하게 지지하였다. 학교사회복지사는 학생에게 불리한 영향을 미치는 학교정책과 행정을 확인하는 전략적 위치에 있다. 즉, 학교에서의 사회복지사는 다중역할을 해야 한다. 특별한 개인을 원조해야 하고, 학교 내에서 학생에게 어려움이 되는 근원을 처리해야 한다.

학교에서 집단수준 사회복지실천의 사용에 대한 관심이 증가하는 것은 지역사회와 일하는 새로운 방법과 광범위한 지역사회조직이 지역사회를 좀 더 가깝게 하는 데 초점을 두고 있다. 포드회사에 의해 후원받은 디트로이트공립학교의 사업은 지역사회의 중요성을 강조하였다. 이 사업은 도시 내 지역사회와 학교를 더욱 가까워지게 하였다. 도시 내의 학생들은 성취하지 못하고 있으므로 매개인이 교육의 동반자로서 학교와 지역사회를 연결짓는 역할을 하여야 한다(Hourihan, 1965: 21-23).

3) 사회문제와 학교사회복지

1970년대는 학교사회복지사의 수가 크게 늘어났고, 가족, 지역사회, 학교연계실천팀의 일원으로서 과업과 장애학생을 위한 과업을 강조하였다. 약물남용, 비행, 빈곤, 정서적 · 생리적 질환, 학생학대, 인종폭동, 지도력을 위한 요구가 사회에 크게 부각되었다. 이 시기 동안에 공립교육에 심각하게 영향을 미친 것은 Kerner의 보고서였다(report of the national advisory communittee on civil disorders, 1968). 이 보고서는 1960년대의 인종폭동을 분석했고, 공립학교와 소수민족학생의 교육실패에 대해 많은 비난을 하였으며, 인종폭동의 책임이 학교에 있다고 보았다. 또한 미국 내 학교에서 인종차별이 감소되고 공립학교에 부모와 지역사회의 참여를 위한 기회가 확대되어야 한다고 보고하였다. 이 보고서의 영향으로 미국교육이 학교사회복지사의 필요성에 대해 인식할 뿐만 아니라 NASW의 학교사회복지위원회는 학교–지역사회 연결역할을 확대할 3개년 계획을 수행하였다.

4) 역할의 혼란

학교사회복지사는 보통 학교 관련 인사(교장, 심리학자, 간호사, 특수교사 등)와 협동하여 일하는 팀의 구성원으로서 일한다. 이러한 과업은 학생의 가정, 이웃, 그리고 환경의 조사를 포함하였다. Shaw(1967: 108)는 학교상담사, 학교사회복지사, 그리고 학교심리치료사가 수행하기를 원하는 것들 사이에 심각하게 중복되어 있다는 것을 밝혀냈다.

학교에서 사회복지사가 그들이 전문적 권위를 지켜야 한다면 그것은 학교와 학생의 문제를 바르게 치료하는 것이다. 그러므로 첫째 단계는 학교사회복지서비스의 목표를 재사정하는 것이다. 이 시기의 학교사회복지의 초점은 정서, 동기와 인격에 대한 강조로부터 학습, 사고, 그리고 문제해결과 같은 인식적 영역을 향하고 있다. 목적은 학생이 보상감 지속되는 학습을 위한 준비, 그리고 변화에 적응할 능력을 획득하도록 돕는 데 있다.

이러한 학교사회복지사의 역할상의 혼란을 해결하기 위하여 NASW 학교사회복지서비스 특별전문위원회(현 학교사회복지서비스 실천촉진협의회)는 1976년에 학교사회복지 과업의 분류체계를 포함하였다. 이 분류체계는 학생 혹은 부모, 학교 관련 인사와의 과업, 그리고 학교-지역사회관계와 같이 서비스표적체계에 따라 과업을 분류하였다. 기준 전반에 흐르는 중요한 주제는 예방이다. 관심은 사회체계로서 학생, 그들의 가족, 그리고 학교를 위한 문제를 예방하는 사회복지서비스를 개발하는 데 있다.

4. 학교사회복지의 확립기(1980년대 이후~)

1980년부터는 약물남용을 경험한 학생, 심각한 정신건강문제를 지닌 학생, 통제할 수 없는 학생에게 서비스를 제공해 주는 사회복지사의 활동이 요구되었다. 사회복지사는 약물남용과 정신건강문제를 다루거나 가족보호에 어려움이 있는 부모 및 학생과 관계를 맺으며 서비스를 공급해 주고, 지역사회자원을 연결해 주었다. 따라서 이 시기에 학교 내에 가족서비스센터가 설립되었다(Mintzies, 1993: 123-131). 또한 학생의 권리와 문화적 다양성에 초점을 두고 학교-지역사회-가족의 동반관계에 새로운 강조점을 두게 되었다.

1) 생태체계적 접근의 강조

학교사회복지는 학생집단(특히, 장애학생)과 다른 학교 관련 인사와의 업무에 초점을 두었다. 학교정책의 변화를 촉진하는 역할로서 연결역할이 강조되었다. 이 계획은 공법 94-142조에 대한 학교사회복지사의 인식과 실천에서 그것의 영향에 대한 정보를 구하는 것이었다. 상담, 협동, 진단, 장애조건의 진단, 장기간의 임상치료로부터의 탈피, 그리고 학교의 우선적 기능 내에서 학교를 원조하는 조직적인 역할을 발견했다.

현재 사회복지실천은 생태체계적 관점에서 노력하고 있으며, 실천에 대한 평가가 강조되고 있다. 교육에 있어 1980년대와 1990년대의 가장 두드러진 이슈는 빈곤, 부적절한 건강보호, 인종 및 성차별, 그리고 학교와 학생의 교육과정에서의 장애와 같은 것이었다.

2) 교육개혁

교육법의 개정과 제정의 방향은 학교사회복지서비스의 범위를 확대해 나가는 것이었다. 예를 들어, 1986년에 장애인교육법(공법 99-457장), 장애영유아를 위한 초기개입법안(공법 100-297), 1988년의 초등과 중등학교 개선법안(공법 101-476)에서 실천을 담당하는 전문가로 학교사회복지사를 인정하였다.

'교육개혁의 해'로 알려진 1994년 학교사회복지사들은 한 번 더 법률제정의 주요부분에 포함되었는데 바로 미국교육법인 공법 103-227조이다. 이 법은 1994년 3월 31일에 법으로 서명되었다. 8개의 국가적 목적이 여기에 포함되었다(1장 참조). 이 법의 주요목적은 조사, 여론형성, 모든 학생에 대한 교육적 기회의 평등을 보장하기 위한 체계적 변화를 조장시키는 것이다.

3) 학교사회복지의 위상 정립

1970년대 초기 이래로 많은 주립학교사회복지사협회가 생겨났다. 현재 미국사회복지사협회(NASW)와 관계없이 약 25개의 주협회가 있고, 대부분이 연례회의를 개최하며, 회보를 간행하고 있다. 20개 주의 NASW총회는 지금 학교사회복지위원회를 두고 있다. 거의 30년 전에 형성된 중서부 학교사회복지위원회, 남부학교사회복지회의, 서부연합, 북동부연합의 4개의 지역위원회가 있다. 1994년에 학교사회복지지도력에 의해 앞장서게 된 미국학교사회복지사협회(National Association of School Social Workers)는 NASW와 관계없이 형성되었다. 많은 주(州)의 교육국에는 학교사회복지서비스를 위한 행정적인 책임자를 두었다. 이 사람들은 학교사회복지 주자문가로 알려져 있다. 학교사회복지에는 미국주자문위원회(National Council of State Consultants)가 있다.

〈표 4-1〉 미국의 학교사회복지의 발달

구분	시기	사회상황	사회복지	학교사회복지
도입기	1900~1930년대	• 자본주의 발달 • 개인주의와 진보주의 팽배 • 빈곤문제 대두 • 이민인구 증가	• 사회보장법 제정(1935) • 전문사회복지 태동 • 인보관 발달	• 인보관 중심의 학교사회복지 시작 • 학교의무출석법 통과 • 학교사회복지사 학교 내부로 진출: 방문교사·출석 관련 사무인 등으로 불리어짐
발전기	1930~1960년대	• 경제호황 • 반전운동 • 소수인종문제	• 정신보건운동 • 의료보장법(1965)	• 전국방문교사협회 결성 • 개인수준 사회복지 중심의 학교사회복지 발달 • 학교사회복지사협회로 변화 • 학교의 불평등에 관심을 가지기 시작
과도기	1960~1980년대	• 청소년문제의 심각화 • 공립학교의 실패 • 교육법·교육개정안·장애아교육법 통과	• 아동보호법(1971) • NASW 내에 학교사회복지서비스특별위원회를 결성	• 포드재단의 후원 • 학교-가정-지역사회 연계 강조 • 집단사회복지 강조
확립기	1980년대~현재	• 신자유주의 • 레이거노믹스 • 교육개협안(1994) – 장애인교육법(1986) – 장애영유아초기개입법(1986) • 초등·중등학교 개선법(1988)	• 복지제도의 민영화 • 복지의 지방정부와 민간의 책임 강조	• 학교 내 중요한 전문가로 인정 • 생태체계론에 입각한 서비스 전달을 강조

이러한 성장은 다른 사회복지와 전문교육조직인 전문직 불만의 원인이 되었다. 주립학교사회복지협회는 다른 전문조직의 내부에서 발견하지 못한 동질적인 구성요소를 제공하고, 그들의 욕구를 더 잘 설명하였다. 이러한 협회는 또한 회원에게 전문직으로 성장할 기회를 제공하였다. 어떤 주정부는 매년 세미나를 개최하고, 자문가의 연결망을 조직하고, 지속적인 교육보장을 위한 기회를 보장해 주려고 노력하였다. 주립협회가 증가하고 발달함에 따라 NASW와 학교에 기초하고 있는 관련 전문가집단은 긴밀한 관계를 구축하였다.

학교사회복지사 자격증에 관한 요건이 명확하게 확정되기 시작하였다. 주(州)는 현재 학교에서의 실천을 위한 교육요건을 상술하는 데 있어서 더욱 적극적인 역할을 취하고 있다. 예를 들면, 일리노이주에서는 증명서를 요구하는 실천가들은 반드시 학교사회복지에 특별한 과정을 포함하는 사회복지 프로그램을 졸업해야 하고(예: 교육 관련 법률 제정, 특수아동, 실천모델, 주와 학교법률), 2개의 특별시험을 치러야 한다(학교사회복지의 명확한 지식에 대한 시험과 수학과 독서에 대한 기본적 기술에 관한 시험 등).

그 후 많은 주(州)들이 직원의 질을 높이기 위한 방법으로 많은 학교고용자에 대한 증명서 발급과정을 채택하였고, 뉴저지주의 프린스톤에서는 NASW가 처음으로 학교사회복지사 자격시험제도를 만들어 1992년에 시행되었다. 그리고 학교사회복지의 실천을 좀 더 용이하게 하기 위하여 실무지침이 만들어졌다.

제2절 우리나라 학교사회복지의 발달

1. 학교사회복지실천의 태동기(1950~1990년대 중반)

1) 아동복리원의 활동(1950~1960년대)

우리나라 최초의 학교사회복지실천은 아동복지활동을 중심으로 찾아볼 수 있다.

우리나라는 1961년에 아동복리법이 제정되고 1958년 서울아동상담소의 설치운영에 이어 1963년부터 각 시도에 시 · 도립아동상담소를 설치하여 아동복리지도원을 채용, 문제아동과 보호가 필요한 아동을 위한 상담사업을 실시하였다. 이를 기반으로 사회복지사가 빈곤아동 및 요보호학생의 가정방문을 통한 상담과 경제적으로 지원을 하게 되었다.

1969년에 캐나다 유니테리언봉사회(USCC)가 운영하는 서울시 마포사회복지관은 마포지역의 한 초등학교와 연계하여 학교 내의 요보호학생들에게 상담과 경제적 서비스를 제공하기 시작하였다. 마포사회복지관의 아동복지 담당사회복지사는 지역의 한 학교를 선정하여 부모, 시립아동상담소, 교사와 협력하여 학교에서 의뢰된 학생들에게 경제적 원조를 제공하거나 상담서비스를 제공하여 학생의 학교적응과 학업성취를 도와주었다.

그리고 교육계 내부에서도 1952년 미국교육사절단에 의해 학생지도를 위한 상담, 심리검사, 정신건강 등을 소개하고 그의 영향으로 1958년 교도교사제도를 도입하여 강습회로 교도교사를 배출하고, 1963년 교육공무원법을 제정하여 교도교사제도를 명시화하였다.

이처럼 이 시기에는 학교 안에서는 교도교사가 학생들을 상담 · 지도하였고, 학교 밖에서는 아동상담소의 사회복지사가 아동복리원으로 빈곤 및 요보호아동을 대상으로 상담과 경제적 지원을 하였다.

2) 학교사회복지이론 도입(1970~1980년대)

1970년대는 대학교에 사회복지학과가 대거 신설 확대되면서 사회복지의 분야가 세분화되고 사회복지에 관한 법률들이 제정되면서 아동복지와 교육에 관한 기본권이 확대되었다. 한편, 정부에서 산업화를 통한 경제성장을 이루게 되었고, 이에 따라 부수적으로 발생하기 시작한 다양한 사회문제로 인해 학교부적응이나 비행 등의 요보호학생도 증가한 시기이기도 하다. 그리고 학교사회복지에 관한 이론적 개념이 소개되어 학교사회복지를 주제로 하는 석사학위논문이 다수 발행되었다. 석사학위논문의 주요

내용은 실천현장이 없었기 때문에 주로 학교사회복지의 필요성과 당위성을 이론적으로 설명하였다.

아동복리법은 1981년 아동복지법으로 개정하여 일반아동을 포함한 아동복지사업을 확대하고, 1984년 소년소녀가장세대 지원정책과 1988년 보호 관찰 등에 관한 법률을 제정하고, 1980년대 후반 지역사회복지관의 급증으로 아동청소년복지사업이 크게 확대되었다. 이렇듯 학생과 아동에 관한 사회복지계의 관심과 노력이 증가되었다고는 하나, 현대적 의미의 학교사회복지나 방문교사형식의 사회복지서비스가 학교제도 내에서 시행된 경우는 거의 없었다. 학생을 위한 사회복지서비스의 대부분은 학교와 연계하지 않는 사회복지기관의 독자적인 서비스였다.

그러나 교육계 내부에서는 학생의 비행이나 학교부적응에 대한 인식을 달리하여 새로운 접근을 해야 한다는 필요성을 인식하였던 시기라고 볼 수 있다. 그 예로 1973년 교육부는 중·고등학교에 교도주임교사제를 법제화하여 교도주임교사를 의무적으로 두도록 하여 그 이후 점차 증가하였다. 서울시 교육청은 1985년에 학생상담자원봉사제를 도입하여 그 후 전국교육청으로 학생상담자원봉사자들의 활동이 확산되었다. 또한 이 시기는 중학교 12학급, 고등학교 9학급 이상의 학교에 상담실 설치를 의무화시켰다.

사회복지사 자격을 가지고 있으면서 영어교사였던 김혜래 선생이 서울 현대고등학교에서 1986년부터 1998년까지 교사들의 협조를 얻어 사회복지서비스를 제공하였으나 학교사회복지사로서 역할 수행이 아닌데 아쉬움이 있다. 이처럼 교육계는 학생을 위한 상담을 비롯한 다양한 서비스가 필요하다는 것을 서서히 인식하게 된 시기라고 볼 수 있다.

3) 학교사회복지실천의 시작(1990년대 초반~중반)

우리나라는 1990년대에 접어들면서 점차 학교사회복지에 대한 실천적인 사례가 구체화되기 시작하였고, 사회복지학과 학생과 종합사회복지관의 사회복지사에 의해서 보다 체계적이고 포괄적으로 제공하기 시작하였다.

사회복지관 중심의 학교사회복지의 시작은 1993년 은평종합사회복지관(태화은평종합사회복지관)이 수색초등학교 학생을 대상을 한 '꿈나무교실' 프로그램을 운영한 것이다. 꿈나무교실은 학교생활에 문제가 있는 특수학급아동 9명을 대상으로 사회복지관에서 주 1회씩 총 12회의 집단사회복지 프로그램이었다. 1995년에는 일반아동 중 학교생활에 적응하지 못하는 아동을 포함하여 대상학생들을 확대하였다(한국사회복지사협회 부설 교육복지연구소, 2006: 130).

1993년에는 숭실대학교 대학원생이었던 윤철수가 화곡여자상업고등학교에서 실습으로 학교사회복지를 실천하는 등 사회복지학과 학생들이 학교에서 사회복지실습을 하였다. 1994년 연세대학교 김기환 교수와 학생들은 세 학교의 문제학생들에게 개인상담, 집단상담, 가정방문 등의 학교사회복지서비스를 제공하였다.

1990년대 중반부터는 학교사회복지에 관한 사회적 관심이 점차 증가하기 시작하면서 학교에서 학교사회복지의 시범사업을 실시하게 되었고, 학교사회복지를 제도화하기 위한 학문적 연구가 본격적으로 이루어지고 있었다.

학교사회복지제도는 국민복지기획단 중 아동분야의 전문가 보고 및 토론회에서 요보호아동 발생의 예방을 위한 상담사업으로 학교사회복지제도를 도입할 것을 제안하였다(노혜련, 1995). 정부는 1995년에 학교사회복지를 아동복지정책의 한 방법으로 인식하기 시작하였다. 이 시기에는 삼성복지재단의 지원을 받아 일반학급아동 중 학교생활에 적응하지 못하는 아동을 포함하는 프로그램 운영을 하였으며, 춘의종합사회복지관이 지역사회 초등학교를 대상으로 학교부적응아동에게 심리검사, 놀이치료, 치료레크리에이션, 가족치료 등 전문적인 학교연계서비스를 시도하였다. 1996년에는 서울 동작중학교(숭실동작복지관 협력), 백석중학교(학교상주형 모형)에서 학교사회복지 활동과 연구를 하였고, 삼성복지재단은 학교사회복지 등 4개 분야의 주제를 제시하여 지원사업의 전문화 도모 및 향후 학교사회복지의 제도화에 기여할 수 있는 기반을 마련하려고 하였다.

2. 학교사회복지실천의 도입기(1990년대 후반)

1) 정부의 학교사회복지 시범사업

1995년 '국민복지기획단'에서 학교사회복지의 제도적 도입을 건의한 후, 교육부는 안병영 장관이 부임하여 1996년에 학교사회복지제도의 도입을 공식적으로 표명하게 되었다. 교육부는 1996년 전국장학관회의를 통해 1997년부터 학교사회복지(당시 학교사회사업)를 시범 운영할 것을 발표하였고, 나아가 1999년부터 전국적으로 확대할 것을 발표하였다. 교육부에 의하면 학교사회복지제도는 결손가정, 소년소녀가장, 장애아, 학습부진아, 중퇴복귀생, 사회시설 거주학생과 비행학생 등의 요보호학생들에게 보호와 상담활동을 제공하기 위한 것이다.

이에 따라 교육부는 1997년 3월부터 1999년 2월까지 2년간 당시 '학교사회복지 시범사업'을 무학여자고등학교(서울), 충남중학교(대전), 북성중학교(광주), 대구제일여자상업고등학교(대구)에서 실시하였다.

(1) 서울 무학여자고등학교

무학여자고등학교는 사회복지학과 교수의 자문을 얻어 프로그램을 설계하고 조정했으며, 1997년 5월부터 주 2회 시간제근무 학교사회복지사를 채용하여 기초조사 후 학교적응력강화, 진로탐색, 정신건강증진, 비행학생지도, 자원봉사활동영역에서 프로그램을 운영하였다.

2년에 걸친 전반적인 운영결과는 학생과 교사, 학교 모두에게 만족감을 준 반면, 운영상의 몇 가지 문제점이 나타났다.

첫째, 학생 수에 비해 학교사회복지사 및 자원봉사자 수가 부족하였고, 서비스가 점심시간이나 방과 후에 이루어지므로 적절한 시간확보가 어려웠으며, 전담사회복지사가 주 2회만 근무하므로 학생들이 서비스 접근에 어려움이 있었다.

둘째, 프로그램의 수행시간의 문제로 학생들의 참여가 저조하였으며, 비행학생의 경우는 수업시간에 학생부의 지도 프로그램이 별도로 진행되었다는 점이다.

셋째, 학교사회복지에 대한 홍보부족으로 '사회복지실'이라는 어감을 싫어하거나, 학교상담실의 부분인 줄 알고 이용을 꺼려하는 학생들이 있었다는 점 등이다.

(2) 대구 제일여자상업고등학교

대구 제일여자상업고등학교는 처음 1년간 전담상담교사와 학생상담 자원봉사자가 주축이 되어 연구를 추진하다가 자체인력만으로는 한계가 있다고 느끼고 대구대학교와 사회복지개발연구원과 협력관계를 맺어 약 4개월간 사회복지 프로그램의 자문 및 협력을 받아 운영하였다.

대구 제일여자상업고등학교는 대구대학교 전재일 교수를 자문교수로 위촉하고, 대학원생이었던 이순영(사회복지사) 선생을 학교사회복지실에 배치하고 박사과정 이성희 선생과 사회복지학과 학생자원봉사자들이 참여하여 무단결석 및 가출 등 학교부적응 학생들을 대상으로 학생–학교–가정–지역사회관계 및 상호작용을 개선함으로써 학생의 원만한 학교생활을 도와 교육적 성취를 이룰 수 있도록 하는 것에 목적을 두고 프로그램을 진행하였다. 특히, 학교사회복지실은 학교로부터 장기무단결석 및 가출 학생 12명을 의뢰받아 5명을 찾아 학교로 복귀시킴으로써 학교교사들로부터 학교사회복지에 대한 필요성을 인식시키는 계기가 되었다.

먼저 욕구조사를 실시한 후 다음 사항을 진행하였다.

첫째, 학생영역에서 학교부적응학생에 대한 개인수준 사회복지실천 또는 집단수준 사회복지실천, 전체 학생들을 대상으로 한 사회봉사활동 연결 및 성격유형검사를 실시하였다.

둘째, 학교영역에서 교사를 대상으로 학교사회복지에 대한 교육, 학교와의 지속적인 협의를 진행하였다.

셋째, 가정영역에서 학교부적응학생의 가정방문을 통해 가정조사 및 부모상담을 실시하였다.

넷째, 지역사회영역에서 지역사회자원망 구축을 통해 필요 시 자원을 활용하였다.

운영상의 문제점은 다음과 같다.

첫째, 학교사회복지사의 역할 수행에 대한 교사의 인식 부족이 가장 큰 장애요인으로 작용했다. 개별수준 사회복지실천으로 개입해야 하는 학생에 대하여 수업시간을 할애해 주지 않았고, 학교사회복지사의 외부활동에 대하여 제한을 하였으며, 업무에 대한 무리한 서식화, 학생 개인정보에 대한 공개 등을 요구하였다는 점이다.

둘째, 진로상담실 옆에 학교사회복지실이 배치되어 학교사회복지실이 진로상담실의 일부로 오인되기도 하였고, 학교사회복지사의 역할 수행에 관련된 협조사항들이 진로상담실을 경유하게 됨으로써 진행이 늦어지고 위기상황에 대처하기가 어려웠다는 점이다.

셋째, 학교사회복지사가 학교에 상주한 기간이 3개월 정도에 지나지 않아 학생과 관련된 체계에서 다양한 프로그램을 수행하기에 부족한 시간이었다는 점이다.

넷째, 학교 측에서 초기에 학교사회복지사에게 학교사회복지라는 용어를 사용하지 못하게 하고 상담사의 역할만을 강요하였다는 점 등이다.

(3) 대전 충남중학교

충남중학교는 사회복지학과 교수를 자문위원으로 한 것 외에는 구체적인 내용이 없어 파악하기 어렵고, 연구과제로 학교사회복지제도 적용을 위한 여건조성과 학교사회복지 개입에 필요한 프로그램을 개발하여 적용하는 것으로 구분하였다.

이를 토대로 학교사회복지사의 전문지도영역, 교사 · 학부모 연합지도영역으로 나누고 있다. 이 프로그램의 시행 후 평가를 대신한 제언은 다음과 같다.

첫째, 지역사회의 다양한 전문기관 및 인적 자원과 유기적인 협력체계를 갖추고 이를 통합 관리하여 일선학교에 지원할 수 있도록 교육청단위의 자료센터를 마련하였다.

둘째, 지역사회 및 학교실정에 맞는 한국형 학교사회복지 개발을 위한 지속적인 연구의 필요성이 있다.

셋째, 학교사회복지에 필요한 전문인력 양성 및 학교상담교사를 대상으로 학교사회복지에 대한 이해와 역할 중심의 집중적인 재교육이다.

(4) 광주 북성중학교

북성중학교는 대상학생들의 행동수정을 위한 개별 및 집단상담활동 실시, 일반 학생들의 비행예방을 위한 정서순화 프로그램 실시, 학교사회복지활성화를 위한 교사, 학부모 연수실시를 연구과제로 하였다. 북성중학교는 재정적인 문제로 학교사회복지사를 채용하는 것이 불가능하여, 대학생자원봉사자를 활용하여 집단상담을 실시하였고, 지역사회복지관과 연계를 맺어 복지관의 사회복지사가 일주일에 2~3회 정도 방문하여 학교사회복지를 실시하였다.

북성중학교 학교사회복지 운영상의 문제점은 다음과 같다.

첫째, 학교사회복지사를 배치할 수 없어 진행이 부진하였던 점

둘째, 예산의 빈약

셋째, 연구담당교사의 업무과다

넷째, 복지관의 학교사회복지사의 학교생활적응의 한계와 자원봉사자들의 교육적 자세의 미흡

다섯째, 협력기관 및 프로그램의 다양성 부족

여섯째, 인적 · 물적 자원확보의 부족, 그리고 학교사회복지에 대한 홍보 부족 등

이들 연구학교들의 학교사회복지 시범연구사업은 주체가 사회복지사들에 의하여 계획이 추진되지 못하고, 사회복지에 대한 기본적인 이해가 없는 교사들에 의하여 임의로 시도되었고, 교사들의 사회복지사에 대한 배타적인 태도, 짧은 기간 동안 형식적인 사회복지와 접목을 시도하였을 뿐만 아니라 학교사회복지에 관한 시범적인 모형이나 지침도 없이 운영되어 교육부의 1999년부터 확대한다는 당초 계획도 실현하지 못하게 되었다.

그 후 소수의 특정 학교이긴 하나 학교현장 내에서 사회복지사에 의한 학교사회복지사업이 전개되기 시작하였다.

2) 서울시 교육청의 학교사회복지 시범사업

서울시 교육청의 학교사회복지 시범사업의 실시는 학교사회복지에 관한 토대를 이루는 데 기여하였다. 1997년부터 이루어진 서울시 교육청의 시범사업은 1차 시범사업인 1997년 당시 서울대 사회복지연구소가 사업을 실시하였고, 1년간 서울의 연북중학교, 광신고등학교, 영등포여자상업고등학교에서 학교사회복지를 위한 시범사업을 실시하였다. 영등포여자상업고등학교는 학교사회복지의 실시로 학교교육환경의 긍정적인 변화를 가져오자 그 효과를 평가한 학교행정가의 협조로 학교사회복지가 지속적으로 실시될 수 있었다. 영등포여자상업고등학교와 동일한 재단의 한가람고등학교는 1998년 2월부터 자체인사규정을 제정하여 영등포여자상업고등학교 전임학교사회복지사로 윤철수, 파트타임 학교사회복지사로 김주미, 한가람고등학교 파트타임 학교사회복지사로 이혜주를 3명의 학교사회복지사로 채용하고 학교사회복지실을 확장하여, 개별상담실과 집단상담실 등 기본시설을 구비하여 본격적인 학교사회복지실천을 하였다. 그 후 서울시 교육청 산하 지역청상담센터 내에 사회복지사를 고용하게 되는 결과를 가져왔다.

3) 한국학교사회복지학회 창립

'한국학교사회복지학회'(http://www.schoolsocialwork.org)는 1997년 5월에 현장과 실무의 이론적 뒷받침을 제공하기 위해 창립하게 되어 가톨릭대학교 성민성교수가 초대학회장을 맡게 되었다. 이후 학교사회복지의 이론정립과 학교사회복지제도화를 위하여 구심적 역할을 하고 있으며, 우리나라 학교사회복지의 여건조성을 위하여 학자들의 역량을 발휘하는 학술단체로 기능을 하고 있다.

한국학교사회복지학회는 학교와 학생복지 전반에 관한 학술연구, 프로그램 및 정책개발, 실무방법 증진 및 회원의 전문적 자질개발 등을 통하여 한국학교사회복지 발전에 기여함을 목적으로 하고 있다.

한국학교사회복지학회의 사업은 ① 학교사회복지에 관한 학술연구 및 발표, ② 학교사회복지에 관한 정책건의, ③ 정기간행물 및 전문서적 발간, ④ 학생복지 관련 조사연구 및 교육, ⑤ 회원의 실천역량 제고, ⑥ 국제 간 학술교류, ⑦ 기타 학회의 목적 달성에 필요한 사업을 내용으로 하고 있다(한국학교사회복지학회 정관 제4조, 2016).

4) 삼성복지재단지원 지역사회복지관 중심 학교사회복지

삼성복지재단은 재정지원을 통하여 1997년 사회복지 프로그램 지원사업으로 학교사회복지를 전국 10개 복지관에서 실시하였고 특히, 학교사회복지를 사회복지 중에서도 전문화된 영역으로 인정하여 미국학교사회복지를 연구하여 활용을 위한 해외연수를 지원하였다(이순영, 2004). 1999년에는 처음으로 대학원생을 위한 학교사회복지 워크숍을 실시하기도 하였다.

그러나 삼성복지재단이 지원한 지역사회복지관 중심의 학교사회복지는 몇 가지 문제가 있었다.

첫째, 학교사회복지의 대상은 주로 징계학생, 폭력학생, 복학생, 학교부적응학생 등의 요보호학생들이며, 대상 선정에 있어서도 학교가 일방적으로 의뢰한 경우가 많았고, 일반학생을 위한 예방적 서비스는 매우 부족하였다.

둘째, 지역사회복지관은 학생은 물론 학교 자체의 욕구조사를 하지 않고 문제학생들을 위한 서비스를 제공하였고, 프로그램도 상담이나 집단지도 또는 사회기능훈련과 같은 심리·정서적 서비스를 중심으로 하였다.

셋째, 학교사회복지사는 학생의 문제를 해결하기 위해 담임교사나 학교행정가와의 협조관계를 활용하지 못하였다. 학교사회복지는 학교가 스스로 자원을 활용하여 학생문제를 예방하고 해결할 수 있도록 학교체계와 조직을 활용하고, 그 기능을 향상시킨다. 이를 위해 교사연수나 홍보를 통해 교사의 참여를 활성화하고, 교육계와 지역해당 교육청과의 공식적인 협조관계를 적극 활용해야 하나 그렇지 못하였다(문미영, 2000).

5) 중 · 고등학교 전문상담교사제 도입

교육부는 1998년부터 학교생활지도와 진로지도를 위해 중 · 고등학교에 전문상담교사제도를 도입하는 것을 발표하였다. 전문상담교사제도는 기존의 교도교사제도를 강화한 것으로 1997년에 제정한 교육 3법 중의 하나인 초 · 중등교육법에 새로 신설되는 조항(제2조)이다. 또한 초 · 중등교육법은 전문상담교사제도 외에도 '학습부진아 등에 관한 교육조항(제38조)'을 신설하여 요보호학생의 문제를 해결하기 위한 학교의 전문적이고 구체적인 역할을 강조하였다. 전문상담교사제도 외에 교육부는 1997년에 교육법시행령 중 학생징계에 관한 조항을 개정하여(제77조), 근신, 정학, 퇴학 등의 학생징계를 학교 내의 봉사, 사회봉사, 특별교육이수, 선도처분으로 개선하여 처벌보다는 선도 위주의 학생지도를 계획하였으며, 요보호학생들에게 대안학교, 심리치료 등을 제공하여 교육의 기회의 지속과 인성교육이 이루어지도록 하였다. 이렇게 학교 부적응 학생을 위한 학교 자체 내의 노력들이 생겨나고 있었으나, 학생문제에 대한 근본적인 대처방안으로는 여전히 한계가 있었다.

교육청은 1998년 지역사회복지관을 위탁교육기관으로 지정하여 학교징계로 인한 특별교육이수처분을 받은 학생을 대상으로 위탁교육을 실시하도록 하였다. 이 시기 동안 다양하게 이루어진 학교사회복지 관련 시범사업으로 학교사회복지에 관한 실증적 연구가 논문으로 발표되기 시작하였고, 학교에서 실시한 학교사회복지의 효과성을 입증하기 시작하였다.

1990년대 후반의 학교사회복지의 대상집단은 폭력, 약물남용, 가출, 무단결석 등의 외형화된 문제행동을 보이는 학생과 우울, 자살, 불안 등의 정서문제를 나타내는 학생, 장애, 학대 및 방임, 빈곤문제를 가진 학생 등을 포함하였다.

그리고 이 시기는 대구대학교 교수인 전재일 등(1997)의 『학교사회사업』, 이화여자대학교 교수인 한인영 등(1997)의 『학교와 사회복지』 그리고 전재일 등(1999)의 『학교사회사업실천 어떻게 할 것인가?』 등의 문헌이 출판되어 학교사회복지가 사회복지학의 중요한 한 부분으로 체계화되었다. 김상균 등(1997)의 「서울시 교육청 시범사업연구」, 오승환(2000)의 「교육부 시범사업에 대한 평가연구」 등의 평가보고서는 학교사회복지를 체계적으로 정리하는 데 많은 공헌을 하였다.

이처럼 1990년 후반은 사회복지학계 내에서는 학교사회복지에 대해 그 어느 때보다 많은 관심을 가지고 있었으며 다양한 형태로 그 결과물을 만들어 냈던 시기로 볼 수 있다.

3. 학교사회복지실천의 확충기(2000년대 이후~)

2000년대는 현장실무자들의 전문성 신장과 학교사회복지의 제도화를 위해 한국학교사회복지사협회를 창립하고, 학교사회복지제도화 추진위원회를 구성하였고, 정부의 교육복지 투자우선지역 지원사업을 실시하였다.

이 시기는 교육관계자와 사회복지학계 모두가 점차 증가되는 학생문제와 심각한 교육병리현상을 고려할 때 중 · 고등학교에 학교사회복지제도와 전문상담교사제도를 도입하고 선도 위주의 학생지도를 제공하는 학교사회복지의 중요성을 인식하고 학교사회복지의 효과성을 구체화하기 위하여 노력한 시기이다.

이처럼 2000년 이후에는 1990년대보다 교육청지원 및 지방자치단체, 사회복지공동모금회, 교육과학기술부의 지원을 받아 보다 많은 학교에서 사업을 확대실시하기 시작하였다.

2019년 5월 현재 우리나라 학교사회복지사업은 1,576개 학교(초 · 중 · 고등학교와 특수학교)에서 교육복지우선지원사업을 운영하고, 134개 학교(초 · 중 · 고등학교와 특수학교)에서 지자체 지원 학교사회복지사업을 운영하고, 5개 학교(초 · 중등학교)에서 민간지원사업을 운영하고 있다.

1) 한국학교사회복지사협회의 창설

한국학교사회복지사협회(http://www.kassw.or.kr)는 2000년에 창설되어 학교사회복지사들이 조직적으로 활동할 수 있는 계기를 마련하였다. 이후 학회와 협회는 학교사회복지의 인력배출과 관리를 위한 워크숍, 대학생을 위한 학교사회복지아카데미, 전문성 신장을 위한 하계워크숍 등 다양하고 전문적인 워크숍과 교육활동들을 하고 있다.

또한 각종 사회단체들과 공동으로 위기관리워크숍, 학생복지부 신설을 통한 학교조직 구조 개편워크숍 등 활발한 대외활동도 펴고 있다.

한국학교사회복지사협회는 학생복지의 증진과 학교교육목적의 달성을 지원하기 위해 학교사회복지에 관한 전문지식과 기술을 개발 · 보급하고 학교사회복지사의 전문성 강화 및 권익옹호를 도모함을 목적으로 하고 있다.

한국학교사회복지사협회의 사업은 ① 학교사회복지사의 전문적 교육 및 연수, ② 학교사회복지 관련 전문지식과 기술의 개발 및 보급, ③ 학교사회복지사의 양성 및 자격관리, ④ 학교 및 학생의 복지향상을 위한 활동, ⑤ 학교사회복지사의 권익옹호와 복지증진, ⑥ 학교사회복지활성화를 위한 연대와 홍보, ⑦ 학교사회복지사 간의 친목도모 및 정보교환, ⑧ 국내 · 외 관련 단체와의 교류협력, ⑨ 기타협회의 목적 수행에 필요한 부대사업과 협회의 목적을 달성하기 위하여 필요한 수익사업을 하고 있다.

2) 사회복지공동모금회의 기획사업

사회복지공동모금회는 3개년 계획으로 2002년부터 한국학교사회복지실천가협회(현 한국학교사회복지사협회)가 주관하는 6개 학교, 8개 사회복지관이 주관하는 8개 학교 등 14개 학교에서 기획사업으로 학교사회복지를 시작하였다. 이 과정에 이태수 교수는 사회복지공동모금회가 지원하는 이들 학교를 지도 · 감독하는 전문위원회를 통하여 많은 역할을 하였다. 그 후 서울시 교육청의 연구학교기간이 끝난 2개 학교가 2004년부터 시작되어 중앙사회복지공동모금회의 직접적인 자문을 제공받는 학교는 모두 16개 학교가 되었다(사회복지공동모금회 기획사업 학교사회복지전문위원회, 2005). 각 지역별 분포를 보면 서울 8개교, 대전 1개교, 부산 2개교, 경기도 2개교, 울산 · 충북 · 전북이 각각 1개교이다(표 4-2 참조).

본 기획사업은 2004년으로 종결될 예정이었으나 1년 더 연장되었으며, 연장된 배경은 다음과 같다.

첫째, 교육인적자원부 주관의 '교육복지투자우선지역 지원사업'이 전국 대도시단위로 확대되었고, '사회복지사를 활용한 연구학교'가 전국 16개 시도에 6개씩 96개교로 확대되어 기존의 민간 중심의 학교사회복지에서 제도화를 위한 저변이 어느 때보다도 높다고 평가되었기 때문이다.

둘째, 정부조직에 있어서도 교육복지심의관, 교육복지정책과의 신설(2004. 3. 22.)과 같은 내부조직개편과 교육복지 5개년 계획 및 법안마련 등 학교복지를 위한 제도화에 있어서 정부의 의지가 매우 성숙된 것으로 보이기 때문이다.

셋째, 전국적인 규모의 장기적인 사회복지공동모금회의 기획사업이 미친 영향이 매우 크다고 평가되었기 때문이다. 즉, 중앙의 사회복지공동모금회에서 시작한 기획사업은 〈표 4-3〉과 같이 이후 여러 지역의 사회복지공동모금회가 유사한 기획사업을 실시하는 등 학교사회복지의 확산에 영향을 미쳤다(사회복지공동모금회 기획사업 학교사회복지전문위원회, 2005).

〈표 4-2〉 사회복지공동모금회 기획사업 학교현황

시작 연도(년)	주관기관	학교명	지 역
2002	마천종합사회복지관	송파공업고등학교	서울
	은평종합사회복지관	은평중학교	
	한국학교사회복지사협회	성원중학교	
		안천중학교	
		영신고등학교	
		해성여자전산상업고등학교	
		대성여자중학교	대전
	사직종합사회복지관	부산상업고등학교	부산
		사직여자중학교	
	강남대학교사회복지연구소	청명중학교	경기
	고리울종합사회복지관	소명여자중하교	
	화정종합사회복지관	현대중학교	울산
	원광종합사회복지관	이리공업고등학교	전북
	청주가톨릭학원	양업고등학교	충북
2004	한국학교사회복지사협회	도봉중학교	서울
		연서중학교	

〈표 4-3〉 지역사회복지공동모금회 지원학교사회복지 기획사업

연도(년)	지 역	주 관	학교명
2002~2004	부산사회복지 공동모금회	한국학교사회복지사협회	부산서면중
2003~2004	대전사회복지 공동모금회	한국학교사회복지사협회	경성전자정보산업고
			성천초
			어은중
			서대전여자고
2004~	충북사회복지 공동모금회	신남종합사회복지관	신남초
		충부종합사회복지관	충주여중
2005~2007	인천사회복지 공동모금회	한국학교사회복지사협회	송현초
			청천중
			제물포고
2004~2007	전남사회복지 공동모금회	나주시청소년상담실	영산포고
		순천종합사회복지관	순천매산고
		전남청소년폭력예방재단	학다리중
		전남청소년종합상담실	순천청암고
2005~	경남사회복지 공동모금회	김해청소년자활지원관	김해중
		마산종합사회복지관	마산제일여중
		경남종합사회복지관	경남미용고
2006~2009	대구사회복지 공동모금회	사회복지법인 대덕재단 사회복지개발연구원	명덕초
			상원중
			대구동부고
2007~2009	전남사회복지 공동모금회	전남학교사회복지사협회	전남예술고
		나주청소년지원센터	함평고
		쌍봉종합사회복지관	여양중
2009~	인천사회복지 공동모금회	인천학교사회복지사협회	장도초

3) 학교사회복지제도화의 추진과 학교사회복지사 자격시험

학교사회복지제도화추진위원회는 사회복지계 인사로 2004년에 결성되어 4월 6일 국회 소강당에서 5개 정당에 학교사회복지에 대한 정책질의서를 보내 학교사회복지에 대한 각 정당의 입장을 듣고 정책에 반영하기 위하여 5개 정당 초청 학교사회복지 제도화를 위한 정책토론회를 개최하였다. 그리고 학교사회복지제도추진위원회(공동대표: 전재일, 성민선, 차흥봉, 김성이, 최일섭, 최성균)는 2004년 5월 21일 교육인적자원부 안병영 부총리와 면담(면담자: 전재일, 성민선, 윤철수, 김상곤)하여 학교사회복지제도화 추진을 위한 협의와 건의를 하였다. 7월 2일 한국사회복지사협회 회의실에서 학교사회복지제도화를 위한 워크숍을 하였다.

한국학교사회복지학회는 2004년 10월 23일 대구대학교에서 '학교사회복지제도화의 과제와 전략'이란 주제로 추계학술대회를 개최하였다. 그리고 학교사회복지제도화추진위원회는 2004년 11월 1일 김근태 보건복지부장관을 면담(면담자 : 가톨릭대학교 성민선 교수, 대구대학교 전재일 교수, 서울여자대학교 홍순혜 교수, 전주대학교 윤찬영 교수, 안산1대학 김상곤 교수)하여 학교사회복지제도화를 위한 건의와 협조를 요청하고, 학교사회복지사의 법적 지위확보와 역할수행 명확화를 위한 법적 조치를 하여 줄 것을 요청하였다. 한국사회복지학회는 2005년 6월 10일 한국보건복지인력개발원 강당에서 학교복지입법과 학교사회복지의 방향을 주제로 발표와 토론을 하여 학교사회복지제도화를 위하여 접근하였다.

한편, 학교사회복지제도화의 추진에 따른 준비과제로 학교사회복지사의 양성이 중요한 과제로 제기되었다. 학교사회복지사 자격제도를 도입하기 위하여 '학교사회복지사 자격관리위원회'를 한국사회복지사협회, 한국학교사회복지학회, 한국학교사회복지사협회가 공동으로 2004년에 조직하여 운영해 오고 있다. '학교사회복지사 자격관리위원회'는 제1회 학교사회복지사 자격시험을 2005년에 실시한 후 매년 1회씩 실시하여 자격시험 출제 및 실시, 합격자에 대한 자격연수교육 실시, 자격증발급 및 관리업무를 담당하고 있다. 학교사회복지사 자격시험의 응시자격은 사회복지사 1급 소지자로 학교사회복지론을 이수하고, 아동복지론 또는 교육학 관련 교과목 중 1과목 이상을 이수하고, 1년간 240시간 이상 학교사회복지실습을 하였거나 이와 유사한 경력[1)]을 가진 자로 하고 있다.

4) 서울시 교육청 지원사업

서울시 교육청 지원사업의 도입배경은 서울시 의회로부터 "학생들의 행복한 학교생활을 위하여 학교사회사업의 방법론을 도입해 봐라."는 권고가 있었다. 그래서 1996년 9월 서울시 교육청은 시의회로부터 학생들의 복지와 문제해결을 위해 학교사회사업 프로그램을 실시하라는 요구를 받고 추경예산편성을 하게 된다. 서울시 교육청 중등생활지도과는 학교사회사업을 서울대학교 사회복지연구소에 의뢰를 하게 되어 그 연구소에서 사업을 실시했고, 학교사회복지사가 학교를 중심으로 도약할 수 있는 발판이 되었다.

서울시 교육청의 시범사업은 1997년 1차 시범사업을 실시하였고, 2000년도에 2차 시범사업을 운영하여 5개 학교로 확대되었다. 2001년에는 서울북공업고등학교, 삼성고등학교, 경성여자실업고등학교, 안천중학교, 성원중학교에서 시범사업이 실시되었고, 4차 시범사업은 2002년에서 2004년까지 4개 학교에서 운영되었다. 이 시기에는 1년 단위가 아닌 2년 연속 연구시범사업으로 안착 · 시작되었다. 2004년과 2005년에 5차 시범사업이 4개 학교에서 이루어졌는데, 이때 사업명칭을 생활지도 시범사업에서 학교사회복지 시범학교로 변경하게 된다. 6차 사업은 구암중학교 한 곳에서 실시하게 되었다. 그 외에 학교는 시범사업이 아닌 좋은 학교만들기 지원학교사업으로 운영되고 있다.

5) 지방자치단체지원 조례 및 학교 자체사업

지방자치단체에서도 학교사회복지 시범사업을 실시하였다. 서울시 교육청, 과천시, 그리고 용인시가 학교사회복지실천을 하였다.

과천시는 2004년부터 초 · 중 · 고 각 1개교씩 학교사회복지사업을 실시하였고, 2006

1) 초 · 중 · 고등학교에서 학생복지 업무를 전담하는 사회복지사로 6개월 이상 근무한 자, 혹은 사회복지기관에서 학교복지 관련 실무를 1년 이상 담당한 경력이 있는 자.

년부터는 3개교를 추가하여 실시하고 있으며 과천시 소재 6개 학교에 실시되었다.

2007년도에는 용인시에서 강남대학교 사회복지연구소의 주관으로 하여 용천초등학교에서 실시하였고, 2009년도에 들어서는 중학교 2개교에서도 실시하였다. 2009년도에는 과천고등학교에서 실시하였고, 이는 청소년상담실에서 학교사회복지사를 채용하여 단위학교에 파견하는 형식이었다.

2009년까지 1318 희망지기재원으로 하여 문태중학교와 청호중학교에서 자체적으로 학교사회복지실을 운영하였다. 2009년부터 조원고등학교는 학교 자체사업을 실시하고 있고, 사창초등학교는 교육과학기술부의 재원으로 농·어촌돌봄학교의 내용으로 학교 자체사업을 실시하고 있다.

성남시는 2009년 6월 29일 지방자치단체로서는 전국최초로 '성남시 학교사회복지 활성화 및 지원에 관한 조례'를 제정하여 학교사회복지실천의 제도화를 위한 반석을 마련하는 기회가 되었다. 성남시 조례에서는 학교사회복지가 아동과 청소년들이 학교생활을 가장 효율적으로 할 수 있도록 심리·사회적 문제를 해결하여 주고 교육적인 욕구를 충족시켜 주는 사회복지의 전문실천분야로 학교환경의 생태학적 관점에서 학교–가정–지역사회와의 연계를 통해 학생의 부적응문제나 생활문제에 적극 개입하는 전문교육복지분야를 학교사회복지사업이라고 규정하고 있다.

2010년 10월 11일 '수원시 교육경비보조에 관한 조례'를 개정하여 보조사업의 범위에 '각급 학교에 대한 학교사회복지지원사업'을 추가하였다. 조례의 개정내용은 다양한 학교사회복지 프로그램을 운영하는 사업의 근거를 마련하였고, 개인적 문제와 가족 또는 학교적응과 관련된 문제를 가지고 있는 학생들에 대한 교육·문화·복지적 서비스로 최적의 교육환경을 제공하고자 하였다.

이에 이어서 경상남도는 2010년 12월 24일 '경상남도 공교육 내실화 지원조례'를 '경상남도교육지원 및 교육복지활성화에 관한 조례'로 개정하여 학교사회복지활성화를 위한 근거를 마련하였다. 경상남도는 이 조례를 통하여 최근 늘어나고 있는 학교부적응학생들에게 보다 전문적인 학교사회복지 프로그램을 제공함으로써 학교적응력을 향상시키고 학생들의 복지향상을 기함과 동시에 장기적인 사회문제 해결을 위하여 교육복지 증진과 학교사회복지 활성화에 대한 사항을 명시적으로 규정하였다.

그리고 용인시는 2011년 1월 11일 '용인시 학교사회복지활성화 및 지원에 관한 조례'를 제정하여 학교사회복지사업을 정의하고 지원사업의 범위를 다음과 같이 구체화하였다.

① 학생들의 개별 · 집단활동 프로그램 지원사업

② 가족자원활동을 통한 지역사회자원연계사업

③ 그 밖에 시장이 필요하다고 인정하는 학교사회복지사업

6) 교육과학기술부의 교육복지우선 지원사업(2003년~)

우리나라는 1997년 경제위기 이후 신빈민층의 발생, 사회적 양극화문제가 중요한 사회문제로 대두되면서 저소득계층에 대한 적극적 지원을 통해 사회적 평등과 통합을 도모하고 21세기 정보사회에 부합하는 인적자원개발을 추구해야 한다는 당위성이 강조되었다. 이를 위한 방법으로 기존의 개별아동, 청소년의 복지수준 향상을 위한 정책보다 지역의 교육 · 문화 · 복지수준을 총체적으로 제고시키고 이에 따라 학교와 지역사회가 적극적으로 대처할 수 있는 거시적 정책의 수립, 추진을 요구하게 되었다. 이러한 시대적 상황에서 교육불평등문제를 완화하고자 교육과학기술부는 2003년 '교육복지투자우선지역 지원사업(2011년부터 교육복지우선 지원사업으로 변경)'을 실시하였다.

정부는 1997년 학교사회복지 시범사업을 1999년에 전국적으로 확대 실시하기로 한 약속을 지키지 못하였다. 그러나 정부(교육인적자원부)는 2003~2004년 2년간 서울 6개 지역 31개 초 · 중등학교, 부산의 2개 지역 12개 초 · 중등학교 등 모두 8개 지역 43개교를 시범학교로 선정하여 이들 학교에 '지역사회교육전문가'를 배치하고, 관할 교육청에는 '프로젝트조정자(PC, Project Coordinater)'를 배치하여 교육복지투자우선지역 지원사업을 시행하였다. 계층 간 소득격차의 심화, 가정의 기능 약화, 급격한 도시화 등이 초래하는 사회통합의 위기에 학교와 지역사회가 적극 대처할 필요성이 증대되어, 대도시 내 저소득지역 중 교육, 문화적 조건이 상대적으로 열악한 지역을 선정, 적극 지원하여 지역의 교육, 문화적 기회를 실질적으로 확대하고 교육, 문화, 복지서비스의 질을 획기적으로 개선하고자 하였다. 본 사업은 서울 6개 지역, 부산 2개 지역 중학교

를 대상으로 하였으며, 2005년 전국 30개 지역으로 확대, 2007년 60개 지역으로 확대되었고, 2008년에는 100개 지역으로 확대하여 초등학교 308개교, 중 · 고등학교 241개교에서 '지역사회교육전문가'를 상주시켜 사업을 실시하였다. 또한 각 지역을 관리하기 위하여 지역교육청에 프로젝트조정자를 배치하였다.

프로젝트조정자(PC, Project Coordinator)는 교육복지투자우선지역 지원사업과 관련하여 교육청에 소속되어 지역 내 교육 · 복지 · 문화기관과의 연계 · 협력 및 대상학교 프로젝트 조정업무를 수행한다.

지역사회교육전문가는 교육복지투자우선지역 지원사업과 관련하여 해당학교에 소속되어 학교와 지역사회기관과의 네트워크를 통해 인적 · 물적 자원을 연계하는 역할을 수행하고, 학생의 기본적 욕구를 파악하며 이를 토대로 하여 학교와 지역사회의 청소년(문화) · 복지기관(단체), 학교와 가정과의 연계를 도모하는 역할을 수행한다.

교육과학기술부는 2011년 2월에 사업명칭을 '교육복지우선 지원사업'으로 변경하여 교육청의 프로젝트조정자와 학교의 지역사회교육전문가의 명칭을 '교육복지사'[2]로 변경하여 시 · 도교육청과 지역교육청에 교육복지사를 배치하고, 전국 초 · 중 · 고등학교 교육청에 '교육복지사'를 1,500여 명 정도 채용 · 배치하였다.

교육복지사의 역할은 교육복지우선 지원사업의 지원업무를 담당하게 하고 있으며, 그 세부역할은 다음과 같다.

① 사업계획 수립 · 운영 · 평가 · 환류지원
② 지역사회자원 발굴 및 네트워크 구축
③ 집중지원 대상학생 발굴 · 지원 · 관리
④ 학교와 가정과의 연계 도모
⑤ 부적응학생 및 요선도학생 상담 및 지도지원
⑥ 집중관리학생 가정방문, 사례관리
⑦ 교육복지추진협의회 간사

2) 지역에 따라 아직도 '프로젝트조정자'와 '지역사회교육전문가'로 사용하기도 한다.

지역별 사업운영위원회는 지역교육청, 기초자치단체, 문화, 복지 관련 기관(단체), 학교, 시민단체 등 지역의 각종 기관으로 구성되었고 실무자는 지역별 교육복지사로 학교와 지역사회의 욕구를 파악하여 지역 내 기관 또는 외부기관 간에 연계를 시키며 지역사업계획 운영 및 조정과 네트워크 구축 지원자로서의 역할을 하도록 하였다. 사실상 학교별 교육복지사는 학생들의 기본적 욕구를 파악하여 이를 토대로 상담활동, 멘토 프로그램, 학생문화활동, 부적응학생 예방활동 등을 운영하기 위해 학교와 가정, 지역사회기관들을 연계하는 역할을 주로 하며 실제적으로 활동하고 있는 많은 수가 사회복지사인 것으로 나타나고 있다.

7) 사회복지사활용 연구학교(2004~2008년대)

또 다른 형태로 교육과학기술부는 교육복지 증진 및 학교폭력 예방을 위한 사회복지사활용 연구사업을 2004년 5월부터 2005년 4월까지 전국 16개 각 교육청 산하 3개교씩(초 · 중 · 고등학교 각 1개교씩) 48개교에 사회복지사를 배치하여 실시하였다. 그리고 사회복지사들을 교육복지와 학교폭력 예방 등 종합적인 프로그램 운영에 활용하기 위하여 2005년 5월부터 2006년 4월까지 연구학교를 1년 더 연장하고, 추가로 48개 학교를 확대하여 총 96개교에서 실시하였다.

이것은 교육복지 기반 증진, 학교폭력 예방의 초점, 학생 중심 접근, 협력적 관계의 구축, 가정－학교－지역사회 네트워크 구축, 포괄적이고 통합적인 개입, 지역사회자원활용의 극대화를 이루는 결과를 낳게 되었다. 교육과학기술부는 연구학교들이 학교사회복지실습을 원하는 학생들에게 실습의 기회도 제공할 수 있도록 권고하고 있으며, 방학 중에는 사회복지사들이 요보호학생, 결손가정학생, 급식지원학생 등에 대해 지도하도록 하였다.

2006년 5월에는 1차 연구학교는 2년으로 종결하고 시범적용학교로 연장 또는 신규학교에서 실시되었고, 2007년 9월에 96개교가 보건복지부 주관으로 하여 교육과학기술부와 협력하여 2008년 말까지 사업이 진행되었다.

이러한 교육과학기술부의 활동은 학교사회복지의 필요성을 인식하고 있으나 학교 내 다른 전문직을 인정하는 데 아직도 많은 어려움을 가지고 있어 우회적이고 한시적인 시범사업의 성격을 탈피하지 못한 것으로 해석된다. 하지만 이 시기 동안 학교사회복지는 몇 차례에 걸친 시범사업의 결과가 학교사회복지의 필요성을 보여주었고 학교체계 내부에 교육전문가 외의 전문가가 필요함을 인식시켜 주었다.

8) We-Start 학교사회복지사업

위스타트운동은 2004년 3월 중앙일보가 '가난에 갇힌 아이들'이라는 기획연재물을 통해 우리사회의 빈곤아동들을 집중 조명하면서 시작됐다. 동시리즈물이 실리고 사회 각계의 반향이 이어지자 중앙일보는 그해 4월 28일 빈곤아동을 돕는 사업을 시작하기로 했다.

그리고 5월 3일 마침내 각계의 뜻을 모아 'We-Start운동본부'(김석산 한국복지재단회장 등 공동대표 3인)를 결성하고 교수 등 10명으로 운영위원회를 구성했다. We-Start란 미국의 Head-Start, 영국의 Sure-Start 등 선진국들의 빈곤아동 조기개입 프로그램인 Start사업을 본떠 우리도 빈곤아동들에게 적정한 복지(welfare)와 교육(education)을 제공, '공정한 출발'을 돕자는 뜻이다.

운동본부는 이어 '가난의 대물림을 끊어주자.'를 표어로 내걸고 희망의 집 꾸미기, 건강지킴이 만들기, 교육출발선 만들기 등 5대 사업을 중점사업으로 사업 시작 후 2005년 한 해 동안 민간건설기관과 함께 지역아동센터 9개소를 리모델링해 주고, 팬택, 로또공익재단, 롯데관광, 에버랜드 등 많은 기업과 개인들로부터 후원을 받아 빈곤아동들의 건강, 교육 및 문화체험 등의 사업을 펼쳤다. 위스타트 5대 사업은 위스타트마을 만들기, 건강지킴이, 교육출발선, 후견인 맺기, 희망의 집 꾸미기 중 현재 가장 중점적으로 실시되고 있는 사업은 위스타트 시범마을 조성사업이다. 현재 이 사업은 바로 위스타트사업의 전부라고 해도 과언이 아닐 정도로 핵심사업으로 추진되고 있다.

위스타트 출발 직후부터 시작된 이 시범마을사업에는 현재 경기, 강원, 서울 등 3개 광역시 · 도와 산하 13개 기초지자체(경기-성남, 군포, 안산, 고양, 양주, 광명, 구리, 수원 / 강원-속초, 철원, 정선 / 서울-강북, 강서구)가 참여하고 있다.

위스타트 시범마을사업은 12세 이하의 아동 100~200명이 거주하는 저소득층 밀접지역을 선정, 시·도와 지자체 및 민간재원으로 해당지역 빈곤아동들의 복지와 교육·건강을 돌보는 사업이다. 한 시범마을당 표준예산은 연간 3억 원 정도이며 현재 경기도는 도와 기초지자체가 각각 절반씩, 서울은 100%를 서울시가, 강원도는 도와 해당지자체가 50%, (주)팬텍이 50%를 부담하는 민-관 혼합재원으로 운영되고 있다.

2005년부터 경기도가 위스타트 시범마을을 실시함에 있어 안산, 성남의 위스타트마을에 학교사회복지사업을 실시하게 되었고, 2006년에는 위스타트 시범마을 확대실시와 함께 학교사회복지 실천학교도 8개교로 확대되었다. 이 시기에는 그동안 운영위원회 중심으로 운영되던 본부체제를 바꾸어 총회와 이사회 및 중앙사무국을 구성하며 사단법인으로 재출범하게 되었다. 2007년 위스타트사업은 5개교로 확대되었고, 2008년에는 경기고양아동보호전문기관의 주관으로 성사초등학교에서 사업이 시행되어 현재까지 활발히 진행되고 있다.

9) 드림스타트 학교사회복지사업

드림스타트(Dream Start)는 취약계층 아동의 건강한 성장과 발달을 지원함으로써 공평한 출발기회를 보장하고 궁극적으로 빈곤의 대물림을 차단하는 것을 목적으로 한다. 이를 위해 건강·복지·보육 등 맞춤형 통합서비스를 제공하여 아동의 전인적 발달을 도모하고, 부모에게는 자녀양육 지도, 직업훈련, 고용촉진서비스를 제공해 가족기능 회복, 양육여건 개선 등을 지원하고 있다. 드림스타트는 아동에 대한 집중적인 투자를 통하여 빈곤의 악순환을 끊을 수 있는 복지사업의 필요성이 대두되면서 2007년 희망스타트라는 이름의 시범사업을 시작으로 도입되었다. 이후 2008년 드림스타트로 사업명을 변경하고 정부의 국정과제로 채택되면서 급속도로 확산되었다(청소년백서, 2016: 167).

드림스타트 사업의 지원대상은 국민기초생활 수급가정 및 차상위계층 가정, 한부모가정, 조손가정, 다문화가정 등을 우선 지원하는 것을 원칙으로 하고 있다. 아동 발달수준 및 양육환경 사정을 실시하여 고위기 또는 중위기로 판정된 아동과 저위기로 판정된 아동 중 특정 영역에서 고위기 또는 중위기가 나타난 아동을 대상으로 서비스를 제공한다.

드림스타트 학교사회복지사업을 실시하게 된 배경은 가족해체, 사회양극화 등에 따라 아동빈곤문제의 심각성 대두, 빈곤아동에 대한 사회투자가치의 중요성을 강조하게 되었다. 또한 건강, 보육, 교육, 복지 등에 대한 파편화된 개별서비스 확대로는 복지의 사각지대가 존재하게 되어 아동과 그 가족에 초점을 둔 통합지원체계인 희망스타트사업을 통해 모든 아동에게 공평한 출발기회를 보장하고자 사업을 실시하게 되었다.

희망스타트사업의 실시현황은 2006년 8월에 보건복지부에서 '희망스타트'사업에 대해 시행발표하게 되었다. 2007년 1월에 보건복지부는 16개 지역에 시범사업을 하도록 선정하여 발표하였고, 이듬해 4월에 '기획, 교육', '홍보, 평가' 사업지원단을 선정하게 된다. 2008년에 들어서는 사업실시지역을 32개 지역으로 확대하고 16개 지역에 실시하도록 확정하게 되었다. 같은 해인 1월에 희망스타트사업지원단을 한국보건사회연구원으로 선정하게 되고, 7월에 들어서는 희망스타트에서 드림스타트사업으로 전환하게 된다. 2009년에 들어서 사업실시지역을 75개 지역으로 확대하게 되고 43개 지역을 확정하였으며, 2010년도에는 100개 지역으로 확대하게 되었다.

이처럼 많은 지역에서 드림스타트사업을 실시하고 있지만 학교에 사회복지사가 상주하는 경우는 아직 부족한 실정이다. 학교사회복지사가 학생뿐만 아니라 학교, 교사, 학부모 더 나아가 지역사회까지 변화시킨다고 하는 평가를 받아온 근거를 바탕으로 학생들의 복지는 교육에 수반되어야 할 교육기능의 한 부분으로 규정되어야 할 때가 되었고, 법적 테두리 안에서 학교사회복지사의 위상을 정립하는 일이 반드시 필요하다고 판단된다.

PART 2

School Social Work

학교사회복지의 주체와 객체

CHAPTER 05

학교사회복지사

학교사회복지가 실천되는 장소인 학교는 체계적 관점으로 보면 하나의 중간체계로서 상위체계인 지역사회와 국가에 속하면서 하위체계인 학생, 교사, 학교행정가, 직원, 학부모 등으로 구성되었다. 다시 기능 중심으로 세분하면, 하위체계에는 교장, 교사, 상담교사, 학교사회복지사, 보건교사, 언어교정사, 물리치료사, 영양사, 운전기사, 사무원 등이 있다. 상위체계에는 학부모회의, 학교운영위원회, 교육위원회, 지방교육청, 교육과학기술부 등의 기관과 교육이념, 교육과정, 교육목표 등과 같은 가치 개념이 포함된다. 이 모든 구성요소들은 각 분야의 고유한 전문지식체계를 수단으로 하여 공통의 목표인 학생들의 전인적 발달을 위해 학교라는 장에서 서로 의존하며 돕는 관계에 있다.

학교사회복지사의 이론적 준비, 지식기반, 실천기술, 그리고 교육방법은 교사와는 다르다. 학교사회복지사는 교사와는 달리 학습에 초점을 맞추지 않는다. 학교사회복지사는 학교생활을 수행하는 데 방해되는 문제를 가진 학생을 도와 그 방해요인을 제거하여 학생으로서 정상적인 기능을 회복하도록 하는 역할을 한다. '사회적 기능 향상'은 사회복지 고유의 기능과 목적으로 사회복지가 실천되는 장소가 어디든지 사회복지사의 역할의 근본이 된다.

학교사회복지사는 다른 어떤 전문직 종사자들보다도 학생들과 가족의 욕구 충족과정에서 학생, 가정, 교장, 교감, 교사, 그리고 지역사회기관들 사이의 연계자 및 조정자 역할을 가장 잘 담당해 왔다(한인영 · 홍순애 · 김혜란, 2004). 사회복지사의 강점 중의 하나는 생태체계적 관점에서 학생뿐만 아니라 학생을 둘러싼 다양한 체계들을 사정하고 개입하는 데 준비되어 있다. 학생의 환경체계 중 가장 중요한 것이 가족이라고 할 수 있고, 가족을 지원하기 위해서는 다양한 사회자원의 연계가 필수적이다. 학교사회복지사는 학교–가정–지역사회를 연계하는 활동에 많은 훈련과 경험을 축적하여 왔다(이혜원 · 김혜래 · 홍순혜 · 노충래, 2007).

교육복지투자우선 지원사업의 교육복지사(또는 지역사회교육전문가)직을 수행하고 있는 사회복지사가 이 프로그램의 프로젝트 디렉터역할을 수행한다. 사회복지사가 프로젝트 디렉터역할을 맡을 경우 학생지원과 가족지원 등 직접적 서비스를 제공함은 물론 학교와 외부조직 및 가정과의 연계 · 협력 구축하기, 학교행정가 및 교직원의 의식을 고취시켜 리더십을 발휘하도록 하기, 학교정책을 자문하고 학교환경 변화시키기, 중개자 등의 다양한 역할을 수행하게 된다(이혜원 · 김혜래 · 홍순혜 · 노충래, 2007).

학교사회복지사는 학교에서 요구되는 다음과 같은 '책임과 과업'을 수행하여야 한다.

① 학교사회복지사는 학생에게 직접적 교육의 준비 및 사회복지서비스를 촉진시켜야 하고 일부 선별된 학생들에게 직접적인 사회복지서비스를 제공해야 한다.

② 학교사회복지사는 선별된 학생집단의 긴급한 욕구에 초점을 맞추어 학생의 옹호자로서 활동해야 한다.

③ 학교사회복지사는 계획적 사회복지서비스 접근을 목표로 할 문제의 상황 혹은 문제의 복잡성을 규명하기 위해서 학교행정가와 함께 의논해야 하고, 지역사회기관과 함께 관계를 맺고서 협력적인 일을 도모하는 데 도움을 주어야 하며, 그리고 직접적으로 학생복지에 영향을 미치는 학교정책형성에 도움을 주어야 한다.

④ 학교사회복지사는 학생들이 자유로이 학습을 하고 동기를 가질 수 있는 풍토를 조성하기 위한 기술에 대하여 교사와 함께 협의를 해야 한다(예: 학생들의 생활에 끼치는 사회적 · 문화적 영향을 해석하거나, 문제를 가진 학생을 돕기 위해서 또래집단을 이용하거나, 혹은 학급 내에서 관계를 다루는 기술과 같은 다른 측면을 지원한다).

⑤ 학교사회복지사는 학부모와 지역사회집단들이 학생과 학교에 대한 관심을 효과적으로 전달하고, 학교와 지역사회에 관련하여 발전적인 힘으로 작용하기 위해서 그들을 조직해야 한다.

⑥ 학교사회복지사는 취학아동과 이들의 가족을 위하여 보다 효과적인 지역사회서비스를 촉진하고, 지역사회가 사회복지 프로그램 및 자원을 조직하는 형태로 계획된 변화가 일어나도록 원조하며, 사회구조의 형태를 변화시킴을 주요 기능으

로 하는 지역사회 내에 있는 기관에 대해서 정화자로서 행동을 할 수 있도록 학교, 중요한 사회복지의 분야, 그리고 법적 실천(예: 아동복지, 교정복지, 지역사회정신건강, 그리고 빈곤층을 위한 법적 서비스) 사이의 생산적 관계를 발전시키고 유지해야 한다.

⑦ 학교사회복지사는 학생서비스 담당교직원과 학생들의 편에 서서 조정하는 역할을 제공해야 한다(예: 진로상담교사, 심리사, 보건교사).

학교사회복지의 초기, 방문교사로 일컬어지던 시절에 학교사회복지사의 역할은 개인 중심적이었으며, 치료 지향적이었다. 당시 전통적 관점에서는 단지 문제학생에게 초점을 맞추어 학생의 욕구에 따른 서비스를 제공하는 정적(靜的)인 역할이었다(Compton & Galaway, 1984: 220-225).

사회복지사의 역할은 문제를 바라보는 관점에 따라 변화한다. 1950년대 체계이론은 정신질환자치료에 획기적인 관점의 변화를 가져왔고 과거 정신분열증환자로 지목되어 치료를 받던 자녀가 뒤로 물러나고 전 가족이 하나의 체계로 직접적 치료대상이 되었다(Foly, 1974). 이처럼 학교사회복지에서도 문제아로 지목받은 학생만을 다루는 것이 아니라 학교체계 내의 모든 요소들이 사회복지사의 관심을 받는다. 따라서 사회복지사에게는 하나의 하위체계나 한 가지 특성에만 관심을 두지 않고 체계 내 각 요소들의 상호작용과 관계 안에서 문제를 규명하고 해결을 시도하는 역동적(力動的) 역할이 필요하게 되었다. 역동적 관계 속에서의 역할은 관계의 성격이나 초점이 되는 문제의 특성에 따라 여러 가지로 나타난다(Costin, 1986; Constable, 1991: 25).

학교사회복지사는 학생과 학교 사이뿐만 아니라 가족과 학교 그리고 지역사회와 학교의 중간에 위치하고 있으므로 학생, 부모 및 지역사회가 사회적 능력을 개발하도록 돕는 입장에 있는 동시에 학교가 이들의 욕구와 열망에 부응하도록 도와주는 입장에 있다(Germain, 1982: 6). 그리고 Barker(1995)에 의하면 학교사회복지사는 무단결석, 사회적 철회, 과잉행동, 반항, 그리고 특별한 신체적 · 정서적 · 경제적 문제의 영향과 같은 문제를 다루는 학생, 가족 및 교사를 돕는다. 또한 학교사회복지사는 부모나 지역사회에 대해 학교의 교육방법이나 철학을 설명하기도 한다.

따라서 학교사회복지사는 학생–사회복지사, 부모–사회복지사, 교사 · 학교 관련 인물–사회복지사 및 지역사회–사회복지사의 관계에서 사회복지 전문역할을 수행하게 된다.

제1절 전문적 중재역할

역할은 마치 사회복지사의 정신에너지처럼 그 형태가 눈에 보이지 않을 때라도 클라이언트의 필요와 욕구가 있는 곳으로 이동하며 적절하게 유연성을 가지고 기능한다. 전문적 역할은 문제해결의 목적과 목표를 달성할 수 있는 중재방법을 결정하는 지침이 된다.

Costin(1986)은 학교체계 안에서 학교사회복지사의 전문적 중재역할을 ① 가능케 하는 자(enabler), ② 자문가(consultant), ③ 공동협력자(collaborator), ④ 교사(teacher), ⑤ 조정자(mediator), ⑥ 옹호자(advocator), ⑦ 관리자(manager), ⑧ 중개자(broker)로서의 여덟 가지로 소개하였는데(Constable, 1991: 25), 이 책에서는 이 외에도 전통적 임상복지의 치료자의 역할이 학교사회복지현장에서 필요하다고 보고 아홉 가지의 전문적 역할을 제시한다.

1. 가능케 하는 자

가능케 하는 자(enabler)로서의 역할은 사회복지사가 클라이언트의 문제해결을 위하여 목표로 정한 변화를 스스로 성취하도록 그의 능력을 격려하고 촉진하는 역할을 의미한다.

예를 들면, 만약 환경이 어느 학생에게 역기능적이라면 그 학생으로 하여금 불리한 환경을 개선할 수 있도록 도와주는 것이다. 사회복지사가 학생을 위하여 변화를 조정하는 것이 아니라 학생의 변화노력을 지지하거나 조력함으로써 학생 자신이 변화를 가져오게 하는 것이 이 역할의 특징이다.

2. 자문가

자문은 자문을 받는 사람(자문의뢰인)과 자문에 응하는 사람(전문자문가) 사이에서 진행되는 문제해결과정이고, 자발적 관계로서 자문의뢰인의 직업과 관련된 문제를 해결하는 것이 목적이며, 자문가와 자문의뢰인은 문제를 공유하고 자문의 결과로 자문의뢰인은 비슷한 유형의 문제에 더 숙련되는 효과를 가진다(Sabatino, 1996: 268).

흔히 전문가(consultant)들 사이에서 자문을 받는다는 것은 신분의 형평이 어긋난다고 오해하는 경향도 있다. 그러나 자문은 한 전문가가 특정한 내담자나 집단 혹은 조직과 일하면서 당면한 어떤 어려움을 자신의 견해나 기술만으로 해결하려고 노력하기보다는 다른 전문가의 견해를 구하고자 할 때, 그 자신과 전문가 사이에서 교류되는 상호작용적 과정이다. 자문을 받아 문제를 재검토할 때 타(혹은 다양한) 전문직의 견해도 보완되어 장차 유사한 문제에 보다 더 잘 준비되는 유익함이 있다.

어떤 사례에서 자문의뢰인이 다른 경우에는 타인을 위한 자문가가 되기도 한다. 그러므로 자문의뢰인이 편안하고, 수용되고, 존중받는 감정을 느끼는 것이 중요하다.

학교사회복지에 있어서의 아동, 가족 혹은 학급은 때로는 정책이나 절차 혹은 서비스나 프로그램에 관하여 주로 교사, 교장, 다른 학교 관련 인사 혹은 지역사회인사들이 사회복지사에게 자문을 구하게 된다.

3. 공동협력자

공동협력이 자문과 다른 점은 공동협력에서는 시기와 상황과 참여자가 항상 동일하지 않더라도 각 분야에서 참여한 관계자들이 기여하는 바는 동등한 가치를 지닌다는 점이다. 공동협력이라는 용어는 문제해결을 위한 정보교환을 의미한다. 공동협력의 결과는 이용 가능한 자원이 증대된다는 것이다.

다학제 간 전문가가 하나의 팀으로 공동협력할 때, 각 전문직에게 요구되는 점은 자신이 기여할 수 있는 바를 타 전문직이 기여할 수 있는 바에 연결시키는 능력이며 이것이 팀접근에서 필수적 기능이다. '많을수록 좋다.'는 말은 단순히 산술적 총합의 유익성을 의미하는 것이기보다 역동적 총합의 생산적 유익성을 뜻하며, 이는 공동협력의 특성을 비유적으로 잘 표현해 주고 있다.

미국의 경우 장애학생을 위한 다학제 간 공동협력이 의무사항으로 명시되어(P.L. 94-142) 있음에도 불구하고 학교사회복지사가 이 역할을 제대로 정착시키는 데는 수년이 걸렸다. 이 사실은 공동협력이 효과성은 높지만 실천에 있어서 기술적 측면의 어려움이 있음을 시사한다.

학교사회복지사와 교사 간의 자문활동은 종종 진행과정에서 공동협력적 노력으로 변모하기도 한다.

4. 교사

문제해결과정에서 관련 정보의 입수는 매우 중요하다. 새로운 정보가 추가될수록 사회복지사가 사정한 내용이 더 정확해지고 따라서 더 효과적인 대책을 마련할 수 있게 된다. 마찬가지로 클라이언트도 유익한 정보가 많아질수록 문제해결능력이 증대된다.

학교사회복지사가 클라이언트에게 정보를 제공하는 것을 교사의 역할이라고 한다. 마치 교사가 학생들에게 교육을 통해 새로운 정보를 지속적으로 제공함으로써 학생들을 성장시키고 문제해결능력을 기르듯이 학교사회복지사가 클라이언트에게 대처기술 및 자원활용의 정보를 전달하면서 교육하는 성격이 있기 때문이다. 클라이언트는 자유롭게 그 정보를 받아들일 수도 있고 또 거절할 수도 있다.

Compton과 Galaway(1986)는 사회복지사의 교사로서의 역할을 "문제상황을 극복하는 데 필요한 행동과 기술을 실천하도록 클라이언트를 도우며 또 대안적 행동유형을 모델링을 통하여 가르칠 수도 있다."고 정의하였다. 이 정의에서 나타난 바와 같이 교사로서의 역할은 정보제공뿐만 아니라 지식을 나누고 보다 깊이 학생을 이해하는 태도까지 포함한다.

5. 조정자

조정자로서의 역할은 클라이언트와 환경 사이에서 양자 모두에게 문제해결서비스를 제공하는 것이다. 집단모형에서 조정자는 개인과 그가 속한 사회가 자기실현이라는 상호적 욕구를 통해 서로에게 다가가는 과정을 중개하는 것이 주된 과제이다(Schwartz, 1986). 흔히 관계는 두 개 이상의 존재 사이에 상대적 역동성을 가지고 있으므로 일방적 노력만으로는 변화가 일어나지 않는다. 또 갈등은 두 개 이상의 존재 혹은 두 사람 이상의 관계에서 발생되므로 그 해결에 있어서도 양쪽이 모두 서로를 향해 마음을 열고 어느 정도 양보하면서 다가가야 한다.

학교사회복지사는 각자가 상대의 말을 경청하도록 중재방향을 제시하고, 그렇게 할 수 있도록 각자에게 필요한 만큼의 도움을 주는 것이 조정자로서의 역할이다.

6. 옹호자

조정과 옹호는 사회복지사가 클라이언트를 위해 무엇인가를 해준다는 의미에서는 비슷하나 클라이언트에 대하여 사회복지사가 견지하는 입장의 측면에서 서로 다른 점이 있다. 조정자의 경우 사회복지사는 분쟁이 일어난 양편 모두의 입장에 서서 클라이언트가 서로 해결하도록 도와주는 것인데 비해 옹호자의 경우는 클라이언트를 대신하여 싸워준다.

학교사회복지사는 클라이언트의 대변인이 되어서 클라이언트의 이익을 위하여 논쟁하고, 따지고, 흥정하고, 타협하고 또 환경을 조정한다. 옹호의 역할은 장애인, 혼전 임신한 학생, 자원이 부족한 부모, 소수민족학생, 도시철거민처럼 스스로 자신의 권리를 옹호하기 힘든 사람들(취약성을 지닌 인구)에게 특별히 중요하다.

7. 관리자

관리는 조직의 모든 협동적 활동이 합리적 · 효율적으로 추진되고 수행될 수 있도록 그것을 지도하고 촉진하는 기능 및 과정을 말한다(장인협 · 이정호, 1993). 이런 의미에서 학교사회복지사는 모두 관리자가 된다. 학교사회복지사가 제공하는 서비스는 체계의 특성상 학교체계조직 내의 모든 사람과 연계성을 가지고 있다. 따라서 사회복지서비스를 계획, 협상, 추진 및 평가하는 전 과정에서 관련자들은 협동적 · 효율적 · 합리적으로 활동할 수 있도록 지도하고 촉진하여야 한다. 같은 맥락에서 학교사회복지는 관련자 사이에서 조직되고 협동이 이루어져야 하고 관리되어야 하므로 관리자로서의 역할은 공동협력자역할을 포함한다.

8. 중개자

중개자의 역할은 클라이언트와 자원을 연결시켜 주는 것이다. 자원이란 정신적 지지나 물질적 공급의 원천이 되는 것으로 지역사회와 학교에는 여러 가지 자원이 있다. 자원은 그대로 방치하면 아무 쓸모없지만 적절한 곳에 활용하면 많은 유익을 생산한다. 자원은 누구의 도움 없이 스스로는 용도로서 변환되지 못한다. 자원은 활용하는 사람의 능력에 따라 효율성이 달라진다. 그런가하면 어떤 사람은 꼭 필요한 자원이 없어서 사회적 기능에 문제가 발생하기도 한다.

중개자로서의 사회복지사는 이미 알려진 혹은 아직 알려지지 않은 자원들을 발굴하여(broke) 그 자원이 필요한 사람의 두 팔과 마음을 열어(broke) 수요와 공급이 일어나게 주선(중개)해 준다.

9. 치료자

Richmond 이래로 사회복지사의 역할은 당시 의료모델의 영향을 받아 치료자의 역할이었다. 사회복지사들은 정신분석학을 비롯하여 여러 가지 인간행동을 수정하는 치료이론과 기술을 습득하여 클라이언트의 문제행동을 치료해 왔다.

학교사회복지사는 심리 · 정서적 문제를 가진 학생을 발견할 경우 개별상담, 집단상담, 가족치료 등의 전문적인 치료를 제공하기도 한다.

위에서 제시한 아홉 가지의 역할은 이론적으로 구분하여 설명하고 있지만 실제로는 하나하나 독립적으로 수행되기보다 한 사람의 사회복지사가 어느 대상과 함께 어떤 문제를 해결해 가는 과정에서 여러 가지 역할을 동시에 또는 연이어서 수행하게 된다.

학교체계 안에서 사회복지사는 일차적 대상인 학생 외에도 부모나 교사 및 학교관련 인사 그리고 지역사회와 관계를 맺으며 서비스를 제공한다. 이 과정에서 이상의 역할들이 개별적으로 또는 중복되어 수행된다.

다음은 사회복지사가 각 관계에 있어서 어떠한 역할을 하는지 2절~5절에서 사례를 통하여 설명하고자 한다. 사례의 진행과정에서 수행될 역할 유형을 (　) 안에 표기하였다.

제2절 학생을 위한 학교사회복지사의 역할

학생은 학교사회복지실천에 있어서 일차적 표적대상이다. 사회구조의 변동과 가치관의 변화로 인하여 자녀교육의 기능이 가정부터 학교체계로 대폭 이양되고 있기 때문에 학생의 교육과 인성발달에 미치는 학교의 책임과 영향은 그 어느 때보다 막중하다.

한 사람이 학교를 통해 전달받는 교육의 기간이 점점 연장되고 있다. 초등학교 입학 전의 유아교육이 급속도로 발전하여 유아교육을 사회기관에 의뢰하는 연령이 낮아지고 수도 증대하고 있다. 한편 대학교육에 대한 열망은 끊임없이 치솟아 각급 대학의 양적 팽창은 물론 직업전선에서 경쟁하기 위한 학업수행 정도의 질적 보장까지도 학교에 기대하고 있다.

이처럼 막대한 역할을 위임받은 학교교육은 더 이상 일정량의 지식과 정보를 획일적으로 반복해서 가르쳐서는 교육의 목적을 원활히 달성할 수 없게 되었다. 학교는 학생들이 인생의 기초를 놓는 가장 연약하고 결정적 시기인 인생 초기의 대부분의 시간을 보내는 삶의 터전인 만큼 학생의 성장, 발달의 욕구에 대해 보다 큰 관심을 다방면으로 주어야 하고, 현재는 물론 장래생활의 질적 보장을 위한 사회복지서비스를 공급할 것이 크게 요망되고 있다.

학생들은 아무리 문제가 심각하여도 스스로 문제를 호소하러 오지 않는다. 나이가 어릴수록, 즉 초등학교 학생일수록 어떻게 대처해야 할지 막막하게 느낄 뿐이다. 스스로 도움을 청하러 오지 않는다는 점이 어른들로 하여금 그들을 보살필 책임을 지게 한다. 그것은 아동(학생)이 지닌 아무에게도 양도될 수 없는 성장을 위한 권리이다. 바꾸어 말하면 학생은 성장을 저해하는 어떤 어려움이 있을 때 도움받을 권리가 있다.

어려움에 처한 학생은 교사나 교장, 사회기관 때로는 부모에 의해 학교사회복지사에게 의뢰된다. 어떤 문제는 학생 자신의 내면적 문제이지만 어떤 것은 학생이 처해 있는 환경적 문제 혹은 학생–환경 간의 상호작용관계의 문제이다. 사회적 존재로서 인간은 사회체계 안에서 문제를 경험하고 있으므로 체계적 접근으로 해결하는 것이 기능적이겠지만 어떤 경우에는 고유한 인간으로서 문제의 시작에서 종결과정에 이르기까지 개별적으로 다루어질 필요가 있다.

사례

• 등교거부의 사례

박은수는 초등학교 1학년으로 매우 영리하며 1학기 때는 재미있게 학교를 다녔다. 여름방학이 끝난 후 2학기가 시작되자 학교에 가지 않겠다고 떼를 썼다.

개학 후 며칠이 안 된 어느 날 박은수는 수업 도중 혼자서 집으로 가버렸고 다음 날 어머니의 손에 이끌려 등교하였다가 어머니가 먼저 집에 가자 다시 집으로 가버렸다. 교사는 경험이 풍부하고 이해력이 많은 사람으로서 박은수에게 특별한 관심을 보이고 학급친구들까지 동원하여 박은수를 교실에 남아 있도록 유도했으나 실패하였다.

어머니가 학교에 따라가고 나중에는 아버지까지 따라갔으나 부모가 자기 옆에 있지 않으면 즉시 집으로 갔다.

이런 상태로 등교거부가 한 달 정도 진행되었을 때 선생님은 더 이상 박은수의 태도를 이해할 수 없어 학교사회복지사의 의견을 물었다. 내용은 정신건강에 관한 학교사회복지사의 전문적 의견을 구하는 것이었다(자문가).

학교사회복지사는 부모와 교사로부터 내용을 들은 다음 아동을 만나 미술치료를 통하여 문제의 원인이 가족 전체에 있음을 발견하였다. 부모를 치료에 참여하도록 요청하고 치료를 실시하였다(치료자).

치료가 진행되는 도중에 부모, 교사, 학교사회복지사로 구성된 모임을 정기적으로 가지고 박은수의 학교적응향상을 위한 계획을 수립하여 학교사회복지사가 책임을 맡았다(관리자).

학교사회복지사의 면담을 통하여 부모는 자신들의 불화관계가 아동에게 분리불안을 조장시켰음을 이해하게 되었고 부부관계와 부모와 자녀의 관계를 새롭게 이해하게 되었다(치료자).

아동과의 면담이 실시된 2주 후에 아동은 등교하게 되었고 후속적 조치로 부모의 자녀양육태도에 관한 지도를 실시하였다(교사).

- **영재아동(gifted child)의 사례**

한영재는 수업시간에 주의가 산만하고 다른 아동들을 괴롭혀 말썽꾼으로 지목되었다. 성적이 떨어지고 주의가 산만하여 정서장애아를 위한 특수학급에 배치하고자 담임교사가 학교사회복지팀에게 의뢰하였다.

심리검사결과 한영재는 영재아동으로 판정되었다. 그는 자기수준 이하인 정규수업에 싫증이 났던 것이다. 학교사회복지사는 가정방문을 실시하여 부모나 아동이 아동에게 뛰어난 재능이 있는 사실을 모르고 있음을 발견했다(조정자). 가정이 가난하여 사립학교에 보낼 수 없음을 알고 학교사회복지사는 여러 가지 자원을 탐색한 결과 이웃지역의 공립대학에서 영재아동을 위한 프로그램이 한영재에게 무료로 제공될 수 있음을 알아내어 그곳에 보냈다(중개자).

한영재는 신나게 공부하였고 말썽이 된 행동은 사라졌다(가능케 하는 자).

- **혼전임신한 학생의 사례**

임신한 고등학교 학생에게도 학교의 정규수업에 참여할 자격이 부여되고 있다. 만약 수업일수가 모자라거나 학업성적이 미달될 것이 예상되는 경우 이들을 위한 대안학교프로그램에 등록하여 소정의 과정을 이수할 수 있다(중개자).
학교의 임신한 여학생(최혜나)이 대안학교의 소정과정을 이수하였음에도 불구하고 학교 당국의 교육위원회가 최혜나의 졸업을 유보하려고 했다. 학교사회복지사는 사회적 낙인(stigma) 때문에 떳떳하게 자신의 졸업을 주장하지 못하는 최혜나를 위하여 합법적 절차와 증명서류를 갖추어 졸업을 하도록 도와주었다(옹호자).
학교사회복지사는 최혜나가 졸업한다는 사실은 학교와 교육위원회에게 아무런 불이익이나 체면손상이 없음을 관계자들에게 납득시켰다(옹호자).

제3절 부모를 위한 학교사회복지사의 역할

가정은 인간이 태어나서 최초로 만나는 사회이며, 구성원의 사회화가 습득되는 터전이 되는 곳이다. 가정을 시작한 사람들인 부모는 자녀들의 인격형성과 성장을 시작하고 유지하며 향상시키는 원동력이요, 역할모델이요, 중심인물이다.

부모는 자녀의 행복과 안녕을 지키기 위하여 끝까지 자신의 일생을 헌신하려는 마음이 가득한 사람들이다. 자녀는 출생 시에 전적으로 부모에게 의존하고, 항상 부모의 사랑을 필요로 하고, 부모에게 감사하는 마음을 가지고 있으며 그것을 전달하고 싶어 한다.

그러나 현실적으로 부모–자녀관계가 반드시 원만하지는 않으니 부모의 마음이 자녀에게 또 자녀의 마음이 부모에게 그대로 전달되지 못하고 서로 불만을 느끼며 살아간다. 그러므로 부모와 자녀는 끊임없이 서로를 이해하려고 노력하면서 살아야 한다. 다음에 부모와 자녀의 관계를 왜곡시키는 요인을 몇 가지 살펴보자.

첫째, 부모의 양육태도에서 자칫 잘못된 부모–자녀관계가 형성된다. 많은 학자들이 부모의 양육태도와 자녀의 생활태도양식이 깊은 상관관계가 있음을 보고하고 있다. 한국청소년연구원의 조사(1990)에 의하면 청소년의 흡연, 가출, 자살 등의 행동 뒤에는 반드시 가족불화, 부모와의 갈등, 형제와의 갈등 등의 가정문제가 있었다.

자녀가 부모를 소외시키면서 오히려 자신이 소외감을 느낀다. 여고생의 가출연구(안경달, 1993)에서 가출할 때 '아무에게도 알리지 않는다.'는 응답이 43.7%인 반면 '가족 중 한 사람에게 알린다.'는 겨우 4.8%로 나타났다. 그러나 중학생의 고민에 관한 연구(윤철수, 1995)에서 많은 학생들(41.2%)은 가족과 갈등을 느끼지만 애착이 간다고 말한다.

이러한 조사들은 단편적이지만 자녀들의 생활태도양식의 일면을 보여주는데 부모들이 이러한 내용을 잘 모르고 있다는 점이 중요한 사실이다. 양육하는 방식은 바로 부모가 자녀에게 자신을 표현하고 또한 자녀가 부모를 알아가는 의사교환통로이다. 바꾸어 말하면, 드러난 자녀의 행동은 부모에게 자신이 부모를 이해한 바를 간접적으로 표현하는 자녀의 의사전달방식의 일부라고 보아도 지나침이 없다. 그러므로 부모가 자녀의 생활태도를 이해하려면 자신의 양육방식을 이해하는 것도 한 방법이 된다. 학교사회복지사는 '효과적 부모역할' 등 부모교육 프로그램을 제공함으로써 부모들을 도울 수 있다.

둘째, 자녀에 대한 부모의 과잉기대는 청소년을 압박하고 있다. 현대의 가정은 적은 수의 자녀를 낳게 되어 자녀에 대한 부모의 기대가 자연히 한두 자녀에게 집중된다. 특히, 입시 위주의 학습풍조에서 학습과 진학진로에 대한 부모의 기대는 학생들의 최대 고민거리로 등장하였고 낮은 성적을 비관한 자살소동도 심심찮게 보도된다. 또한 부모들은 자녀에 대한 잘못된 사랑이 과잉기대로 나타나기도 한다.

셋째, 부모는 청소년의 문화를 잘 모른다. 맞벌이부부의 증가와 부모-자녀 간의 대화시간의 부족, 부모와 자녀의 상이한 생활리듬으로 인하여 부모와 자녀가 서로를 알기에 충분한 시간을 함께 갖지 못한다. 청소년문화의 급속한 분화현상은 부모 자신의 과거경험을 기준으로 자녀를 이해하는 것이 매우 어렵게 만들고 있다. 부모라고 자녀에 관하여 모든 것을 다 아는 것은 아니다. 부모는 자녀의 교육을 학교에 의존하는 경향이 짙어지고 자녀들은 긴 시간을 학교에서 보내고 있다. 학교생활은 자녀들이 부모의 직접적 영향권을 벗어나 있는 시간이 되어 자녀의 사고방식, 교우관계, 취미나 특기에 대하여 잘 모르는 부모가 많다.

경제적 곤란 때문에 부모가 오직 생계유지에만 골몰해야 하는 경우 혹은 부모가 정신질환을 앓고 있는 경우 자녀의 사정(예: 자각증상이 없는 질병이나 특성)에 무관심할 수 있다. 이런 경우 학교에서 관찰된 학생의 태도가 신체이상을 발견하는 중요한 단서가 된다.

학교생활에서 얻어진 학생에 관한 정보를 부모에게 효과적으로 전하는 것은 학교사회복지사의 역할이 된다. 자녀–사회 그리고 자녀–학교 사이에 일어나는 정보를 부모에게 제공하고 교육하여 자녀교육에 도움이 되게 하는 것이 학교사회복지사의 역할이다.

사례

• 영재아동의 부모 사례

앞에 예를 든 영재아동 한영재의 경우 학교사회복지사는 부모에게 한영재의 천재성을 알게 해주었고, 부모에게 한영재의 양육방식을 지도하였다(교사).

• 학습부진아동의 부모 사례

김부진은 초등학교 3학년으로 말없이 조용하기는 하나 성적이 최하위권이며 읽기와 쓰기가 부족하여 진급이 우려되었다. 담임교사는 부모에게 대책을 구하도록 했으나 부모는 당황스럽기만 할 뿐 대안이 없었다. 부모를 소개받은 학교사회복지사는 아동의 생육사를 청취한 다음 아동을 개별적으로 만나서 상담하는 도중 반응이 이상한 것을 발견하고 의료진에게 의뢰하여 청력, 시력, 감각운동 등 검사를 실시한바, 세밀한 주의를 기울이지 않으면 발견되지 않을 정도로 청력에 약간 이상이 있는 것으로 나타났다(조정자).

양호교사, 담임교사와 부모에게 아동의 청취력을 교정하는 자문회의를 주관하여 의사의 지시대로 교육하고(자문가, 공동협력자) 아동의 개인지도를 맡아줄 대학생자원봉사자를 찾아내었다(중개자).

매주 4회 자원봉사자의 도움으로 읽기와 쓰기를 보완하여 3개월 후 4학년으로 진급할 수 있었다.

학교사회복지사는 김부진의 학습일정을 계획하고 실시과정을 지도·감독하였으며 부모와의 대화시간을 만들어 부모가 가정에서도 협조하도록 하여 성과를 거두었다(관리자, 교사).

• **장애아동의 부모집단형성 사례**

장애아동의 부모들은 자녀의 양육·보호에 정상아동보다 힘이 들고 많이 노력하며 인내하고 있지만 만성적으로 지쳐 있다. 학급이 편성될 때마다 이들은 자녀의 편익을 위하여 학급배치에 관한 의견을 주장하고 싶지만 미안한 마음으로 오히려 학교의 처분에 따르는 편이다.

학교사회복지사는 장애아동의 부모들에게 안내장을 보내어 부모지지집단을 만들었다(관리자). 집단의 목적은 부모의 정서적 노력을 지지하고 필요한 경우 학교 당국에 자녀의 권익을 주장할 수 있도록 하는 것이었다. 8주간의 모임 동안 자녀양육의 고충을 서로 털어놓고 학교에 요구할 수 있는 사항을 검토하여 교장에게 제출하여 일부는 적절한 대답을 들었다(가능케 하는 자, 옹호자). 학교사회복지사는 정규모임이 끝난 후 이들을 자조집단으로 존속하도록 배려하고 지도하였다(중개자, 자문가).

자녀를 학교에 맡긴 부모의 입장에서 학교는 커다란 권위로 인식된다. 더구나 자녀가 정상적 범위에서 벗어나 '말썽 있는' 것으로 지적된 부모는 더욱 의기소침해져서 자신과 자녀의 권리에 대해 양보하려는 경향이 있다. 이들에게 학교사회복지사는 큰 힘이 된다(옹호자).

학교사회복지사는 지역사회자원에 대한 포괄적인 지식을 가지고 있으며 학교의 교육목표와 행정기구 및 정책을 잘 알고 있다. 각각의 학생을 위해 최적의 교육적 경험을 제공하기 위한 수단으로 지역사회의 자원을 이용하면서 문제를 가진 학생과 그 가족을 도우며 부모를 격려하고 옹호하는 역할을 많이 하게 될 것이며 특별히 지역사회와 각종 이용 가능한 서비스를 부모에게 알려주고 이용할 수 있게 하는 역할이 중요한 공헌을 하게 될 것이다.

제4절 교사와 학교 관련 인사를 위한 학교사회복지사의 역할

학교체계에는 학생 외에 교장, 교사, 행정가, 사무원 등의 인적 요소가 있고 교직원회, 교육과정개발위원회, 기성회, 학교운영위원회, 장학회, 학교발전위원회, 학부모회 등 각종 기구가 있으며 각 기구마다 담당자와 최고관리자가 배치되어 있다. 이들은 모두 학생을 위한 교육목표 달성을 위하여 존재하며 학교사회복지사는 이들과 함께 일해야 한다.

학교체계에 관련된 인사 가운데서 가장 일선에서 학생들과 접촉하는 사람은 교사이며 고등학교 이하 학교에서는 특히, 초등학교에 내려갈수록 담임교사들의 학생에 대한 역할과 영향력의 비중이 증가한다.

어떤 학생이 어려움에 처해 있을 때 이를 제일 먼저 발견하는 사람은 보통 담임교사이다. 담임교사는 교육전문직의 특성상 학생의 학업성취의 맥락에서 문제를 발견하고 규정한다. 교사는 교육의 전체적 흐름에서 벗어나는 일부 학생의 행동을 전체 학급의 통솔을 위하여 개선되어야 할 문제로 지목할 수밖에 없다.

학업수행에 어려움을 겪는 학생을 위하여 여러 가지 대안으로 개선을 처음 시도해 보는 사람도 역시 담임교사이다. 학생의 문제를 해결하기 위해 부모의 참여를 권장하기도 한다. 학교사회복지사에게 의뢰된 후에도 학생의 행동변화를 관찰하고 개선 정도를 가장 많이, 직접적으로 파악하는 사람도 담임교사이다.

교사는 한 학급에 30~40명의 학생을 상대해야 하므로 전체 학생에게 우선적 관심을 가져야 한다. 반면에 학교사회복지사는 어려움을 겪는 일부 학생에게 집중적 관심을 가진다. 학교사회복지사와 교사는 학교경험이라는 매개물을 통하여 학생의 발달을 돕는다는 공동의 목표를 가지고 있으며 서로 동료로서 자주 접촉하게 된다(Skidmore & Thackeray, 1979: 81-90). 그러므로 교사와 학교사회복지사는 각자의 전문지식과 기술을 교환하게 된다.

때때로 교사가 학교사회복지사에게 상담기술, 자원개발과 동원 및 정신건강지식 등의 분야에서 자문을 청하기도 한다. 학교사회복지사에게 자문을 구하거나 협조요청을 주저하는 교사들도 있다. 이런 교사들에게도 학교사회복지사는 기다리며 개방하는 마음으로 관계형성을 시도해야 한다. 일단 교사들이 학교사회복지사를 활용하기로 결정한다면 학생에게 더할 나위 없이 유익한 협력자이기 때문이다. 또한 학교사회복지사는 가정방문, 치료과정에서 획득한 정보를 필요에 따라 교사와 나누며 교사로부터 학생의 학업수행능력 및 성적 등의 기록을 인도받는다. 교사와 학교사회복지사 모두 학생의 개인적 사항에 아주 가깝게 그리고 상세하게 알 수 있으므로 정보의 공유와 노출에 있어서 비밀보장의 원리에 위배되지 않도록 각별히 유의하여야 한다.

학교사회복지사는 각종 위원회 및 기구의 회의에 참석하여 클라이언트체계와 그 욕구에 대한 올바른 정보를 제공하고 위원회의 기능을 충분히 활용하는 전문기술을 발휘한다. 학생과 학교를 도울 수 있는 지역사회기관과의 교섭도 학교사회복지사의 역할이다.

교사와 학교 관련 인사들과의 관계에서 학교사회복지사의 역할은 다음과 같이 구체적으로 요약할 수 있다(Johnson, 1979: 532-535).

① 교사들이 학생들의 생활에 미치는 사회문화와 이웃(근린지역)의 영향을 알도록 한다.
② 교사들에게 특정 학생이나 문제상황에 대한 적절한 정보를 알리며 교사와 학생의 관계가 개선되도록 돕는다.
③ 학습의 동기부여를 위한 계획을 세울 때 교실 기타 학교시설 사용에 관해 교사나 관계 직원에게 자문을 구한다.
④ 의뢰된 문제, 문제해결경과, 대책에 관하여 관련된 교사나 직원과 함께 평가한다.
⑤ 학생의 문제원인과 학생복지에 직접적 영향을 주는 학교정책에 관하여 학교행정가와 협의한다.
⑥ 지역사회기관과의 협동적 관계를 발전시키기 위하여 학교행정가를 돕는다.
⑦ 학생을 위한 치료적 접근을 조정하고 개발시키기 위해 전문가들과 협의한다.
⑧ 서비스의 효율성을 증가시키기 위해 학교운영위원회를 돕는다.
⑨ 학생복지분야에서 서비스훈련을 돕는다.

사례 B 학군의 사례

• 개요

B 학군은 740명의 학생이 있는 소규모 학교구역으로 유치원과 6학년까지 있는 초등학교 및 7~12학년까지 있는 고등학교가 있다. 두 학교의 건물은 매우 인접해 있다.

초등학교 교장은 이 학교에 5년 재직한 후 교장발령을 받은 젊은 사람이다. 고등학교 교장은 직업학교 교사의 경력소유자로서 교장경력이 5년째인 젊은 사람이다. 2명의 초등학교 교사를 제외한 모든 초등학교 교사는 초임교사이다.

고등학교 교사는 근무기간이 평균 5년 정도이다. 초등학교의 특수교육반은 여러 가지 학습장애를 지닌 학생을 위해 활용되고 있다.

학교와 가까운 거리에 8개 상점이 있는 소규모 상업지역이 형성되어 있고 농업, 관광(여름철)수입, 소규모 제재소가 이 지역의 재정원이다. 인구의 30%는 공공복지 서비스부분으로부터 재정지원을 받고 있다. 의료기관, 사회복지청, 법원 등이 소재한 군 소재지에서 약 50km 떨어져 있으며, 작은 마을로 문화시설이 거의 없다.

• 문제

여름철 관광지역의 특성상 학교지역은 겨울이 되면 세상과 동떨어진 느낌을 준다. 일자리가 적으니 십대와 성인에게 알코올중독이 만연해 있고 아동학대와 성범죄도 사회문제화되어 있다. 초등학교의 경우 모든 교사가 초임발령지라서 교장은 이들의 교수법이 미숙한 것도 걱정이지만 학년 말 계약이 만료되면 이직할 것을 우려하고 있다. 고등학교에는 9학년(우리나라 중학교 3학년에 해당) 여학생 3명이 전체 학교의 명예를 훼손하는 행동문제로 학교구역주민 전체의 골칫거리로 주목받고 있다.

초등학교 교장은 더 큰 학군에 배치된 학교사회복지사에게 교사들의 사기앙양과 교수법 증진 대책을 의뢰해 왔다. 학교사회복지사는 초등학교를 위하여 일하면서 3명의 여학생의 행동이 학교환경 개선에 중요한 비중을 차지함을 발견했다.

• 사회복지서비스 제공

첫째, 학교사회복지사는 초등학교 교장의 의뢰를 받아 의논한 결과(자문가) 자기가 소속된 학교구역의 대학원에 개설된 교수법연수과정 프로그램을 제안하여 채택되었고(중개자) 수강한 교사들은 만족하여 다음 해를 위한 재계약에 응했다(조정자). 이 과정에서 초등학교 교사들과 대화의 시간을 가졌는데 학생들의 행동에 관한 질의응답이 대부분이었다. 결국 학교사회복지사는 자신이 지닌 정신건강분야의 지식으로 교사들의 학생지도자문에 응한 셈이다(자문가).

둘째, 3명의 고등학교 여학생들과 면담한 결과 그들의 가정이 모두 가난하고 가족 내 갈등이 있어서 진학을 포기한 상태인 것을 알았다. 학교사회복지사는 부모들과의 면담을 실시하여 자녀들의 능력의 가능성을 일깨워 주고 협조를 요청했다(옹호자). 학부모모임을 결성하여 대표자를 선출하고 지역사회의 분위기를 쇄신하도록 하였다. 크리스마스 장난감바자회를 기획하여 헌 장난감 수집과 수선, 판매에 3명의 여학생을 참가시켰다(관리자). 물론 어머니대표를 설득하여(교사) 협조를 구했다. 결과는 어머니모임의 결속력이 증가하여 스스로 가능한 부업을 개발하였고(가능케 하는 자) 3명의 여학생의 문제행동이 경감되었다(관리자, 치료자).

명수의 사례에서 보듯이 학교사회복지사는 교사들에게 주로 자문가의 역할을 하고 학교 관련 인사들에게는 대상의 위치에 따라 다양한 역할을 수행하는 데 관리자 또는 중개자의 역할이 높은 비중을 차지했다.

제5절 지역사회에 있어서 학교사회복지사의 역할

Ross는 지역사회를 지리적 지역사회와 동일한 관심의 지역사회로 구분하였다(김상규 · 전재일, 1994: 106). 이 개념으로 학교사회복지가 관여하는 지역사회를 설명하면 우선 지리적 지역사회로는 학군에 따른 행정구역이 해당된다. 다음 동일한 관심으로 모인 사람들로 이루어진 지역사회는 정당, 교회, 전문적 단체와 같은 각종 사회기관, 라이온스클럽, 적십자사, 사회복지관과 같은 각종 사회기관 및 교육위원회, 학부모회의, 기성회와 같은 각종 기구가 해당된다.

전통적으로 학교사회복지사는 지역사회자원에 대한 광범위한 지식을 소유하고 그 학생과 가족이 필요할 때 그 자원을 이용하도록 하는 높은 수준의 기술을 지닌 것으로 평가받아 왔다(Constable, 1996: 159-162).

학교사회복지사의 이러한 능력은 각종 위원회 회의나 기관의 이사회에 참석함으로써 자원에 대한 지식을 축적할 수 있었기 때문에 가능하였으므로 학교사회복지사가 지역사회와 긴밀한 관계를 조성하는 것이 우선시되는 역할이다. 이러한 학교사회복지사의 축적된 자원지식은 개개학생의 욕구에 부합한 서비스를 확실히 연결시킬 수 있는 능력을 고양시킨다.

지역사회는 많은 자원을 보유하고 있으나 자원 자체를 그대로 활용 가능한 것은 아니다. 숙련된 학교사회복지사는 학교체계에 내재한 욕구를 민감하게 발견하며 지역사회 내에 잠재한 자원을 동기화하여 그 욕구에 부합한 새로운 서비스를 창출한다. 가출학생의 쉼터, 약물중독자치료소, 아동상담소, 학부모부업장려(B 학군)가 그 예이다.

학교사회복지사는 학교와 지역사회가 상호 의존적인 체계임을 잘 활용할 수 있어야 한다. 양자는 서로에게 자원이 되어줌과 동시에 장애물이 될 수도 있다.

농촌지역에서는 이농현상이 심해져서 주민이 줄고 출산율이 저하되어 시골의 작은 학교는 폐교가 되었다. 남은 학생들은 먼 지역의 학교로 통학하는 불편을 겪어야 할 뿐만 아니라 선택받지 못했다는 생각으로 의욕이 저하되었고 이 모든 것이 수학능력의 향상에 역으로 작용하여 학부모에게 슬픔을 준다. 이것은 지역사회나 주민이 서로 장애가 된 상황이다. 반대로 산업이 번창하면 주민이 증가하고 우수한 인재가 모여 학교도 번창하게 되고 학교에서 교육받은 우수한 인재를 다시 산업현장에 투입하여 지역사회를 발전시킨다. 산학협력을 통하여 지역과 주민이 서로 도움이 된 상황이다.

주민의 문화적 욕구와 지역발전과 학교발전도 상호적 관계에 있다. 소득이 높은 노인인구가 증가하면 문화생활에 대한 요구가 발생하고 대학은 이들을 위한 평생교육 프로그램을 많이 개발하여 발전할 수 있다.

지역사회는 거대한 자원봉사자의 원천이다. 부모일일교사, 학급운영사무보조 등으로 교사들의 업무를 경감시킬 수 있고 학교급식, 학교 앞 교통질서캠페인 등에 부모들이 선도하여 봉사하고 있다. 또한 학생의 복지수준 향상이나 학교기금 조성을 위해 차주가 자동차의 일정한 주행거리마다 기금을 내어놓는 주행거리기금이나 백만인모금 걷기운동도 있다. 이러한 학교-지역사회, 학생-지역사회, 부모-지역사회관계에서 사안마다 전담자가 있을 수 있지만, 대부분 학교사회복지사의 자원활용역할이 무엇보다도 중요할 것이다.

사례

• B 학군 사례

학교사회복지사는 학교를 활성화하기 위하여 주민의 의욕을 고취시킬 필요를 느끼고 학부모들이 부업집단을 형성할 것을 적극 주선했다(중개자, 가능케 하는 자).

• 주민지역센터 설립의 사례

저소득층, 다문화가정이 많이 사는 지역에는 거의 사용하지 않는 건물이 하나 있었다. 주민들의 개인주택은 비좁아서 자녀들이 하교 후 공부할 공간이 없는 가정이 대부분이었다. 많은 부모들은 맞벌이부부였고 이런 학생들은 방과 후 거리를 배회하거나 싸움이 잦았다.

학교사회복지사는 건물주인 시청을 찾아가 지역센터로 사용할 것을 허가받았다(중개자). 부모와 교사가 참여하는 회의를 주관하여 학업부진어린이들의 공부방 마련을 성사시켰다(중개자). 지역대학생 자원봉사자를 공부방 지도할 사람으로 초빙하였다(중개자). 무의미하게 보내던 몇몇 학생이 부모들의 격려를 받으며 이 공부방 프로그램에 참여하여 성과를 거두었다(가능케 하는 자, 중개자). 사회복지사의 중재로 프로그램에 참여한 학생들은 그동안 갈등을 겪었던 부모와의 관계도 개선되었다(중개자).

지역사회와의 관계에서 사회복지사의 역할은 자원개발, 자원동원, 자원활용분야에 중개자, 가능케 하는 자 등의 전문성을 발휘한다.

사회복지의 실천은 국가의 사회적 시책과 사회적 환경의 변화에 따라 변화한다. 여러 가지 학교사회복지의 기능도 국가시책과 사회환경의 변화에 따라 어떤 것은 더 요구되고 어떤 것은 축소되는 변화를 스스로 추진하여야 할 것이다.

학교사회복지사의 역할을 포괄적으로 체득하기 위하여 미국의 학교사회복지사의 역할과 국가 · 사회적 사건의 상호관계를 주목할 필요가 있다(Levine, 1996: 167).

학교사회복지를 확립한 사건인 의무교육법의 제정, 2차 대전 후 베이비붐, 빈곤퇴치운동(war on poverty), 시민권리운동, 소수민족의 교육적 욕구, 아동학대 및 방임에 관한 법령 제정 등이 학교사회복지사의 역할에 영향을 미쳤다.

이러한 역사적 사건들은 다음의 다섯 가지 중요한 요인을 포함하고 있다.

① 학교의 사명(교육목표)

② 지역사회의 인구변화

③ 법령, 규정, 행정지침

④ 전문직의 가치, 지식, 관계

⑤ 행정부서에 지지적 서비스를 도입하려는 행정가의 의지

이러한 변화 가운데서 항상 변하지 않는 학교사회복지사의 고유한 역할은 학교에 관한 사실과 그 의미를 가족에게 전하고 가족의 문화를 학교에 올바로 전달하여 학생들의 학업수행에 기여하는 것이다.

CHAPTER 06

학교사회복지의 대상

사회복지실천에 있어서 대상과 대상에 대한 이해를 명확히 하는 과제는 서비스의 종류와 실천방법을 결정하는 중요한 변수이다. 환경과 개인의 상호작용을 바탕으로 하는 생태체계적 관점에서는 개인의 욕구와 함께 체계 내의 각 요소들 간의 관계에서 빚어지는 욕구도 동시에 서비스의 대상으로 본다.

체계는 그 특성에 의하여 체계조직의 어떤 요소로부터 상황을 보더라도 같은 결론에 이를 수 있는 동결과성(equifinality)이 있다. 그러나 서비스전달체계를 만들기 위하여 가장 긴급하거나 효율적인 요소를 선택할 필요가 있다. 그래서 전체 체계는 가장 작은 단위인 미시체계와 가장 큰 단위인 거시체계 그리고 거시체계와 미시체계를 연결하는 중간체계의 3중 동심원형으로 재구성한다(Garbarino, 1983: 11-15). 서비스의 일차적 대상을 중심요소(focal factor) 또는 중심인물(focal person)이라 하고(Tracy & Whittaker, 1990: 461-470) 그것을 미시체계에 둔다.

물론 학생이 공부하는 물리적 · 사회적 · 심리적 환경도 매우 중요한 사회복지의 대상이 된다. 우리나라에서 가장 큰 환경적 요소는 입시 위주의 교육풍토이다.

입시 위주의 현행 교육제도는 '교육병리현상'을 야기한다. 교육병리는 과중한 점수부담을 주는 시험체제의 병리, 비정상적인 교과과정운영의 병리, 교사–학생 또는 학생–학생 간의 기계적 · 형식적 대인관계양식의 병리, 지식 위주의 교육으로 인한 비균형적인 인성발달의 병리, 진학유일목표의 병리 등이 전인교육을 실패하게 했다(최충옥, 1992). '고3병'과 '중3병'이 정신과환자로 인정되고 있고, 시험불안을 겪는 중 · 고등학생이 50% 이상에 이른다(권이종 외, 1990)는 현상을 볼때 현 교육풍토는 더 이상 학생 개인 자체만의 문제가 아닌 사회환경적 문제이다.

학생이 관련된 전체 체계를 3중의 동심원체계로 바라본다면 이러한 사회환경적 요인은 거시체계로 범사회적으로 반드시 변화되어야 할 교육풍토이며 사회행동(social action) 등의 방법으로 사회복지적 차원에서 관여하여야 하겠지만 학교사회복지사의 일차적 대상은 아니다. 학교체계 안에 거점을 두고 있는 학교사회복지사는 미시체계인 학생을 핵심대상으로 삼고 학생이 관련되는 부모, 지역사회, 학교 등의 중간체계와 협동하게 된다.

전통적으로 학교사회복지는 문제가 있는 학생을 주 대상으로 치료적인 개입에 초점을 두어왔지만 오늘날은 문제의 가능성이 있는 모든 학생을 대상으로 한 예방활동 중심으로 바뀌고 있다. 즉, 모든 학생들이 질적으로 향상된 학교생활을 영위하도록 학생을 돕고 환경체계를 개선해 주기 위해서 일반 학생들을 위한 예방 프로그램을 개발, 운영하는 것이다. 이러한 점에서 학교사회복지는 모든 학생이 자신의 잠재력과 능력을 최대한 개발할 수 있도록 도와주고, 미래의 건전한 사회구성원으로서 성장할 수 있도록 최적의 교육환경을 제공해 주고자 한다.

그러나 개별상담이나 집단상담 시에는 보호대상학생이나 학교부적응학생에게 일차적 관심을 두어 그들이 자신의 교육적 욕구에 적합한 교육을 받을 수 있도록 교육기회의 형평성을 보장해 줌과 동시에 이들이 학교를 통하여 자신의 잠재력과 능력을 개발할 수 있도록 이들에게 우선순위를 부여한다. 참고로 학교사회복지의 우선순위대상과 그들의 문제는 다음과 같다.

① 대인관계상에 문제를 보이는 학생: 폭력행동, 비사교적인 행동, 교사나 성인의 권위에 대항하는 행동을 나타내는 학생
② 심리 · 정신적 문제를 갖고 있는 학생: 우울, 소외, 공포, 불안, 자살기도 등을 보이는 학생
③ 학교규칙을 위반하는 학생: 장기결석, 등교거부, 잦은 지각, 무단조퇴, 수업불참, 복장불량 등의 행동을 하거나 근신 · 정학을 받은 학생
④ 가정환경적인 문제를 갖고 있는 학생: 결손가정, 이혼, 재혼, 빈곤, 입양, 소년소녀가장의 학생
⑤ 부모가 아동양육에 문제를 보이는 학생: 학대나 방임을 받는 학생

⑥ 위기상황을 보이는 학생: 갑작스런 심리적 · 행동적 변화를 보이는 학생
⑦ 학습부진을 보이는 학생: 지적능력은 있으나 학업목표를 달성하지 못하는 학생
⑧ 비행이나 범죄행위를 하는 학생: 폭력, 가출, 본드 흡입, 불량서클 가입, 임신 등의 비행행동을 하는 학생
⑨ 장애가 있는 학생: 정서, 발달, 신체장애를 가지고 있는 학생

학교사회복지는 그 목적이 학생들의 전인적 발달을 위하여 보다 최적의 학업환경을 조성하고, 개개학생의 성장, 발달을 돕는 것인 만큼 학생이 핵심인물이 된다. '학교사회복지사는 학생들 가운데 서비스를 필요로 하는 개개학생과 특정요구를 지닌 표적학생을 판별하는 책임을 지며, 그 판별과정에서 학교 당국의 관계자, 지역대표자, 학생부모의 자문을 얻어 학생의 욕구를 사정한다(미국학교사회복지사기준 6항의 일부).'는 조항은 생태체계적 관점에서 학교사회복지의 1차적 대상이 학생임을 실천적으로 설명하고 있다.

따라서 본 장에서는 학생과 학생교육의 목적을 방해하는 문제들을 대상으로 논하고자 한다. 제1절은 학교과정별로 초등학교시기, 중 · 고등학교시기 및 대학시기로 구분하여 특수한 이슈를, 제2절은 장애학생의 문제를 살펴본다.

제1절 학교과정별 대상

교육통계연보(2010)를 살펴보면 현재 초등학교 학생 수는 3,299,094명, 중학교는 1,974,798명, 고등학교는 1,962,356명으로 매년 감소추세의 경향성을 보이고 있다. 2010년 기준으로 교원 1인당 학생 수도 초등학교는 18.7명, 중학교는 18.2명, 고등학교는 일반계 기준으로 16.5명으로 감소하였다. 2019년 현재 초등학교 학생 수는 2,747,219명, 중학교 학생 수는 1,294,559명, 고등학교 학생 수는 1,411,027명이 감소하여 교육여건이 크게 변화하고 있다(2019 교육통계연보).

학교과정별 서비스대상은 대체적으로 학생의 학교생활과 관련한 행동상의 문제들로 나타난다. 학업부진, 등교거부, 가출, 빈곤가정의 문제 및 가정파탄 등은 학생의 연령과 무관하게 나타날 수 있으나 어떤 문제들은 특정 시기에 특별히 많이 출현되기도 한다. 각 시기별로 그 시기의 발달과정의 특성과 대상문제의 개념을 간략하게 다루고 그에 관한 사회복지적 함의를 주로 논하면서 사례를 제시하여 독자의 이해를 돕고자 한다. 대상문제의 원인이나 치료법 등은 이 장의 근본목적이 아니므로 생략하거나 필요하면 간단히 언급하기로 한다.

1. 초등학교시기

초등학교시기는 Freud에 의하면, 아동의 관심과 정신에너지가 부모와 가족 중심에서 벗어나 학교라는 보다 큰 사회로 확대되고 또래관계, 교사와의 관계 및 상 · 하급생과의 관계 등 대인관계의 범위가 확장되면서 아동은 보호받던 가정과는 다른 스스로 개척해야 하는 냉혹한 현실을 경험하게 된다. 하루일과 중 시간표에 의한 규칙생활이나 규범을 따라야 하는 조직적 생활의 시간이 증가하고, 학업수행을 성취해야 하는 등 다양하고도 구체적인 사회기술이 한꺼번에 요구되는 시기이다. Erikson은 아동이 적당한 자신감을 형성하는 것이 이 시기의 가장 중요한 과업으로 만약 실패할 경우 열등감과 무능력감이 발달된다고 한다. 또 아직 아동의 신체발육 정도와 지적발달 정도가 통합되지 않았고 감정분화가 진행되는 시기이므로 정서적 · 지적 · 신체적으로 균형된 발달이 이루어져야 하며 잠재적 능력이나 재능 및 개성을 개발하여야 하는 시기이다. 학교생활은 아동의 이러한 성장목표 달성에 중요한 몫을 차지하고 있다.

초등학교생활지도 담당교사 504명에게 초등학교상담현황에 대하여 조사설문한 연구결과(박은우, 1992)는 현재 초등학교 학생의 모습을 잘 보여주고 있다. 교사들이 체험한 아동의 가장 큰 고민영역은 학교성적(66.7%), 교우관계(18.3%), 가정환경(13.5%)이었고, 구체적으로 '급우와 다툼', '숙제 및 예습', '예습지도 및 용의', '언어습관', '고민', '도벽', '고립', '장기결석', '절도' 등이었다. 초등학교 학생들이 다양한 양상으로 학교에 부적응함을 나타내고 있다. 거의 대부분 응답교사들(97.8%)은 학교 내에 상담이 '필요하다.', '매우 필요하다.'고 인식하며 교사의 연령이 30대로 낮아질수록, 담당 학년이 고학년이 될수록, 그 필요성을 더 높게 인식하고 있다.

초등학교시기의 아동에게 나타나는 문제는 취학준비점검, 등교거부, 학습부진, 빈곤가정아동, 아동학대 및 방임, 영재아동 등에 관련되어 나타나는 것으로 학교사회복지서비스가 필요한 대상이다.

1) 취학준비상태 점검

초등학교 취학을 앞둔 아동기는 성장, 발달과정에서 개인차가 매우 심한 시기이므로 아동의 발달 정도가 취학 후 학교생활 적응에 어느 정도 준비가 되어있는지 점검할 필요가 있다. 아무리 잠재력이 풍부한 아동일지라도 초등학교 1학년부터 학업수행이나 대인관계에서 부정적 경험을 지나치게 많이 하게 된다면 이후 성장과정에 커다란 손상을 초래할 수 있다.

요즘 많은 아동이 어린이집과 유치원에서 취학 전 단체생활훈련이나 학습의 경험을 하고 있지만, 이 시기의 교육이 대체로 사교육에 의존하고 있으므로 모든 아동이 취학 전 준비교육의 혜택을 받고 있지는 않다. 그러므로 초등학교 입학시기에 미처 취학 전 교육을 받지 못한 아동이나 부적절한 교육을 받은 어린이, 발달상태가 지연된 어린이에 대한 세밀한 관찰과 관심이 요구되고 있다.

취학준비상태 점검(preliminary screening)의 내용은 영양섭취, 신체발육상태, 달리기, 뛰기, 잡기 등의 운동감각능력의 발달상태, 인지발달상태, 식사습관 등 개인행동특성과 신변처리능력과 같은 사회기술습득 정도 및 가정환경에 대한 정보를 포함한다. 특히, 빈곤가정의 경우 아동이 기본적으로 필요한 기능, 예를 들면 집주소, 전화번호조차 모르는 채 학교에 보내질 수 있다.

준비가 미흡한 아동이 개별화된 교육적 서비스를 제때에 받지 못한다면 곧이어 학습부진으로 전개될 가능성이 높다. 학업에 흥미를 잃고 등교를 기피하고 열등감이 인성 깊이 내면화될 수도 있다. 이런 까닭으로 개인의 잠재력이 사장(死藏)되면 개인적 불행이 됨은 물론, 어린아동이 성장하면서 후속적으로 겪게 될 각종 손상을 복구시키려면 전체적으로 더 많은 복지비용이 소요될 것이다.

학교사회복지가 1900년대 초에 일찍 발달된 미국에서도 이러한 취학준비상태 점검의 필요성이 인식된 것은 1960년대에 이르러서였다. 가정이나 지역사회환경이 아동의 성장에 유익하지 못한 경우 헤드스타트 프로그램(Head-Start program: 일종의 조기교육 및 사회복지서비스 제공)을 실시하여 아동의 입학을 준비시켰다. 헤드스타트는 취학 전 빈곤아동에게 언어, 정서 등 다방면에 걸친 포괄적 서비스를 제공해 빈곤의 악순환을 끊겠다는 취지로 만들어진 아동보육 프로그램이다.

헤드스타트 프로그램의 구성요소는 ① 교육, ② 부모참여, ③ 건강진단, ④ 사회봉사, ⑤ 영양, ⑥ 교사진과 부모들을 위한 진로지도로 저소득층을 위한 정부의 대대적인 개입으로 이루어진 유아교육 프로그램은 교육뿐만이 아니라 많은 요소들을 첨가한 포괄적인 접근이었다.

헤드스타트(Head-Start)는 그 교육효과가 1년 이상 지속되지 못하는 것으로 평가받자 1학년이 아니라 3학년까지 서비스를 제공하도록 하였는데, 이에 따른 비용증가와 효과성의 문제로 결국 중단되었다. 그러나 이것이 학교사회복지의 전문화를 위한 전기가 되게 하였다(Escolona, 1986)

우리나라는 영어, 수학, 예능 등 입시과목에 대한 일부 부모의 조기교육열은 대단히 높지만 아동의 취학준비상태에 대한 개념조차 인식되지 않고 있는 실정이다.

2) 학습부진

학습부진아는 학습능력은 있는데 여러 가지 요인으로 인하여 그 능력을 발휘하지 못하고 최저 학업성취수준에 도달하지 못하는 학생을 의미한다. 학습부진아는 낮은 학업성취수준을 보이는 아동으로 보지만, 낮은 학업성취의 원인인 저지능이나 행동장애, 정서장애 등의 분명한 이유가 있을 때는 자연스러운 일로 제외시키는 경향이 있다.

학습부진(school failure)은 아동이 정상적으로 요구되는 학습 정도를 따라가지 못하여 흔히 결석, 무단결석, 조퇴 등의 불성실한 면학태도가 수반되며 심한 경우에는 유급까지 초래하는 수도 있다.

읽기, 쓰기, 셈하기 등이 자기학년수준에 미달하는 수준, 자기이름과 가족의 이름을 제대로 쓰지 못하는 수준, 거리의 간판이나 버스번호를 읽지 못하여 정해진 경로 외에는 혼자서 집을 찾아가지 못하는 아동, 아예 학교생활에 흥미를 잃어버리고 지각, 조퇴, 결석을 빈번히 되풀이하는 아동, 열등감에서 난폭한 행동과 폭력을 일삼는 대인관계 부조화로 태도가 변형되는 아동 등 학습부진은 여러 가지 형태로 나타난다.

한 사람의 교사가 다른 수준에 있는 여러 아동들의 개별적 학업수행요구를 일일이 충족시키기는 어렵다. 더구나 학습부진이 단순히 수업능력으로만 표출되는 것이 아니라 다양한 학교부적응 및 생활태도로 위장되어 표출되고 있다. 그러나 우리나라에서는 이러한 아동의 행동문제를 학습부진으로 파악하는 것조차 용이하지 않다. 학습부진은 성격 · 정서적인 요인, 가정, 학교, 사회환경적 요인이 있다.

학습부진아동은 학교사회복지팀의 도움을 받을 필요가 있다. 교사, 임상심리전문가, 학교사회복지사로 구성된 학교사회복지팀은 부모와 함께 아동의 문제원인을 면밀히 조사하고 구체적으로 개선방안을 마련한다. 교사는 교육목표와 아동의 수학능력평가를 담당하고, 임상심리전문가는 아동의 지능과 행동상의 발달 정도 측정을 담당하며, 학교사회복지사는 학교체계(무서운 친구가 있는가?, 체벌을 받았나?)나 가족체계(집의 구조, 공부방 유무, 음식, 부모의 양육태도 등)와의 관계에서 유의한 정보를 탐색하여 문제상황에 대한 대책을 수립해야 한다.

3) 등교거부

등교거부는 학교공포증(school phobia) 혹은 등교거절 등의 용어로 알려진 것으로 아동이 학교에 가기를 거부하는 상태이다. 때로는 중 · 고등학생에게 나타나기도 한다. 아동의 등교거부는 내재된 정서적 문제의 행동적 표현으로 보며 주로 분리불안장애와 관련된 가족적 요인과 환경적 요인이 많이 관련되어 있다. 그러나 단순히 환경변화에 대한 일시적 반응으로 등교거부를 하기도 한다.

이를테면 학교에 수세식 화장실이 없어 화장실 때문에 많은 아동이 학교가기를 무서워한다거나 또는 부모의 직업 및 기타 이유로 이사를 자주 다녀 전학을 많이 하였을 때 아동은 낯선환경에 적응하기에 지쳐서 학교를 거부할 수 있다. 환경적 요인에 의한 등교거부는 분리불안반응에 의한 경우보다 어른들의 사려 깊은 관심과 관찰을 더욱 필요로 한다(이근후 외 역, 1986: 635). 그러므로 등교거부는 부모와 교사의 협조를 얻어 전문적으로 개입하여야 한다.

중 · 고등학생의 등교거부는 초등학교시기와 달리 우울증, 행동장애나 비행, 정체성 장애, 기타 정신질환의 초기증상 혹은 이들의 복합적 양상으로 나타나는 수도 있기 때문에 의료전문가의 전문적 진단을 우선적으로 필요로 한다. 이러한 경우에 학교사회복지사는 학교체계와 부모 및 의료전문가 간의 연계서비스를 담당하는 역할을 수행해야 한다.

4) 빈곤

급속한 이혼가정과 실직자의 증가 등은 다중위기 속의 빈곤아동 · 청소년들의 문제를 증폭시켜 학교와 지역사회에서 집단따돌림의 표적이 되고 민주시민으로서 성장하는 걸림돌이 되고 있다. 그러나 법적인 보호장치가 부실한 18세 이하의 빈곤아동들을 위해 빈곤지역사회에서 다양한 교육 · 문화 · 사회복지 통합서비스 등을 제공하여 온 지역아동센터로서의 민간 비영리공부방은 1984년부터 현재까지 헌신적인 노력을 하고 있다.

Kenyon Chan과 Robert Reuda는 빈곤이 부모와 자녀관계 및 학습에 미치는 영향을 네 가지로 요약하였다(Escolona, 1986 재인용).

첫째, 빈곤으로 인한 실업은 부모의 정신건강에 부정적 영향을 미쳐 이러한 부모의 상태가 아동에게 폭행, 방임 등의 행동으로 나타난다.

둘째, 대부분의 빈민에게 유일한 정보매체는 TV이므로 이 TV에서 방영되는 가상적이거나 화려한 내용이 현실을 왜곡되게 전달한다.

셋째, 빈곤층은 책, 교육용 장난감, 도구, 컴퓨터 등의 학습용 기구를 구입할 수 없다고 생각하여 스스로 포기한다.

넷째, 현실적인 경제적 궁핍 정도가 쉽게 노출될 가능성이 높아(예: 유명 제품의 운동화를 살 수 없다, 화려한 여름방학휴가를 가지 못한다, 아버지의 직업을 말하기 싫다) 출석률이 저조하고 성적도 뒤떨어진다.

사실 절대적 빈곤의 시대에는 지능이 우수하고 근면한 사람의 학업성적이 높았으나 상대적 빈곤의 시대인 현대에는 빈곤한 가정의 아동이 과거와 같은 학업성취의 지위를 차지하기는 상대적으로 힘들다.

어머니가 임신 중에 영양이 결핍되었다면 아동에게 출산의 위험부담이 가중되고, 고도의 신경통합 이상의 위험성, 낮은 지능 등이 발생할 가능성이 높다.

빈곤가정의 아동은 청각적 · 시각적 판별력, 시간관념, 수, 기타 기본적인 개념에 대한 판별력이 낮은 특성이 있는데 이는 눈, 귀 및 두뇌의 신체적 결함 때문이 아니라 듣고, 보고, 생각하는 데 있어서 충분히 관심을 기울이지 않아 좋은 습관이 형성되지 않은 탓이다(Escolona, 1986 재인용).

자기 가정이 주변의 주요한 환경집단에 비해 열등하고 소외되어 있는 경우 아동은 자기 가족을 동일시하는 데 갈등을 느끼게 되며, 이에 따라 여러 정서문제가 발생한다. 언어장애, 사회적 · 교육적 혜택의 부족 및 경험 부족 또한 문제를 일으킨다(이근후 외, 1994: 626-627). 빈곤이 아동에게 미치는 이런 후유증을 예방하고자 헤드스타트 프로그램이 개발되었던 것이다.

5) 아동학대 및 방임

아동에 대한 신체적 · 정신적 · 언어적 · 성적 학대는 아직 그 정도가 완전히 파악되지 않은 문제영역이다. 아동학대의 원인은 다양하겠지만 주로 부모의 장기실직, 부부의 불화, 편부모와 여러 형제와 함께 사는 세대, 재결합가정, 미성숙한 모가 혼외 출산한 자녀, 그리고 부모가 정신건강상 문제가 있는 가정 등에서 발생되고 있다.

아동학대는 신체적 체벌이나 학대, 정서적 학대나 방임, 불량한 양육, 기본적 의료보호 제공의 거부, 정기적으로 학교등교를 시키지 않음, 노동력 착취, 과도한 노동, 비어나 속어 사용, 성적 학대, 부당한 대우 및 정서적 지지와 보호를 하지 않는 것을 말한다.

아동의 방임이나 유기는 불결하고 열악한 식사, 적절한 휴식의 부족, 단정하지 못한

의복 등으로 나타나는데 아동이 부모의 무관심 내지 애정이 결여된 처지에 놓여 있음을 말해준다.

전통적으로 체벌을 아동훈육의 한 수단으로 여겨오던 관습으로 인하여 가정에서나 학교에서 훈육의 이름 아래 아동에게 체벌이 시행되어 왔음은 주지의 사실이다. 과거에 훈육을 위한 체벌 등의 행위는 부모의 권리로 인식되어 사회적으로 관심권 밖에 방치되어 있었지만, 이제 학대와 방임에서 아동을 보호해야 한다는 공공적 인식이 이루어지고 있다.

체벌이 학교에서도 아직 훈육으로 행해지고 있는 만큼 아동학대가 학교에서 발생할 수 있지만 대체로 학대가 발생한 것으로 보고된 것은 주로 가정에서 일어난 것이다. 따라서 담임교사가 아동이 학대받은 사실을 많이 발견하게 된다. 아동에게 나타나는 표식은 지각이나 결석이 이유 없이 잦거나, 너무 일찍 혹은 너무 늦게 귀가하는 경우, 늘 혼자 있거나 지나치게 소극적인 아동, 타인 특히 어른의 시선을 피하거나 몸에 손이 닿을 때 과민하게 반응하는 아동, 파괴적이고 공격적인 아동, 신체부위가 다치거나 멍든 아동, 극도의 수치심을 표현하거나 순종적인 아동, 늘 피로를 느끼며 주의집중을 못하는 아동 등이다.

아동을 학대하는 부모의 특징은 아동의 상처에 대해 모순된 설명을 하거나 설명 자체를 회피하는 부모, 자녀의 치료에 의사의 지시를 어기고 입원을 거부하는 부모, 담당의사를 고의로 자주 바꾸는 부모, 의사와의 접촉을 기피하는 부모, 주거지를 자주 옮기는 부모, 부모가 불안정한 혼인관계에 있는 경우, 부모 자신이 심각한 정서적 박탈이나 약물·알코올남용을 하는 경우에 자녀를 학대하는 사례가 빈번하다(이배근, 1996: 25-37).

아동에 대한 성학대는 가해자가 가족이나 친지일 경우 노출로 인해 가족에게 미칠 영향 때문에 숨기게 되므로 적절한 보호를 받을 수 없는 경우가 대부분이다. 아동 성학대를 식별할 수 있는 표식은 아동이 앉거나 걷는 데 어려움이 있거나, 옷이 찢어져 있거나 옷 아래로 피가 보이고, 성기부위에 통증을 호소하거나, 소변 시 통증을 느끼거나, 목소리가 원인도 모르는 채 쉰상태가 오래 지속되거나, 잦은 신체화 현상에 의한 질환을 호소하거나, 식욕부진을 호소한다. 또한 행동적 특성은 나이에 어울리지 않게 성적 행위와 그에 대한 지식이 있거나 수면장애가 있는 것 외에 앞에서 언급한 학대아동의 행동특성이 포함된다(오현숙, 1996: 11-83).

이상의 증상이나 행동특성에서 보이듯이 아동학대는 우선 연약한 아동의 생존을 위협할 뿐만 아니라 낮은 자존감, 신뢰감의 손상, 역할갈등 및 혼란, 분노의 과도한 억압, 부당한 죄책감 등이 지배적이 되기 때문에 아동의 인성을 통합되게 발달시킴에 있어서 지대하게 부정적 영향을 끼친다. 학대받은 아동이 자라서 학대를 하거나 폭력을 사용하게 될 확률이 그렇지 않은 경우보다 더 높으므로 사전예방과 조기발견 및 치료가 매우 중요하다(김안나, 1996: 85-86).

학대의 결과가 등교거부증으로 나타나는 경우를 제외하고는 일단 아동이 학교에 등교하는 것이 보통이므로 학교가 아동학대를 발견하는 데 유리한 입장에 있다. 그러므로 적절한 보호와 치료적 · 예방적 조치를 학교부터 실시할 필요가 있다.

6) 영재아동

초등학교에 입학하기도 전에 초등학교 고학년수준의 수학해독능력이 있다거나 초등학교 학생나이에 유명한 대학을 우수한 성적으로 졸업했다는 사례 등이 영재아동(gifted child)에 해당된다.

'영재아동(gifted child)이란 정신발달 정도가 평균수준 이상으로 촉진되어 특별히 계획된 교육서비스를 받아야 할 필요가 있고 그래야만 적절한 교육적 효과를 얻을 수 있는 아동'(Escolona, 1986: 164)을 말한다.

영재아동에겐 특수한 교육적 · 양육적 욕구가 있지만 '결핍'을 주된 대상으로 하던 전통적 사회복지는 재능이 '넘치는' 영재아동의 욕구를 간과하였다. 그러나 미국의 경우 학교사회복지의 발전 덕분으로 학교 안에서 적응하지 못하는 영재아동에 대한 관심이 부각되었다.

영재아동은 초등학교의 보편적 교육수준으로 만족할 수 없다. 이들은 주로 지적인 면에서 발달이 뛰어날 뿐 정서적인 면과 신체적인 면에서는 또래아동과 비슷하거나 꼭 같다. 즉, 지능수준에 걸맞는 통합된 성격을 가진 것도 아니요, 우수하게 인식되는 정도 만큼 대인관계기술이 숙달된 것도 아니다. 이들에게 학교는 지루하고 따분하여 때로는 고립되거나 때로는 말썽쟁이로 지탄받는 대상이 되어버린다.

부모들의 난처함도 이에 못지않다. 아동의 특출한 자질에 부응할 준비가 마련되지 않은 채 아동의 다양한 욕구와 부모의 기대 사이에서 긴장이 발생될 수 있고, 아동을 위한 적절한 사회적 · 교육적 프로그램이 없는 경우 기다리는 좌절감은 심각한 스트레스로 경험될 수 있다.

2. 중 · 고등학교시기

중 · 고등학교시기에 해당하는 청소년기는 신체적 · 정서적으로 변화 · 발달의 폭이 커서 '질풍노도의 시기'라 하기도 하며, 사회적으로 성인도 아니요, 그렇다고 하여 아동도 아닌 주변인으로서 이상과 현실 그리고 순수이론과 응용실천의 괴리에서 오는 갈등이 많은 시기이다. 주어진 자율권은 제한되어 있는데 장래를 위해 요구되는 성취할 과업은 한이 없는 듯 느껴진다. 청소년기는 자아정체감의 확립이 가장 중요한 과업이고, 부모로부터 독립의 욕구를 강하게 느끼는 시기라 하였다. 중 · 고등학교시기의 청소년은 정서적으로 특별히 민감하며 심층적인 차원에서 적절하고 세심한 지도와 보호를 필요로 한다.

이 시기의 청소년들의 고민은 학습문제 및 진로 · 진학문제가 대부분으로 이것은 입시 위주의 우리 교육현실을 그대로 드러내주고 있다. 특히, 진로문제영역에서 '장래에 대한 계획이 없다.'는 높은 반응(청소년대화의 광장, 1994: 85-88)은 교육병리현상과 일치하는 것으로 자아정체감을 확립해야 할 이 시기의 청소년들의 문제해결능력을 약화시키고 더욱 복합적인 고민을 하게 될 우려를 낳고 있다.

실업계 학생과 인문계 학생을 비교하면 학교생활에 싫증을 느끼는 학생은 실업계에서 많았고, 학교 간 비교로 인한 열등감을 많이 호소했다. 공부영역에서는 인문계 학생들이 고민을 호소하는 사례가 양적으로 더 많았고 내용도 다양하고 심각하였다. 진로영역에서는 '진로에 대한 압박감'이나 '선택에 대한 갈등'을 인문계와 실업계에서 비슷한 양상을 보였으나 실업계 학생들은 자격증 획득에 대해 많은 갈등을 겪고 있다. 행동문제영역에서는 실업계 학생들이 인문계 학생들에 비해 성인의 유흥문화에 보다 가까운 문제행동을 많이 나타내고 있었다(청소년대화의 광장, 1994). 이렇게 실업계와 인문계의 학생들의 독특한 고민영역과 내용은 이들에 대한 서비스계획과 실천에 반드시 고려되어야 할 사항들이다.

이상과 같은 학생들이 겪는 보편적 고민 외에도 중 · 고등학교시기에 대한 학교사회복지의 주요 관심대상은 가출, 비행, 약물오남용 및 음주, 폭력행위, 십대 임신, 빈곤가정 및 소년소녀가장 등에 관련되어 제기되는 문제들이다.

1) 가출

가출청소년이란 일반적으로 가정으로부터 이탈하거나 탈출하여 홀로 생활하는 청소년을 의미한다. 경찰청에선 20세 미만인 자를 가출청소년으로 보고 있고, 조국(2002)은 '가정에서 이탈하여 가정으로의 복귀나 자활을 위한 보호, 서비스를 필요로 하는 청소년'으로 정의하고, 안창규 등(1995)은 '자신과 주변의 문제에 직면하여 이를 해결하거나 대안을 찾으려고 의도적 · 비의도적으로 가정에서 나온 도움이 요청되는 18세 미만의 청소년'으로 정의하고 있다. 이처럼 가출청소년은 자신과 환경의 영향으로 의도적 · 비의도적으로 가정에서 나온 후 24시간 이상 집에 들어가지 않는 청소년을 의미한다.

최근 청소년 가출은 가족 간의 갈등과 가족해체 등으로 인하여 지속적으로 증가하고 있다. 이들은 거리생활을 하면서 건강 악화는 물론 절도, 폭행, 성매매 등 범죄 및 비행 등의 문제를 일으키거나 범죄의 대상이 되는 사례가 빈번히 발생하여 사회적 부작용이 심각한 실정에 이르고 있다. 또한 청소년들의 가출 연령이 점점 낮아지고 6개월 이상의 장기 가출과 반복적인 가출이 늘어나는 경향이 나타나고 있다(청소년백서, 2016: 153).

가출의 원인은 경제적 요인, 단순 가출, 성격 결함, 또래의 충동, 가정파탄 등 본인의 내적 요인 내지 주변 환경요인이 있다. 청소년의 가출원인은 개인이나 사회환경 등의 한 가지의 원인이 아니라 복합적인 요인이 작용하고 있다.

청소년 가출은 과반수가 고등학교시기에 나타나고 있고 가출의 연령이 점차 낮아져 중학교, 초등학교시기의 가출이 증가하고 있어 이들의 보호대책에 시사하는 바가 크다. 가출동기는 가족빈곤, 진학관계, 가정문제, 교우문제, 이상실현, 무작정 상경에 의한 가출은 저연령층일수록 많고 직장문제, 학업실패, 이성관계 등으로 인한 가출은 고연령층으로 갈수록 높게 나타난다(한국청소년연구원, 1990: 51).

가출은 대개 우발적인 경우가 많으며 혼자서 가출하기보다 친구와 어울려 가출하는 경향을 보인다. 이들은 준비되어 있지 않은 경우가 대부분이고 간혹 부모의 돈을 훔쳐서 집을 나가더라도 며칠만에 바닥이 난다. 그래서 가출학생은 막막하고, 두렵고, 굶주림을 당하며 집으로 돌아오기도 하지만 때로는 이런 상태를 벗어나고 싶은 충동에서 다른 범행을 저지르게 된다. 최악의 경우는 인신매매 또는 성인범죄의 도구로 희생되기도 한다.

가출학생은 술집이나 접대서비스업으로 전락하여 학교에 다시 오지 못하는 경우, 지나친 흡연 · 음주, 습관성 약물남용의 행동으로 빠지는 경우 또는 자퇴하거나 퇴학당하는 경우로 구분된다. 학교로 복귀한 학생들도 처벌에 대한 불안, 가출할 때의 기대감이 좌절된 허탈감, 가족 · 학우 · 교사들에게 죄책감과 속죄감, 유급이 되면 그에 대한 열등감 등으로 적응을 잘하지 못한다. 그리하여 더욱 대담해지고 다시 가출할 기회를 찾는다(안경달, 1993).

담임교사가 가출학생을 알게 되는 경로는 ① 부모의 통보, ② 교사가 결석사유를 가정으로 문의, ③ 친구들의 보고 등이다(안경달, 1993). 초기의 가출은 주로 학교에 다니는 동안에 발생하므로 학교에서 적절한 대책이 필요하다.

2) 흡연

청소년들이 흡연을 처음 시작하는 시기는 대부분 12~13세로 나타나고 있다고 한다(청소년백서, 2016: 212). 청소년의 흡연은 주로 자기 집, 친구의 자취방, 화장실에서 이루어지다가 일상생활의 보다 개방된 장소에서도 이루어지고 있다.

흡연이 성인의 신체적 건강을 해친다는 의학보고를 따르면 이들의 연령이 한창 성장기에 있으므로 그 손상 정도가 더욱 클 것은 자명한 일이다. 신체건강의 유해성보다도 더 심각한 것은 흡연이 청소년비행과 밀접한 관계가 있다는 점이다. 청소년의 흡연은 사회규범의 일탈을 의미하고 대개는 음성적으로 이루어지므로 다른 여타의 일탈행위로 쉽게 이행할 수 있다. 흡연을 자랑스러운 것으로 과장하여 흡연하지 않는 다른 학생들을 은근히 위협하고 흡연하도록 부추긴다. 흡연과 음주가 장기화될 경우 과음, 약물남용, 가출, 기타 풍기사범으로 연계되기도 한다.

27개의 종단연구를 종합해 분석한 연구(Pierce, Choi, & Gilpin, 1996)에서는 청소년의 흡연과 관련된 요인이 무엇인지 알려준다. 우선 낮은 사회경제적 수준은 청소년의 흡연 가능성을 높이는 것으로 나타났으며, 가족 간에 친밀감이 적은 가정에서 자란 청소년이 담배를 피우게 될 가능성이 높았다. 또한 친구와의 의리를 중요시하고 친구에게 동조하기 좋아하는 청소년일수록 흡연할 가능성이 높았다. 학업성취도가 높거나 학교생활에 만족하는 청소년은 흡연을 잘하지 않았고, 행동문제가 있고 싸움을 자주하는 청소년이 더 많이 하였다. 특별과외에 참여한 청소년은 흡연의 유혹에 잘 빠지지 않는다고 한다.

이러한 심리사회적 요인 외에도 사회학습을 통해 청소년의 흡연에 영향을 미치는 것이 바로 담배마케팅이다. 담배회사의 마케팅전략에 청소년이 표적이 되고, 그것은 효과를 보고 있다. 여러 나라에서 담배회사들은 강화효과를 위해 소비자에게 티셔츠, 모자, 라이터를 주었는데 그런 홍보물은 청소년의 흡연시작을 유도하는 데 성공했다(Pierce et al., 1996). 아버지나 형이 담배를 사면서 받은 홍보물을 청소년이 사용하게 되고, 그것이 그들의 흡연동기를 자극한다. 그 예로 청소년이 가족과 같은 브랜드의 담배를 피우는 경향을 들 수 있다.

흡연행동을 설명하는 이론적 모델 두 가지가 있는데, 하나는 니코틴중독모델이고, 다른 하나는 사회학습모델이다. 니코틴중독모델에서는 흡연자가 니코틴 적정수준을 유지하고 금단증상을 피하기 위해 흡연을 계속한다고 설명한다. 흡연자가 니코틴이 많이 함유된 담배보다 적게 함유된 담배를 더 자주 더 많이 피운다는 것이 여러 연구에서 증명되어 이 모델이 신빙성이 있다는 것이 확인되었다. 그렇지만 니코틴중독모델은 왜 사람들이 흡연을 시작하는지, 왜 어떤 사람은 약간의 담배만 흡연하고 또 다른 사람은 많이 흡연하는 골초인지도 설명할 수 없다. 만일 니코틴이 유일한 흡연이유라면 니코틴패치가 완전하게 흡연을 대체할 수 있어야 하는데 실제로는 그렇지 못하다.

사회학습모델에서는 흡연행동이 어떤 방식으로든 강화되기 때문에 그 행동이 학습되어 지속된다고 설명한다(Bandura, 1977). 그런데 많은 흡연자가 자신의 최초 흡연시도에서 부정적인 효과를 경험했다고 보고하는데 어떻게 흡연행동이 획득될 수 있을까? 다시 말해 왜 여러 사람이 부정적인 결과와 연합된 행동을 계속하는 것일까? 그것은 흡연경험 이후 그 행동을 계속 유지하는 사람에게는 흡연의 강화가치가 그런 부정적인 결과를 능가하기 때문일 것이다. 대부분의 흡연자는 또래압력이 매우 강한 청소년기에 흡연을 시작하는데, 친구들에게 받아들여진다거나 멋있게 보인다는 정적 강화효과가 첫 흡연에서 오는 불쾌한 기분을 능가하는 것이다. 사회학습모델은 흡연의 시작과 지속의 이유를 설명할 수 있다. 흡연자가 일단 중독이 되면 흥분제의 보상적 효과를 얻기 위해, 그리고 금단증상의 부작용을 피하기 위해 흡연을 계속하게 된다.

3) 음주

음주를 처음 시작하는 연령은 12~13세로 남녀 학생간 차이는 거의 없는 것으로 나타나고 있다(청소년백서, 2016: 215). 음주는 중추신경을 자극하여 사람을 흥분상태에 이르게 하고 평소보다 과장되고 배짱이 커지도록 만드는 효과를 내므로 음주학생은 행동이 대담해진다. 성인을 상대로 성희롱이나 성폭행을 하는 청소년은 대부분 음주행위와 관련이 있다. 뿐만 아니라 음주동기에 대부분 저항행위의 성격을 띠고 있어 음주학생은 난폭해지고 학원폭력으로 연결되기 쉽다. 음주행위가 계속되면 성인이 되었을 때 알코올중독으로 인한 대인관계장애가 초래될 수 있다.

청소년음주는 단순한 호기심에서 마시거나 스트레스를 푼다거나 친구로부터 배척당하지 않기 위해 음주를 시작하게 되는 경우가 많고, 서서히 술의 양도 늘고 빈도가 잦아지면서 나중에는 알코올중독자가 되기도 한다. 또한, 청소년은 술에 대한 바른 지식 없이 무분별하게 술을 마시므로 판단력을 상실한 채 비행을 저지르기도 하며, 죽음에 이르게 되는 등 폐해가 심각하다.

알코올의존자는 음주로 인해 부정적인 사회적 및 신체적 폐해를 겪고 있는 중일 때조차도 통제 불가능하고 강박적인 음주갈망, 음주추구행동 및 음주행동을 보인다. 과음하고 정기적으로 음주하는 사람은 의존자가 된다.

음주하는 사람은 특정 조건에서 음주하는 습관을 형성한다. 예를 들어, 음주자들은 스트레스를 해소하려고 음주하는 습관을 형성하거나 친구들을 만났을 때 과음하는 습관을 형성한다. 습관화는 일종의 심리적 의존으로 신체적 의존과는 다르다. 심리적 의존은 학습되는 것이며 의존에 대한 의학적 기준과는 합치되지 않는다(Doweiko, 1996; Ogilvie, 2001). 긴장을 풀기 위해 매일 일과 후에 한잔할 필요성을 느끼는 사람은 그러한 음주에 심리적으로 습관화, 즉 의존되어 있는 것이다.

음주에 허용적인 우리나라에서는 폭음이 알코올남용의 가장 일반적인 형태이다. 폭음은 신체적 의존을 나타내는 신호가 아니며 대개는 의존으로 발전되지도 않는다. 그러나 폭음은 가장 심각한 사회적 및 행동적 영향을 지닌다. 폭음은 많은 사람들이 학습한 습관으로 변화시키기 힘들다. 대개 폭음의 결과는 싸움과 폭력, 자살, 가정불화와 직장상실, 사고와 상해, 재산손실, 법적 문제 등이다. 따라서 많은 국가에서 과음이 급성중독으로 이어지는 폭음패턴을 예방하는 데 노력을 집중시키고 있다(WHO, 1999).

4) 약물남용 및 의존

약물남용(drug abuse)은 의학적 실제에서 용납되지 않거나 의학적 목적에 일치되지 않는 약물을 지속적으로 또는 간헐적으로 지나치게 사용하는 것으로 약물의존과는 구별된다. 약물의존(drug dependence)은 약물의 정신적 효과를 경험하고, 중단했을 때 고통을 피하기 위하여 계속적으로, 주기적으로 약을 복용하기 위한 충동적 행동이다(Kolb & Brodie, 1990).

약물남용상태가 치료 없이 경과하면 약물의존의 상태로 진행되고 일단 의존상태가 되면 충동을 억제하기 힘들고 정신적 · 신체적 반응이 따르며 인격의 황폐까지 초래될 수 있다.

중 · 고등학생(1,404명)의 14.5%가 1회 이상의 약물남용경험이 있다(이길홍, 1983). 약물남용은 흡연, 음주와 마찬가지로 차차 연소화하고 학생들 사이에 확산되는 추세이다. 청소년이 사용하는 약물은 주로 각성제이지만 최근 중 · 고등학생은 물론 초등학생 사이에 본드와 부탄가스를 집단으로 흡입하는 사례가 늘어나고 있고 심한 경우에 환각상태에서 방화, 절도행위를 하는 경우도 있다.

청소년들의 약물남용이 시작되기 전에 습관적인 거짓말, 음주, 흡연, 불량한 학교생활, 가출, 도벽 등 여러 가지 일탈행위가 선행되는 것이 보편적 경험이다. 약물남용에 가담된 학생은 폭력, 성범죄, 청소년범죄집단과의 연루 가능성이 그렇지 않는 학생보다 훨씬 높아지며 조기에 치료를 받지 않으면 성인이 된 후까지 깊은 후유증에 시달리게 된다.

5) 인터넷중독

Goldberg가 1996년에 '인터넷중독장애(IAD, Internet Addiction Disorder)'라는 말을 처음 언급하였다.

최근에는 이러한 인터넷중독이 사회적 커뮤니케이션을 왜곡시키고 있기 때문에 커다란 문제점으로 논의되고 있다. 인터넷에서 과도한 시간을 보내는 현상이 과연 인간의 정신을 침해하는 새로운 중독현상인지에 대한 논쟁이 심리학자들 사이에 초점이 되고 있다. 어떤 학자들은 이러한 현상을 '인터넷중독장애'라고 이름 붙이고 있다.

인터넷중독은 정서적 불안, 낮은 자존감, 정체성에 대한 불안, 사회생활에서의 자신감 결여, 자기실현의 실패, 환상적 사고 경향이 있는 사람에게서 자주 나타나 게임과 채팅이 주로 문제가 된다. 인터넷중독에 관하여는 세 가지 관점이 존재한다.

첫째, 과도한 인터넷사용을 중독으로 규정한다.

둘째, 인터넷사용을 하나의 독립된 중독장애로 보기보다는 과도한 컴퓨터사용의 일종으로 간주하는 것이다.

셋째, 인터넷중독이 세간의 관심을 끌고 있는 것도 사실이고, 과도한 인터넷사용이 다양한 문제를 일으키고는 있으나 더 많은 연구가 이루어져야 한다는 조심스러운 입장이다(송명준 · 허유정 · 이은정 · 권정혜, 2000).

그러나 인터넷중독은 실제로 존재하고 있고, 중독으로 인한 많은 역기능이 있음을 보여주고 있다는 점에서 청소년의 새로운 문제로 나타나고 있다.

인터넷중독의 원인은 다음과 같이 다양하다.

첫째, 인터넷에 중독되게 만드는 선행병리현상이 존재하는 경우를 들 수 있다. 가령, 현실대인관계의 실패, 좌절, 우울감이 강박적 인터넷사용에 집착하게 만든다는 경우이다.

둘째, 선행병리현상 없이 인터넷사용 자체로 인한 병리현상을 중독의 원인으로 볼 수 있다. 인터넷 자체가 가진 매력이 커서 강박적 경향을 보이고 있는 경우이다.

셋째, 기존 정신장애가 있을 때 인터넷중독으로 연결된다고 보는 시각이다(민우회, 2001 재인용).

6) 학교폭력

학교폭력이란 일반적으로 학교나 학교 주변에서 학생 상호 간에 발생하는 의도성을 가진 신체적, 정서적 가해행동을 말한다. 고의적 괴롭힘이나 따돌림, 금품갈취, 언어적 놀림이나 협박과 욕설, 신체적 폭행이나 집단적 폭행 등이 그 범주에 해당된다. 그러나 타인의 입장에서 볼 때 하찮은 놀림이나 대수롭지 않은 행동일지라도 그것을 당하는 사람이 그로 인해 심리적 또는 행동적 불편함을 느끼면 그것 역시 엄연한 폭력행위가 된다.

학교폭력의 주된 내용은 상급생이 하급생을 구타하는 것이다. 선배에 대한 예의가 소홀하다거나 선배의 충고를 무시한다거나 불량동아리에 가입을 거부한다는 것이 주된 이유이다. 동급생끼리의 폭력사용은 주로 평소에 불쾌한 감정관계에 있던 학생들 사이에 일어난다.

학교폭력은 교내 폭력과 교외 폭력의 형태로 일어나는데, 교외 폭력은 학생폭력집단을 구성하여 특정 지역을 중심으로 활동한다. 학생폭력집단은 금품갈취, 절도, 강간 등 범죄행위를 하며 칼, 각목, 기타 무서운 무기로 무장하고 있다.

학생폭력집단은 집단의 유지를 위하여 새로운 구성원을 계속 포섭하며 일단 포섭되면 탈퇴가 극히 어렵다. 또한 일부 구성원은 장래 성인범죄집단과 연계될 우려가 있다.

7) 십대학생의 혼전임신

십대청소년들의 이성관계가 노골화되면서 성인을 모방한 무질서한 성행위가 차차 확산되고, 이에 따라 학생신분으로서 임신한 사례가 증가하고 있다. 이들에겐 성행위 자체가 매우 우발적이거나 충동적 상태에서 발생하며 성에 대한 지식이 부족하여 임신이 되는 결과를 사전에 예상하지 않는 것이 대부분이다. 일부의 십대들은 임신에 대한 두려움을 가지고 있음에도 불구하고 계획적인 성관계를 하거나, 피임될 행운을 바라고 피임기구를 사용하지 않는다. 그 외 경우는 무력감과 장래에 대한 무관심으로 '될 대로 되라.'식으로 성관계를 한다. 사후에도 대책을 모르거나 숨기다가 학교에서 분만하는 사례까지 발생하였다.

부모의 지도감독 부족, 저조한 학업성적, 적절한 대처기술의 부족, 심리적 미성숙 등은 십대임신을 예고하는 지표이다(Escolona, 1986). 임신이 이루어진 관계당사자는 남학생이건 여학생이건 죄책감에 짓눌리고 무책임한 행동에 대한 후회는 행동의 개선보다는 더 나쁜 방향으로 진행하기 쉽다. 따라서 부모와 교사 및 주변 어른들의 이해와 포용으로 지도함이 매우 필요하다.

미국에는 임신한 여학생이 분만을 원하면 분만-산후조리-육아보조까지 도와주는 프로그램이 있고 학교사회복지사들이 많이 활약한다. 남학생들을 위한 사회복지서비스도 마련되어 있다. 학교사회복지사는 성교육, 자긍심 회복, 장학금 지원 및 취업알선 등의 프로그램을 정부나 민간복지단체의 지원하에 실시한다.

3. 대학시기

대학생은 성인이 되는 20세를 통과하고 성인사회로 나아갈 준비를 하는 경과시기이다. Erikson에 의하면 자아정체감을 확립하는 시기이며, 만약 실패하면 자아정체감이 혼미해져서 독립된 개인으로 자율적 생활을 하는 데 지장을 초래한다.

우리나라에서는 고등학교까지 타율에 의해 정해진 생활습관이 강요되다가 대학생이 되면 아무런 준비 없이 갑자기 모든 자유가 일순간에 주어진 듯한 생활에 방치된다. 부모들은 사사건건 관여하던 옛날과 달리 '다 자랐으니 제가 알아서 하겠지.' 하고 관심을 거두는 게 보통이다. 사실 '입시지옥'에서 고생하였으니 이제 자유롭고 싶기는 자녀나 부모나 마찬가지이리라.

또 대학은 지역에 따라 학생배치의 범위가 정해진 것이 아니라 학생 자신이 학교를 선택하므로 많은 학생들이 집과 가족을 떠나 객지생활을 하게 되어 부모의 지도감독의 직접적 영향권을 벗어난다. 갑자기 주어진 '재량권(자유)'과 어떻게 써야 할지 모르게 많은 시간 그리고 낯선환경에서 담임교사도 없이 모든 것을 혼자 처리해야 하는 절망감을 느낀다. '과연 잘할 수 있을까?' 하는 불안감으로 인하여 즐겁기보다 속으로는 걱정이 앞선다. 대부분의 대학 1학년생이 새로운 환경에 적응하지 못해 우왕좌왕하다가 비슷한 고민을 하는 친구들과 휩쓸리게 된다. 지도해 줄 어른이 없으니 친구들과 휩쓸리게 되고 '공부에서 해방되어' 놀이문화에 탐닉하게 된다. 그렇게 열망했던 대학에 대한 기대가 무너지고 허탈감을 느끼며 무절제한 이성관계, 무력감에 빠질 수도 있다.

고교시절까지 지녀왔던 가치관이 일순 변화되는 등 외부에서 주입된 가치관의 혼란이 큰 문제로 경험된다. 학년이 높아질수록 장래에 대한 불확실함 때문에 고민하며 이성친구 없음은 또 하나의 걱정거리이다. 적응 실패, 가치관 혼란, 장래 불안 등이 대학생들의 당면과제라 하겠다.

제2절 특수교육욕구를 가진 아동

학교사회복지의 주요한 대상 중의 하나는 특수한 욕구를 가진 장애아동이다. 모든 아동들은 교육을 받을 권리가 있음에도 불구하고 현실적으로 특수교육욕구를 가진 아동들은 입원시키거나 장애인복지시설에 입소시키거나 또는 민간기관의 직업훈련 프로그램에 참여하는 정도일 뿐 대부분의 장애아는 일반교육의 주류에서 소외되어 있는 상태에 있었다.

특수교육대상자란 시각장애, 청각장애, 정신지체, 지체부자유, 정서장애(자폐성 포함), 언어장애, 학습장애, 기타 교육부령이 정하는 장애를 가진 사람 중에서 특수교육을 필요로 한다고 선정된 사람을 말한다.

현행법제도상 만 3세 이상되는 장애아동은 누구나 특수교육대상자 선정 · 배치신청을 하기만 하면 적절한 학교에 배치하거나, 순회교육을 실시하여 무상교육 내지는 의무교육으로 유치원 · 초등학교 · 중학교 · 고등학교과정의 교육을 받을 수 있도록 규정하여 장애학생의 교육권을 보장하고 있다.

2015년 4월 우리나라에 시각장애, 청각장애, 지적장애, 지체장애, 정서 · 행동장애, 자폐성장애, 의사소통장애, 학습장애, 건강장애, 발달지체 영역에서 특수교육을 받고 있는 장애학생 수는 88,000여명으로 특수학교 학생이 29%, 일반학교(특급, 일반학급 포함) 장애학생수가 70.4%를 차지하고 있다(황정원, 2015; 교육통계 2015 겨울 Focus). 2019년 현재 우리나라 특수학교는 177개교(국립 5, 공립 81, 사립 91)로 26,014명의 장애학생이 교육을 받고 있다(2019 교육통계연보).

특수학교 학생은 현재의 여건만으로는 교육환경이 일반주류교육과 별도로 조성되어 있어 재활과 사회통합의 문제를 안고 있다. 일반학교의 특수학급도 적절한 전문인력이 부족하고 특수교육욕구에 부응할 교육장비가 질적 · 양적으로 부족한 현실로써 원만한 통합교육이 제대로 수행되기에는 많은 애로사항이 있다.

장애의 종류는 다양하므로 특수교육의 욕구를 지닌 학생들이 보다 원활하게 사회

통합적 교육목적을 달성하기 위하여 필요한 사회복지서비스는 장애의 종류와 정도에 따라 대단히 다양하다는 점 자체가 사회복지서비스의 초점이 될 수 있다. 즉, 개별화된 서비스를 제공하는 노력이 보다 전문적으로 이루어져야 함을 의미한다.

현재 우리나라의 장애인복지법 시행령 2조 별표 1(개정 2019. 12. 31)은 장애인을 다음과 같이 열다섯 가지 유형으로 구별하고 있다.

① 지체장애인
② 뇌병변장애인
③ 시각장애인
④ 청각장애인
⑤ 언어장애인
⑥ 지적장애인
⑦ 자폐성장애인
⑧ 정신장애인
⑨ 신장장애인
⑩ 심장장애인
⑪ 호흡기장애인
⑫ 간장애인
⑬ 안면장애인
⑭ 장루 · 요루장애인
⑮ 뇌전증장애인

중복된 장애의 경우 같은 등급에 둘 이상의 중복장애가 있는 경우에는 1등급 위의 등급으로 한다. 서로 다른 등급에 둘 이상의 중복장애가 있는 경우에는 의료기관의 전문의가 장애의 정도를 고려하여 보건복지부장관이 정하는 바에 따라 주된 장애등급보다 1등급 위의 등급으로 조정할 수 있다.

장애인 등에 대한 특수교육법 제15조(개정 2019. 12. 10)에는 각 호의 어느 하나에 해당하는 사람 중 특수교육을 필요로 하는 사람으로 진단 · 평가된 사람을 특수교육대상자로 선정한다.

① 시각장애
② 청각장애
③ 지적장애
④ 지체장애
⑤ 정서 · 행동장애
⑥ 자폐성장애(이와 관련된 장애를 포함한다.)
⑦ 의사소통장애
⑧ 학습장애
⑨ 건강장애
⑩ 발달지체

⑪ 그 밖에 대통령령으로 정하는 장애

이렇게 장애의 종류가 다양하므로 특수교육의 욕구를 지닌 학생들이 보다 원활하게 사회통합적 교육목적을 달성하기 위하여 필요한 사회복지서비스는 장애의 종류와 정도에 따라 대단히 다양하다는 점 자체가 사회복지서비스의 초점이 될 수 있다. 즉, 개별화된 서비스를 제공하는 노력이 보다 전문적으로 이루어져야 함을 의미한다.

우리나라에는 특수학급에 학교사회복지가 시행되고 있지 않기 때문에 특수교육 욕구를 가진 학생들을 위한 학교사회복지서비스의 욕구 파악과 방향을 탐색하는 차원에서 미국의 경우를 중심으로 설명하고자 한다(Allen-Mears, Washington, & Welsh, 1986: 128-141).

1975년 미국에서 제정된 연방법률 중의 하나인 장애아동교육법(P.L. 94-142)은 아동의 권리를 신장시키고, 장애아동에게 서비스를 제공할 수 있도록 교육기관에 상당한 책임을 부여하였으며, 학교에서 지원서비스의 범위를 확대할 수 있도록 재정적인 지원과 기회를 제공하였다. 또한 자녀의 교육 프로그램을 마련하는 데 부모가 개입할 수 있도록 구체화하였을 뿐만 아니라 공공의 관심을 새로이 했으며, 개별화된 학습방법의 개념을 강화시켰다.

더욱이 장애학생들을 원조하는 데 학교사회복지사들을 '관련 서비스'의 한 기관으로 승인하였다. 이로 인해 학교사회복지사는 ① 장애아동들의 사회력 또는 발달사의 준비, ② 아동 및 가족에게 집단상담 및 개별상담 제공, ③ 학교적응에 영향을 주는 아동의 생활상황에서 발생되는 문제(가정, 학교 및 지역사회)를 해결하고자 하는 노력, ④ 아동들이 자신이 받고 있는 교육 프로그램에서 최대한의 효과를 획득할 수 있도록 학교 및 지역사회의 자원동원 등의 관련 서비스를 제공할 수 있는 제도적인 기틀을 다지게 되었다.

학교사회복지사는 이러한 장애아동을 대상으로 건강한 사회-정서적인 기능의 발달을 도모하기 위해서 전환(transition), 옹호(advocacy), 학생의 권리(student rights) 및 긍정적인 학습환경이라는 쟁점에 초점을 두고 있다. 이러한 관점에서 학교사회복지사는 〈표 6-1〉의 7대 원칙에 함의되어 있는 다양한 관련 서비스를 제공한다.

〈표 6-1〉 미국장애아동교육법의 기본원칙과 사회복지적 함의

구 분	기본원칙	적 용
아동발견	과거에 배제되었던 장애아동 및 의무교육 연령에 해당되는 모든 장애아동들의 소재를 파악해서 적합한 교육서비스를 제공받게 해야 한다. 모든 주에서는 서비스를 받지 못한 아동들의 소재를 파악하기 위해서 긴급히 아동발굴절차와 이용 가능한 프로그램을 부모에게 알리는 절차가 요구되고 있다.	학교사회복지사는 서비스를 필요로 하는 아동들의 소재를 파악하기 위해서 특히, 부모, 기관, 의사들을 활용하는 지역사회 중심의 의뢰과정이 전개되도록 원조할 수 있다. 학교사회복지사는 학교의 프로그램과 지역사회 내에서 중요한 집단에게 의뢰절차를 설명할 수 있다. 이러한 역할의 일부는 학교와 다양한 지역사회 집단 간에 개방적인 의사소통을 유지하는 것이다. 또한 학교사회복지사는 담당교사와 특수욕구를 가진 아동의 확인에 관심을 가진 관계집단에게 연수교육을 제공할 수도 있다.
무차별적 검사	특수한 서비스를 고려하고 있는 학생들은 특별한 무능력에 관한 지식이 있는 전문가팀에 의해 평가되어야 한다. 검사 또는 평가도구는 아동의 모국어 또는 다른 형태의 의사소통방법으로 행해져야 한다. 평가는 아동 자신의 일차적인 환경(가정, 지역사회 및 놀이터)에서의 적응행동에 대한 사정도 포함되어야 한다. 하나의 검사로 특수 프로그램에 배치를 결정하는 단일기준으로 활용해서는 안 된다.	학교사회복지사는 관찰자료, 사회성 발달조사 및 아동의 적응행동에 대한 평가를 제공할 수 있다. 이러한 정보는 학교와는 다른 중요한 환경에서 아동의 기능에 대한 '전체적인 특성'을 이해하기 위해서는 필수적이다. 이러한 정보가 다른 자료(심리검사와 같은)와 결합되었을 때 포괄적인 윤곽이 형성되게 한다.
개별교육 프로그램 (IEP)	개개의 장애학생은 교육활동에 대한 아동의 현재수준, 단기교수목표가 포함된 연간 목표, 학생에게 제공되는 특수교육 및 관련 서비스 그리고 학생이 정규교육 프로그램에 참여할 수 있는 범위, 입학시기와 서비스기간, 목표가 달성되었는지의 여부를 적어도 1년에 한 번 결정하기 위한 기준이 포함된 교육과 관련된 문서로 기록을 보유해야 한다. 본래 IEP를 전개하는 데에는 학습문제의 확인, 전문가팀에 의뢰, 진단 및 평가, IEP의 진술 및 IEP에 대한 평가와 점검 5단계가 있다.	부모, 사회복지사가 포함된 전문가팀의 회의에서 학교사회복지사는 자신의 목표를 구체화시킬 수 있고, 전반적인 교육목표를 마련하도록 원조할 수 있다. 학교사회복지사는 아동의 문화, 가족 및 지역사회 생활자료를 요약해서 제공할 수 있다. 학교사회복지사는 학생과의 활동의 본질(개인수준 사회복지, 집단수준 사회복지, 가족치료)과 결과를 평가하는 방법을 구체화할 수 있다. 또한 학교사회복지사는 회의에 앞서 부모에게 IEP과정을 설명한다거나 회의 동안에 의문점을 알려줌으로 부모의 개입을 촉진시킬 수도 있다.

구 분	기본원칙	적 용
최소한의 통제환경	공·사립기관에 등록된 학생을 포함한 장애학생들은 최대한의 적합한 범위에서 장애가 없는 학생들과 함께 교육을 받는다. 정규교육환경으로부터 특수아동을 분리시킨다면 장애인의 괴로움을 모르는 정규 프로그램과 보조기구 및 서비스를 활용한 수업만으로 만족스러운 달성을 할 수 없다. 학교는 연속적으로 선택적인 배치를 해야 한다. Dono의 계단식 교수모델은 가장 통합된 것에서 가장 분리된 것까지 열 개의 주요한 행정적 선택권을 포함하고 있다. 또한 장애아동의 두 가지 유형을 기술하고 있는데, 각각의 유형은 기능의 정도에 따라 다른 선택이 요구된다. 3세에서 21세의 장애아동은 정규학급과 특수학급에서 서비스를 받게 한다.	학교사회복지사는 더욱 정상화를 도모하기 위해서 새로운 교육적 선택을 기대하고 있는 장애아동의 확인을 원조할 수 있다. 또한 학교사회복지사는 장애아동을 위한 새로운 프로그램의 선택을 공식화하고 실행하는 데 영향력 있는 위치를 차지할 수 있다. 프로그램 개발 시에는 정상아동과 장애아동이 서로 상호작용하고 존경할 수 있는 부분도 포함해야 한다. 교직원은 함께 하는 일에 일부분을 원조할 필요가 있다. 특수교사와 일반교사들은 체계적으로 협력해야 하며, 중요한 사항은 서로 의논해야 한다. 학교사회복지사는 장애아동의 권리를 옹호하고 보호하며 아동이 표현하는 욕구에 따라서 조치를 취한다. 이러한 활동의 중요한 특성은 하나의 교육 프로그램으로부터 다른 프로그램으로 이동과정을 촉진시킨다는 것이다.
절차상의 적법절차	장애아동의 부모는 사전에 배치평가를 한 모국어로 된 예비통지서를 받아야 한다. 통지서에는 부모에게 유용한 절차상의 주의사항, 건의하고 싶은 행동 및 이에 대한 이유 그리고 평가절차에 대한 설명이 포함되어야 한다. 또한 평가가 이루어지기 전에 그리고 아동이 특수교육에 배치되기 전에 부모로부터 서면동의서를 받아야 한다.	학교사회복지사는 부모에게 자신들의 권리를 알려줄 수 있고, 과정에 대비하도록 할 수 있다. 학교사회복지사는 학교 직원과 오해가 발생할 때는 중개자로서 역할을 수행할 수 있다. 학교사회복지사는 더욱 분류를 용이하게 하기 위해서 부모와 교직원과의 화합을 마련할 수도 있다.
부모의 참여	부모들에게 배치 및 프로그램 결정에 참여할 수 있는 자격을 부여한다. 또한 부모들은 최종배치결정에 동의하지 않는다면 공정한 심의를 할 수 있는 권리를 가진다. 학교는 아동을 공식적으로 평가하기 전에 서면동의를 받아야 한다. 또한 부모의 참여를 허용하는 전문가팀회의가 언제, 어디서 개최되는가를 부모에게 통보하여야 한다. 학교는 부모가 자신의 아동배치에 동의하지 않는다면 심의과정을 부모가 활용할 수 있도록 원조해야 한다.	학교사회복지사는 부모의 참여를 보장하는 데 도움이 될 수 있다. 학교사회복지사는 부모참여 및 이로 인한 장점(benifits)을 설명하고 분명히 하기 위해서 가정방문을 할 수 있다. 또한 학교사회복지사는 교직원에게 문제소지가 될 수 있는 부모의 관심사를 설명할 수도 있다. 이러한 접촉기능은 장애아동의 교육에 부모의 참여를 촉진시키므로 중요하다.

구 분	기본원칙	적 용
적합한 교육	모든 장애아동은 적합한 서비스뿐만 아니라 충분한 교육기회를 제공하기 위해 필요한 직원과 시설이 제공되어야 한다. 중증의 장애학생들에게는 낮은 학생-교사 비율, 학급 내 적은 연령차이, 적합한 지원을 할 수 있는 직원, 적합한 교구 및 장비 그리고 적당한 교육과정이 요구된다.	학교사회복지사는 다양한 유형의 장애아동을 위한 적합한 교육적 선택권의 개발과 요구사항에 관해서 전문가팀의 일원으로 활동할 수 있다. 전문가팀의 원조와 지지로 학교사회복지사는 정기적으로 교육 프로그램이 다른 아동집단에게도 적용 가능한가를 점검해야 한다.

우리나라의 경우 특수교육욕구를 가진 학생에게 공통적인 과제를 알아보기 위하여 조사한 결과, 특수학급교육의 우선적 과제에 대한 교사들의 응답은 〈표 6-2〉와 같다.

〈표 6-2〉 **특수학급교육의 우선적 과제**

중요도 순위	초등특수학급	중등특수학급
1	특수학급의 인식 개선 (경영자, 일반교사, 일반아동, 부모)	특수학급의 이해 증진 (행정 및 경영자, 일반교사, 아동, 부모)
2	시설, 설비 및 교수학습자료의 확충	교육과정 및 지침서, 교수 프로그램의 개발
3	교육과정, 지침서, 교수 프로그램의 개발	판별의 합리성 제고 (학습지진아, 부진아의 진학문제)
4	합당한 절차에 의한 판별의 적정관리 (판별의 오류 최소화)	직업교육의 실질적인 개선
5	행재정적 지원체계의 개선	시설, 설비 및 교수학급자료의 확충
6	교사의 전문성 문제 (연수, 인사, 이동, 자격증)	생활기록부 작성문제
7	진학아동 수의 감축(10명 이내의 상한선)	성적평가제에 관한 문제
8	교원의 처우문제(업무량, 수당, 점수)	교원임용과 배치문제
9	부모교육	행·재정적 지원체제의 개선

이 결과는 특수교육욕구를 지닌 학생에게 개별화된 사회복지서비스를 제공하기 위하여 사회적 차원에서 특수교육여건 조성이 더 시급한 사회복지서비스대상임을 강력하게 시사하고 있다.

제3절 다문화 학생

1. 다문화 학생에 대한 지원의 필요성

우리나라는 전통적으로 백의민족이라 하여 단일 민족으로 구성된 국가를 오랫동안 유지하여 왔다. 그러나 산업화 이후 경제발전이 급속히 이루어지자 청 · 장년층을 중심으로 3D(Dirty, Dangerous, Difficult)업종 기피현상이 고조됨으로써 해외 이주 근로자가 유입되었고, 글로벌 사회가 확산됨과 동시에 국제결혼이 점차 증가하게 되어 단일 민족의 국가에서 다민족 국가로 바뀌게 되었다. 이러한 결과 최근 다문화가족의 수는 날로 급증하고 있으며 다문화가족의 자녀들이 성장하여 취학하게 됨으로써 학교생활에서의 다문화 학생들의 어려움 또한 증가하고 있는 실정이다. 뿐만 아니라 초 · 중등학교에서 일반학생의 수는 감소하는데 반해 다문화가정의 학생수는 상대적으로 급속히 증가하고 있다.

다문화가족지원법에 의하면 '다문화가정'은 일반적으로 '결혼 이민자 또는 외국인 근로자가 한국인 배우자와 결혼하여 이루어진 가정'을 말한다. 이전에는 국제결혼가정으로 불렸는데 2000년 초반 혼혈인에 대한 차별 철폐 시민운동의 결과로 다문화가정으로 부르는 것에 대한 사회적 합의가 이루어졌다. 교육부는 다문화가정 자녀를 크게 (1) 국제결혼가정자녀와 (2) 외국인가정자녀로 구분하고 국제결혼가정자녀는 다시 국내출생자녀와 중도입국자녀로 구분한다(교육과학기술부, 2012).

교육부에 의하면 2014년 4월 현재 다문화 가정 출신 학생 수가 처음으로 전체 초 · 중 · 고학생의 1%를 넘어섰다. 2015년 교육부 통계에 의하면 다문화 학생 수는 82,536명이고, 이 중 초등학생이 6만여 명, 중 · 고등학교 학생이 22,000여 명으로, 다문화가정 출신 아이들은 매년 6,000~8,000명씩 꾸준히 늘고 있어 2020년에는 청소년 인구의 20%가 다문화가정 출신이 될 것으로 예측되고 있다. 다문화가정이 크게 늘고 있지만 여전히 다문화가정에서 태어난 아이들을 한국인으로 간주하지 않는 사람들도 적지 않다(조선일보, 2014년 9월 22일).

2015년 국내 초 · 중 · 고교에 다문화 학생이 8만 명을 넘어선 가운데 학교를 그만두는 다문화 학생들이 좀처럼 줄지 않고 있는 것으로 나타났다. 다문화 학생은 꾸준히 증가하여 2017년 초 · 중 · 고등 다문화 학생은 10만 9천여 명으로 2016년에 비하여 10.3% 증가하였다. 이들은 한국어 습득에 어려움을 겪고 사교육의 혜택도 제대로 받지 못하는 경우가 많아 정부 차원에서 지원이 절실하지만 관련 예산은 오히려 줄고 있다. 이에 따라 우리나라 교육환경에 적응하지 못하는 다문화 학생이 증가하고 있다.

이러한 현실에서 다문화 학생이 학교생활에서 차별을 겪는 탓에 정서적으로 어려움을 겪는 경우가 많은 것으로 알려져 있다(노병일, 2015: 179). 학교에서 어려움을 겪는 다문화 학생은 학교사회복지사가 새로이 관심을 가지고 도움을 주어야 할 학교사회복지의 대상이 되는 것이다. 따라서 학교사회복지사는 다문화와 다문화가족, 그리고 다문화 학생들의 특성과 학교생활에서 경험하는 어려움에 대한 이해와 지식을 가지고 도움을 줄 수 있어야 할 것이다.

2. 다문화 학생의 문제

최근 우리사회에서 인구가 급증하여 관심이 증가되고 있는 가족유형이 다문화가족 및 그 가족에 속한 자녀들이다. 다문화가족이란 광의로는 한 가족 내에 다양한 문화가 공존하고 있는 가족을 의미한다. 다문화가족의 형태로는 한국인 남성과 결혼한 이주여성가족, 한국인 여성과 결혼한 이주남성가족, 이주민가족(노동자, 유학생) 등이 있다. 좁은 의미로는 국제결혼을 통해 형성된 가족만으로 한정한다(청소년백서, 2016: 144).

다문화가족 자녀 수는 2010년에 121,935명으로 파악되었다가 2015년에는 급속히 증가하여 207,693명으로 집계되고 있다. 모든 연령대의 다문화가족 아동이 증가하는 추세이고, 특히 초 · 중 · 고등학교 학생의 학령기 다문화 아동이 증가하고 있다(청소년백서, 2016: 144).

다문화가정 학생은 우리말을 잘 못하고 생김새도 다르다는 이유로 학교에서 차별을 받는다. 다문화 학생들은 또래집단뿐 아니라 교사들로부터 차별을 당하기도 한다.

다문화 학생은 가정 내에서도 부모들의 서로 다른 가치관과 생활방식의 차이로 인한 혼란과 외국인 부모와 자식 간 의사소통의 어려움, 문화에 따른 사고방식의 차이 등으로 정체감 혼란이 야기될 수 있다. 다문화 학생은 학령기에 접어들면서 일반 학생들에 비해 언어, 문화, 가치관, 외모 등의 차이가 드러나고 이에 대해 차별, 놀림, 따돌림 등을 경험하면서 이러한 혼돈은 더욱 심화될 수 있다. 다문화 학생은 불편한 시선을 받거나 호기심의 대상이 되거나 심하면 왕따나 따돌림을 당하기도 한다.

왕따나 따돌림 받는 다문화 학생은 일반학생들로부터 적극적 또는 은근한 배제나 축출을 당하는 과정에서 날마다 굴욕감을 느끼게 된다. 이 당혹감은 심각한 상처와 고통으로 학생에게 남는다. 또래 친구에 의한 계속적인 따돌림과 거부는 다문화 학생을 고립시키고, 스스로에 대한 회의에 빠지게 만든다. 따돌림을 당하는 다문화 학생은 자신감을 잃고 지속적인 불안상태에 빠지게 된다. 고립은 긍정적인 대인관계 경험을 차단하여 학생의 정신적인 성장과 발달 자체를 방해하게 된다.

학교에서 벌어지고 있는 따돌림 현상은 몇 가지 특징을 가지고 있다.

첫째는 집요함이다. 따돌림의 가해학생들이 끈질기게 피해학생을 괴롭히고 소외시킴으로써 결국에는 자살에 이르도록 만들 정도로 매우 강한 집요함을 보인다.

둘째는 따돌림의 형태나 수법, 그리고 괴롭히는 언행의 내용이 매우 음습하게 이루어지고, 점차 집단화의 정도가 심화된다는 것이다. 이처럼 따돌림이 학생들 간에 집단적으로 그리고 은밀히 이루어져 교사가 쉽게 눈치 채지 못하게 된다.

셋째는 가해학생들이 별 죄의식 없이 따돌림 행위를 한다는 것이다. 즉, 따돌림에 동조하고 개입하는 것을 그저 한 번쯤 할 수 있는 장난으로 여긴다는 것이다.

넷째는 전혀 저항할 힘이 없는 학생를 대상으로 할 정도로 따돌림의 정도가 매우 잔인하다는 것이다.

다문화 학생의 낮은 학업성취도 및 낮은 의사소통능력은 학업적, 사회적 영역에서 인지적, 사회적 힘의 열세로 드러난다. 다문화 학생은 소수자이기 때문에 다수자인 일반 학생에 비해 숫자적인 면에서도 열세에 놓여, 이들에 대한 사회적 차별은 심화되고 있는 점을 감안할 때 다문화 학생은 일반 학생에 비하여 학교에서 괴롭힘을 당할 가능성이 높다.

다문화 학생이 일반 학생에 비해 괴롭힘 피해를 더 많이 경험하고, 이러한 차이는 관계적 괴롭힘에서 두드러진 결과를 보여주고 있다. 학교 괴롭힘은 가해학생과 피해학생 사이의 힘의 불균형에 의해서 발생하는데 다문화가정 자녀들은 사회적 소수자이고 사회경제수준이 낮으며, 언어적 능력 등에서 힘의 열세를 보일 뿐만 아니라 피부색 등 외모나 말씨, 문화의 차이로 인해 괴롭힘 피해의 위험요인을 많이 갖고 있다(오인수, 2014).

괴롭힘의 피해 학생들은 낮은 자아존중감을 보이고(심희옥, 2002) 높은 불안과 우울을 경험하며(신성웅 외, 2000) 심지어 자살충동을 경험한다. 이와 같이 학교 괴롭힘은 다문화 학생들의 심리적 영역에 보다 심각하게 부정적 영향을 미치게 되는 것이다. 다문화 학생은 일반 학생에 비해 낮은 자아개념과 높은 우울 등 다양한 내재화 문제를 가질 위험성에 처해 있다.

괴롭힘은 신체적 괴롭힘, 언어적 괴롭힘, 관계적 괴롭힘으로 구분된다. ① 신체적인 괴롭힘은 물리적 힘을 이용하여 때리거나 밀거나 물건을 빼앗는 것이다. ② 언어적 괴롭힘은 욕하거나 별명을 부르거나 협박하는 것이며, ③ 관계적 괴롭힘은 친구를 무시하거나, 끼워주지 않거나, 헛소문을 퍼뜨려 관계를 깨뜨리는 것이다.

다문화 학생은 우울, 불안, 사회적 위축, 정체감 혼돈의 심리 요인에서 일반 학생보다 높은 문제를 나타낸다. 다문화 학생이 직면하는 다양한 도전은 이들에게 부정적인 영향을 미치며 심리적 안녕감에도 영향을 미치게 된다. 심리적 안녕감은 외적 스트레스에 대한 개인의 적응 정도를 의미한다. 또한 이러한 심리적 안녕감은 개인의 경험 내에서 이루어지는 주관적인 지각이기 때문에 자신의 삶에 대한 주관적인 평가가 부정적일 경우 결과적으로 다양한 정신건강과 관련된 심리문제에 부정적 영향을 미치기도 한다.

이상과 같이 다문화 학생은 차별, 편견, 따돌림, 괴롭힘 등과 같은 학교생활의 위험요소들의 도전을 받아 학교생활의 어려움과 고통을 경험하여 학업을 중단하거나 심각한 심리적 정서적 부적응 문제에 직면하여 학교사회복지사의 전문적인 도움을 필요로 하고 있다.

CHAPTER 07

학교사회복지의 실천모형

학교사회복지실천이 발달되면서 서로 다른 실천모형들이 개발되었다. 실천모형은 설명적 모형을 위해 설정한 범위 내에서 핵심적 사실, 중심생각과 개념, 그리고 이들 간의 관계의 설명 혹은 표현, 즉 인식될 수 있는 현상의 복잡성을 단순하게 구성한 것으로 정의될 수 있다. 실천준거 틀은 기본적으로 어떤 조건하에서 어떻게 사람들이 변화하고, 바람직한 변화를 촉진시키기 위해 학교사회복지사가 할 수 있는 일이 무엇인가에 대한 일련의 신념과 가정들로 구성되었다. 그리고 학교사회복지의 지식기반은 체계이론, 의사소통, 학습, 사회학습, 행동수정 그리고 인간성장과 발달의 이론 등으로 이루어져 있다.

따라서 학교사회복지사들은 학교현장에서 한 가지 이론뿐만 아니라 다양한 이론들을 결합하여 사용하여야 한다. 그래서 많은 연구에서 학교사회복지의 실천모형을 개발하기 위하여 노력하고 있다. 이것은 문헌과 실천에서 나타나는 주요한 주제, 사고 그리고 개념 등을 포함하여 이루어진다.

Grande는 학교사회복지의 실천모델을 지역사회–학교 또는 지역사회조직모델, 의사소통과 중재모델, 학교변화–학교관계모델, 팀모델–전통적 의료모델, 문제–과제중심모델, 현직연수모델, 체계모델, 일반모델로 분류했다.

Alderson은 네 가지 모형, 즉 ① 전통적 임상모형, ② 학교변화모형, ③ 지역사회학교모형, ④ 사회상호작용모형을 제시하면서 간접서비스를 짧게 부가하여 설명하였다(Alderson, 1972: 57-74). 그러나 Costin은 지역사회–학교–학생의 관계를 강조하는 연결모형을 제시하였다. Allen-Mears는 Alderson의 네 가지 모형 모두를 포함하는 생태체계모형을 강조하였다.

〈표 7-1〉 학교사회복지의 실천모형

연구자	학교사회복지의 실천모형
Grande	• 지역사회－학교 또는 지역사회조직모델 • 의사소통과 중재모델 • 학교변화－학교관계모델 • 팀모델－전통적 의료모델 • 문제－과제 중심모델 • 현직연수모델 • 체계모델 • 일반모델
Alderson	• 전통적 임상모형 • 학교변화모형 • 지역사회학교모형 • 사회상호작용모형
Costin	• 지역사회－학교－학생의 관계강조모형
Allen-Mears	• 생태체계모형
전재일 외	• 전통적 임상모형 • 학교변화모형 • 지역사회학교모형 • 생태체계모형 • 학교－지역사회 상호작용모형 • 학교－가정－지역사회 통합서비스 모형

본 서에서는 위에서 설명한 여러 학자의 실천모형을 종합하여 여섯 가지 실천모형, 즉 전통적 임상모형, 학교변화모형, 지역사회학교모형, 생태체계모형, 학교－지역사회 상호작용모형, 학교－가정－지역사회 통합서비스모형으로 구분하였다.

이러한 모형들은 서로 다른 이론적 기초를 가지고 있지 않다. 한 가지 모형은 다른 모형의 일부분으로 사용될 수 있다. 이론적으로 모형이 완벽하더라도 한 가지 모형이 실천상황에서의 모든 측면에 적용될 수 있는 것은 아니다. 또한 모든 모형의 몇 가지 특징이 특별한 상황에 조합되어 사용될 수 있다. 그러므로 여기에서 구분한 여섯 가지 모형은 중복되지만 어떤 면에서는 서로 명확히 구분된다.

제1절 전통적 임상모형

전통적 임상모형은 학생의 문제는 학생이나 가족 또는 학생과 가족의 역기능적 어려움 때문에 발생하고 이를 해결하지 않고는 학교교육의 목적을 달성할 수 없다고 전제한다. 따라서 학업성취와 학교적응에 방해요인이 되는 사회 · 심리적인 문제가 있다고 확인된 개별학생들과 필요한 경우 그 가족들에게 일차적 관심을 갖는다. 학생의 정서적 · 심리적 어려움은 기본적으로 가족, 특히 부모−아동 간의 문제에서 비롯된다고 생각한다(성민선 외, 2004). 이 모형은 학교사회복지모형 중 가장 잘 알려져 있고 많이 사용되는 모형으로 학습잠재력을 방해하는 사회적 · 정서적 문제를 가진 개별학생에게 초점을 두고 있다(Allen-Meares, Washington, & Welsh, 1986: 17-18). 초기에 이 모형은 정신분석학에 이론적 근거를 두었지만 이후에는 자아심리학에 근거를 두었다. 모형의 주요한 가정은 개별학생 및 학생의 가족이 역기능적이며 문제를 경험하고 있다는 것이다. 그러므로 학교사회복지사는 학생과 그의 가족에게 개인 또는 가족수준의 서비스를 제공하고, 학교체계 자체는 학교사회복지사의 활동의 초점에서 제외된다. 학교 관련 인사는 자신들의 관점과 시각이 학생에게 어떻게 작용하는지에 대해 공유하기 위하여 사정과정에만 관여한다. 의뢰는 제3자의 개입 혹은 재활이 요구되는 학생을 교장과 교사를 통해 이루어진다.

학교사회복지사의 우선적 과업은 개인수준의 실천이고, 교사나 부모와의 면담 그리고 더욱 전문적 치료를 위하여 지역사회 관련 기관에 학생을 의뢰하는 것이다. 학교사회복지사는 주로 학생문제를 진단하고 상담하는 상담자의 역할, 문제를 치료하는 치료자의 역할, 학생의 문제를 가족과 교사에게 설명하는 정보제공자의 역할, 정서적 지지자의 역할 등을 한다.

이 모형의 목표는 어려움을 가진 학생에게 학교조직 내에서 더 효율적으로 기능할 수 있도록 가능성을 부여하고, 최적조건에서 학교경험을 할 수 있도록 만드는 것이다. 문제의 원인은 가족관계의 어려움으로 생긴 학생 내부의 감정적 또는 정신적 어려움에 있다고 가정하며 학교는 학생의 어려움에 관하여 수용적이고, 역기능을 일으키지 않는다고 본다. 학교사회복지사는 개인수준의 실천방법에 기초를 두고 다음과 같은 업무를 수행하고 있다.

① 학교에서 어려움을 가진 학생과의 개인수준실천
② 교사와 다른 학교 관련 직원과의 전문적 관계 수립
③ 부모와의 가족수준실천
④ 지역사회기관과 함께 하는 사업
⑤ 지역사회에 학교 프로그램을 설명해 주는 것

학교사회복지사는 주로 학생과 그의 부모에게 가능성을 부여하고 지지해주며, 학생 개개인을 돕는 방향으로 학교 내에서 협력하고 상담해 준다.

그동안 전통적 임상모형에 대한 비난이 거세었음에도 불구하고, 이 모형은 계속되고 있다. 모든 가능성 면에서 이 모형은 오늘날 미국에서 실행되는 학교사회복지의 방법으로 가장 우세하다고 평가받고 있다. 이러한 평가는 학교와 학교 직원이 전통적 임상모형에서 수용적이라는 점에 매우 만족스러워하기 때문이다.

근래에 임상적 정상화개념이 부각되면서 개인, 가족과 집단에 대한 직접적 서비스가 증가되면서 개인 또는 가족상담이 더욱 강조되었다. 전통적인 임상모형에서 학교사회복지사는 학생을 내담자로 인식한다. 왜냐하면 학교사회복지사는 학생을 지도하는 교사가 아니라 학생의 심리 · 사회적 문제해결을 원조하는 임상전문가이기 때문이다. 그리고 외국의 경우와는 달리 우리나라에서 이 모델을 효과적으로 운영하기 위해서는 기존 '상담실'의 부정적인 이미지를 개선하고, 학생들이 학교사회복지사를 자연스럽게 찾아갈 수 있는 분위기 조성을 위하여 편안한 분위기의 학교사회복지실을 운영하여야 한다. 이러한 운영을 통해 학교사회복지실은 특별한 문제를 가진 학생뿐 아니라 누구라도 자연스럽게 찾아올 수 있는 '쉼터'나 '안식처'라는 인식을 갖게 하면서 전통적 임상모형을 실시하고 있다.

제2절 학교변화모형

학교변화모형은 보통 '기관변화모형'으로 불리어지는데 학생들의 문제는 적절한 사회적 · 교육적 기대에 대처하는 학생능력에 장애가 되는 학교의 역기능적 규범과 조건에서 비롯된다고 가정하고 있다.

학교변화모형의 주요 초점은 학교규범과 조건에 있으므로 클라이언트체계는 학교이다. 학교에 있는 모든 사람들(학생, 교사, 행정가, 기타 관련인)은 중재를 위한 잠정적인 대상이다. 학교변화모형에서는 학교조직을 구성하고 있는 모든 구성체, 즉 교장, 교사, 학생, 행정직원 등 모두가 학생들의 교육목표를 달성하기 위한 분위기를 조성하여야 하며, 교칙과 학교운영방침 등은 학생 중심으로 이루어져야 한다고 본다. 비행문제로 의뢰된 학생은 학교생활에서 많은 제약이 있기 때문에 생산적 방법으로 생활하는데 어려움을 가진다. 학교변화모형에서 학교사회복지사는 행정가와 교사가 학습과 적응을 막는 학교조건을 변화시키도록 돕고, 학생과 가족에게 역기능을 감소시키도록 도울 수 있는 집단수준의 실천서비스를 제공한다.

Bower(1968: 310-316)는 학생의 행동을 감독하는 것이 교육이 아니므로 이 모형을 적용하여 학생의 성취가 최대화될 수 있도록 학교규범과 제도적 정책을 운영하는 것이 중요하다고 강조하고 있다.

이 모형에서 일탈학생은 본인의 인성과 학교상황적 조건과의 상호작용의 결과로 간주하며 학교사회복지사의 기본적인 역할을 다음과 같이 제시하였다(Vinter & Sarri, 1965: 4).

① 학생과의 교제를 위해 노력을 아끼지 말고, 학교의 상황에 보다 많은 관심을 가져야 한다.

② 교사와 행정가가 학습과 학교적응에 적절하지 않은 학교의 규칙과 수행활동을 확인하도록 도와야 한다.

③ 학교 안에서 학생의 어려움에 대한 원인을 다루는 동시에 특정한 개인에게 서비

스하는 방법을 발견하여야 한다.

Wittes는 학교사회복지사의 주요한 업무를, 완고한 교육체계를 변화시키는 것으로 간주하면서 Vinter와 Sarri보다 훨씬 진보적 역할을 제시하였다(Sarri & Maple, 1972: 65).

① 학교에서 냉정하게, 비판적으로 문제를 보고, 명확히 사정함으로써 학생을 도와야 한다.
② 개인의 능력과 문제해결집단을 통해 감시자로서 서비스를 제공하고, 학생이 불평을 얘기할 때 이를 이용할 수 있어야 한다.
③ 서로 간의 관심사를 대변하고 원만한 갈등해결을 하기 위하여 교사, 학생, 행정가들의 비공식 집단을 만들어야 한다.
④ 변화요인의 형성 또는 변화의 어려움을 평가하고, 변화과업을 수행하기 위하여 학교를 관찰하는 학생, 교사, 행정가들로 문제해결팀을 구성해야 한다.

이러한 주장은 학교사회복지사가 학교 자체와 관련한 변화요인으로 자기 자신을 이용하며, 변화를 위한 촉매로 서비스할 것을 주장하는 진보적 입장을 취하고 있다.

학교를 표적체계로 바라보는 태도를 취하는 데 강한 지지요인이 필요한 학교변화모형은 학교사회복지사에게 위험부담이 크다. 동시에 학교사회복지사가 방해나 간섭을 받지 않고 활동하기 위해서 학교 내의 권력구조와 함께 일하는 데 더욱 특정한 기술을 필요로 한다. 특히, 효과적인 교섭을 위한 조직적 행동과 기술에 대한 지식이 필수적으로 요구된다.

학교변화모형을 효과적으로 실천하기 위해서는 학교사회복지사가 내부적 의사소통절차에 관여할 수 있고, 학생과 교육환경에 대한 문제를 공식적으로 제의하여 학교가 그 방안을 강구할 수 있도록 하는 위치에 있어야 하며, 학생의 대변자, 협상자, 자문가, 중재자, 매개자의 역할을 하여야 한다. 또한 학생들의 변화욕구를 파악하고 새로운 규칙제정 등에 필요한 기본자료를 학생들로부터 수집하여 문서화하는 역할을 수행해야 한다.

우리나라에서 학교변화모형이 적용되기 위해서는 먼저 학교사회복지사의 전문성과 신뢰성이 확보되어야 한다. 현시점에서 학교변화모형이 부분적으로 적용되고 있는 가장 대표적인 사례라고 볼 수 있는 것은 학교규정개선위원회나 학교선도위원회에 학교사회복지사가 공식적으로 참여하는 것이다. 이러한 위원회에 참여함으로써 학교사회복지사는 문제행위를 한 학생들에게 일률적 처벌을 부여하는 대신 학생사안에 적합한 교육적 · 임상적 차원에서 개입할 수 있도록 제도를 만드는 데 기여할 수 있다.

이 모형의 결함은 학생의 문제를 일으키는 주요인으로 오직 학교 자체에만 초점을 두고 있는 것이다. 이 점에서 학교주위에 경계선을 긋고 학생에게 영향을 미치는 다른 주요 체계, 특히 지역사회와 가족을 소홀히 다루고 있다는 평가를 받고 있다.

제3절 지역사회학교모형

지역사회학교모형에서 학교는 단순한 교육기관이 아니며, 지역사회는 지리적 영역이 아닌 상호유기적 체계로 보아 '지역사회 내의 학교(school in community)'로 인식한다. 학교는 지역사회 안에 공존하는 중요한 공적 기관으로 지역사회와의 협력적 관계가 형성될 때에 비로소 학교교육의 목표를 달성할 수 있다고 본다. 특히, 빈곤지역일수록 학교와 지역사회는 서로 단절되어 있거나, 상호 불신상태에 있기 때문에 지역사회가 학생들을 교육적으로 돌보지 못하게 되는 것이 문제라고 본다.

이 모형은 우선적으로 소외된 혹은 차별대우를 받는 지역사회에 초점을 두고 있으며, 학교가 학교를 위한 지원을 조직하고, 제공하는 것이다. 그리고 학교는 지역사회를 대상으로 학교에 대한 교육과정의 이해와 인식을 높이고, 학교의 역할을 이해하고 지지하도록 하며, 학교를 대상으로 낙후된 지역의 역동성과 사회적 요인들에 대해 설명한다. 지역사회학교모형의 주요 목표는 학교에 대한 지역사회의 이해와 지지를 향상시키고, 소외된 학생을 지원하는 학교 프로그램을 개발하여, 학생의 학습과 학교에서의 적응력에 영향을 미치는 조건을 향상시키는 것이다. 특히, Nebo(1963: 105)는 사회복지사는 모든 실천방법이 지역사회조직에 통합된다고 주장하였다. 그리고 "어떤 사회복지사도 지역사회조직방법을 사용하지 않고 성공적으로 기능할 수 없다."고 하였다.

일반적으로 지역사회는 학교의 목적, 규범과 조화되어 있지 않고, 학교에 대한 이해가 부족하며, 학교에 대해 의심이 많다. Hourihan(1965: 134)은 학교사회복지사들이 전통적 임상역할을 그만두고 지역사회 접근방식을 채택하여야 한다고 주장하였다.

문제의 근원은 빈곤, 혜택받지 못함, 박탈 그리고 학생과 교직원을 자극하는 다른 사회조건을 포함한다. 교직원은 문화적 차이와 빈곤의 영향에 대해 충분한 이해가 부족할지도 모르고, 더욱 효과적으로 일하기 위한 특별한 지식과 기술을 필요로 한다.

Costin(1975: 135-139)은 지역사회학교모형을 보다 학생, 학교와 지역사회의 관계에 더 초점을 둔 관계모형을 제시하였다. 이 모형은 지역사회학교모형과 생태체계모형의 성격을 어느 정도 띠고 있고 학생, 학교 그리고 지역사회 사이의 상호작용을 강조하였다(표 7-2 참조). 이 모형의 우선 목표는 학교-지역사회-학생 삼자 간의 상호작용에 변화를 일으키는 것이고 그리하여 학교와 지역사회의 해로운 제도적 실천과 정책을 수정하는 것이다. 초점은 개별적 집단구성원의 인격적 발달에 있는 것이 아니라 학생의 상황조건에 있는 것이다.

이 모형은 특히, 무단결석자, 십대임신 혹은 비슷한 학습욕구를 가진 학생, 그리고 학교와 지역사회의 상황 간의 특정 상호작용으로 인해 역기능을 보이는 학생집단을 대상으로 하고 있다.

물론 이 모형에서도 학교사회복지사는 표적 집단의 구성원인 개별학생의 입장에서 개인수준의 실천, 집단수준의 실천 그리고 위기중재를 할 수 있다. 그러나 개인수준의 실천은 이러한 모형에서 주요한 활동이 아니며 대신에 새로운 프로그램의 개발, 학교정책 및 실천에 대한 자문과 협동, 그리고 학생과 그들의 가족에게 서비스를 제공하는 지역사회기관의 업무를 원조할 수 있다.

〈표 7-2〉 Costin의 학교-지역사회-학생관계모델

구 분	내 용
초점	학생의 생활주기 중 다양한 스트레스시점에서 학생의 특성과 상호작용하는 학교와 지역사회의 결손된 체계특성
목적	표적이 되는 학생집단의 스트레스를 감소시키기 위하여 학교-지역사회-학생 관계에서 변화를 일으키는 것
사정절차	• 표적이 되는 학생집단을 위한 교육적 기회의 질에 영향을 미치는 학생특성과 학교와 지역사회의 조건을 조사하고 평가한다. • 욕구를 사정하고, 문제의 복잡성을 형성하는 문제상황을 확인한다. • 행정가, 교사, 다른 학교 관련 인사 그리고 영향을 받는 집단(학생과 부모)과 상담한다.
서비스계획의 개발	• 행정가, 교사, 다른 학교 관련 인사와 관련된 개인과의 지속적인 상담을 한다. • 참여와 지원이 필요한 행정가와 타인에게 작성된 계획을 수락하게 한다. • 서비스의 시간과 한계에 대해 계약 동의한다. • 서비스계획을 수행하기 위해 책임이 있는 사람의 업무부담을 조절한다.
학교사회 복지사의 역할과 업무	• 학생집단이 학교에 대해 비판적으로 보는 문제를 진단하고 표현하도록 돕는다. • 학생의 불만을 위하여 민원조사관으로 개별 또는 집단으로 일한다. • 교사, 학생과 행정가가 관심을 표현하고 갈등을 해결하기 위해 비공식적 집단을 형성한다. • 변화-매개 혹은 문제해결팀을 만든다. • 옹호자, 상담가, 교사, 행정가, 가족, 기관과의 중개인, 그리고 협상가 • 학생과의 접촉노력을 제한하기보다는 학교조건을 설명한다. • 우연히 학습과 적응을 방해하는 학교실천과 규정을 확인하려는 교사와 행정가를 원조한다. • 학교의 일반적 특징과 관련하여 표적 아동집단의 기능을 사정한다.
개인의 개발	• 필요 시 학교-다학제 간 전문가팀을 구성한다. • 팀 내에서 다양한 기술을 발휘할 수 있도록 유동성을 최대한으로 유지하지만 문제해결을 위한 단일 접근과 팀의 권위를 지켜야 한다. • 팀구성원과 도울 수 있는 사람 사이에 정보와 생각을 나눌 수 있도록 개방적인 것을 강조한다.
지지적인 이론	• 사회학습이론 • 체계이론과 그것으로부터 파생된 이론 (조직발달, 상황이론, 역할분류와 체계문제)

* 자료: Allen-Meares, Washington, & Welsh, 1986.

Hourihan은 이 모형에서의 학교사회복지사가 수행해야 하는 업무를 다음과 같이 제시하였다(Sarri & Maple, 1972: 65).

① 학생과 가정에서 나타나는 학생과 부모의 문제, 학생과 부모가 해결해야 할 지역사회문제, 이러한 문제에 대한 지식을 획득해야 한다.
② 교직원에게 지역사회요인의 역동성을 설명하고 이해시켜야 한다.
③ 학교사회복지사가 지역사회조직활동에 참여해야 한다.
④ 지역사회구성원이 문제를 제기하고, 학생의 욕구에 대응하지 못한 지역사회의 조건을 재형성할 수 있도록 해야 한다.
⑤ 학교에서 제공되는 프로그램에 대해 지역사회를 교육하고, 이러한 프로그램에 참여하도록 지원하며 학교의 교육 프로그램을 이해할 수 있도록 도와주어야 한다.

그러나 이 모형에 대한 비판으로는 다음과 같다.

① 이 모형에서 요구되는 방침에 따라 기능하기 위한 학교사회복지사의 준비에 관한 점이다. 학교사회복지사의 전문적 기술과 태도에 관련이 있다. 일반적으로 학교에서 이러한 활동을 수행하기 위해서 필요한 훈련과 기술이 분명히 필요하다.
② 학교사회복지사의 정체성과 성실성에 관한 질문이 제기될 수도 있다. 지역사회가 학교에 대한 문제를 제기하도록 도와주고 학교사회복지사가 지역사회를 대변해야 될 때 학교 내에서 어려운 변화중개자의 위치에 있어야 하는 것이다. 많은 학교사회복지사들은 자신을 고용하고 있는 학교에서 그들의 지위를 위태롭게 한다는 이유로 지역사회의 대변인으로서 제대로 기능하지 못하고 있다.

그러므로 이 모형의 목적대로 학교사회복지사의 역할이 충분한 효과성을 거두기 위해서는 학교사회복지사가 지역사회와 학교의 관계를 친밀하게 지속해야 하고 중재와 대변하는 데 있어 고도로 숙련되어야 한다.

제4절 생태체계모형

생태체계모형은 클라이언트상황의 한 부분이나 한 체계나 한 가지 특징에 관심을 두지 않고 학생과 환경체계 간의 상호작용에 초점을 두고 있다. 환경은 학생의 생활과 발달을 결정하고 영향을 끼치는 외부조건과 영향력의 집합체이므로 학생에게 가족과 아울러 결정적인 환경은 학교, 법원, 이웃, 병원, 진료소, 대중매체 등이다.

생태체계는 '낙제', '정서장애', '학습부진' 등 다양한 수준에 휩싸여 있는 학생의 행동에 대한 정적인 단위에 기초하지 않고, 학생의 행동의 다양한 부분에서 영향을 주고받는 역동적인 교류에 초점을 두고 있다. 그러므로 학교사회복지사는 특정한 문제에 노출되어 있는 학생이 있다면 그 학생, 가정, 지역사회와 기타 다른 의미 있는 체계에 대한 사정을 토대로 학교 내부뿐만 아니라 학교 외부까지 그 범위를 확대하여 개입한다.

학교는 그 구성원들이 서로 거래하고 상호작용하는 살아 있는 체계이다. 생산적인 교환은 학교조직, 학생, 부모, 교사, 학교운영자 등 모든 사람의 배움과 성장을 촉진시킨다. 따라서 각 체계 사이의 문제해결은 관계자의 한쪽의 변화를 찾기보다는 오히려 체계 사이의 상호작용의 변화에서 찾아야 한다.

생태체계모형의 초점은 환경의 모든 측면에서 학생들의 표적 집단을 명백히 하는 것과 학생이 생활에서 스트레스를 받는 시점에서 학생들의 성격특성, 학교, 지역사회 및 가족의 상호작용을 강조하는 준거 틀 내에서 설명하는 것이다.

그러므로 생태체계모형은 학교사회복지사로 하여금 학생의 상황이나 어려운 점에 기여하는 모든 체계를 규명하도록 도와주며 더 나아가, 중재는 한 체계 이상에서 이루어질 때 해결이 보다 효과적이라는 것을 제시한다.

그리고 이 모형은 앞서 설명한 세 가지 모형과 달리 서비스의 다양한 형태를 제시한다. 특히, 예방적 개입은 위험성이 높은 집단에 속하는 학생과 관련된 사례발견, 사례관리, 가족교육, 그리고 학령기 전 학생과 가족에 대한 서비스형태로 이루어진다. 학교사회복지사가 투입된 학교에서는 지역사회와의 연계에 많은 노력을 한다. 그러나 학교사회복지사가 각 기관과 기관, 체계와 체계 간의 중재활동을 하기 위해서는 책임과 권한을 부여받아야 하는데, 우리나라에서는 아직까지 그러한 책임과 권한을 부여받은 경우가 없는 실정이다. 그럼에도 불구하고 개별학교에서 지역사회주민들과 함께 문제에 대해 논의하고 해결책을 모색하는 사례가 있다.

간접서비스로 학교사회복지사는 다양한 학교구성원이 그들의 대처능력을 증가시키도록 돕는다. 예를 들어, 의사소통기술과 다른 대인관계기술로 교사를 훈련시키고, 부모의 양육기술 특히, 학생교육을 원조하는 방법을 훈련시키고, 교사에게 학생이 교사를 믿고 따를 수 있게 교육하는 방법을 습득하도록 돕는 것을 포함한다.

Germain(1982: 6)은 실제로 학교사회복지사의 위치는 학생과 학교뿐만이 아니라 가족, 학교, 지역사회 사이에 있다. 그러므로 학교사회복지사는 학생과 부모, 지역사회가 사회적 능력을 개발하는 것을 도와주는 입장에 있고, 동시에 학생, 부모, 지역사회의 욕구와 열망에 대해 학교가 책임지도록 도와주는 입장에 있다. 즉, 클라이언트의 욕구와 환경자원 사이의 조화를 가져오기 위하여 사람과 환경이 공유하는 접촉지점에서의 활동을 유지하는 것을 강조하였다.

그러므로 [그림 7-1]에서 설명되는 바와 같이 생태체계모형의 구성체계는 다양하게 이루어져 있다. 예를 들어 학생집단행동의 대변자역할은 몇 가지 차원에서 일어날 수 있다. 즉, 학생을 위한 프로그램을 개발하고 계획하기 위해 조직된 학교와 지역사회위원회에서, 지방자치단체와 정부 차원에서, 학교와 지역사회체계 내에서 이루어질 수 있다.

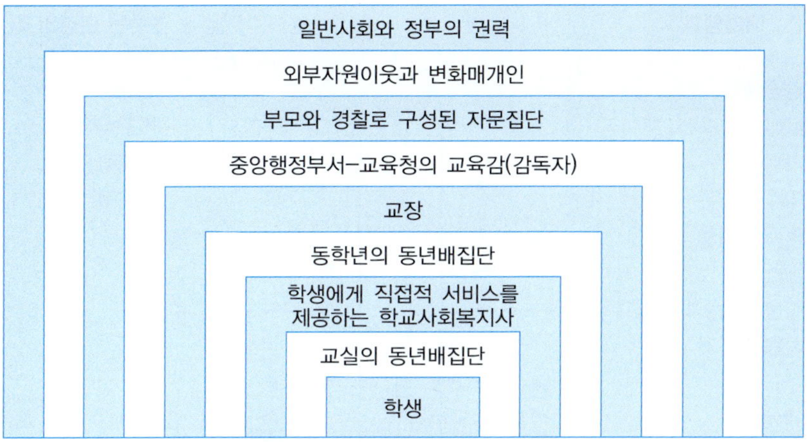

그림 7-1 생태체계모형의 구성요소

학생의 대처행동은 자신의 행동을 통제하기 위한 개인의 노력을 포함한 환경에 관련된 행동이라고 정의할 수 있다. 따라서 학교사회복지사는 대처행동을 세 가지 범주에서 다루어 나간다. 살아남기 위한 대처행동은 사람이 자원을 활용하고 획득할 수 있도록 해주며, 이것은 지속적인 생활을 가능하게 해준다.

예를 들면, 음식, 잠자리, 의료와 같은 것을 얻으려는 노력이다. 학교사회복지실천에 있어서 우리는 종종 필수적인 생활욕구에 대처하는 학생, 그들의 가족, 그리고 중요한 타인의 노력에 대해 사정을 해야 한다.

그리고 개인의 대처행동은 일생에 걸쳐 발달한다. 종종 개인의 행동들은 개인이 스스로에 대해 축적된 정보나 중요한 환경으로부터 습득한 정보와 관련되어 있다. 예를 들어 학생의 학습능력에 관해 가족이나 학교로부터 끊임없이 주어지는 부정적인 정보나 환류는 학생의 능력을 소멸시키거나 학습부진을 계속 유지하도록 하는 것이다.

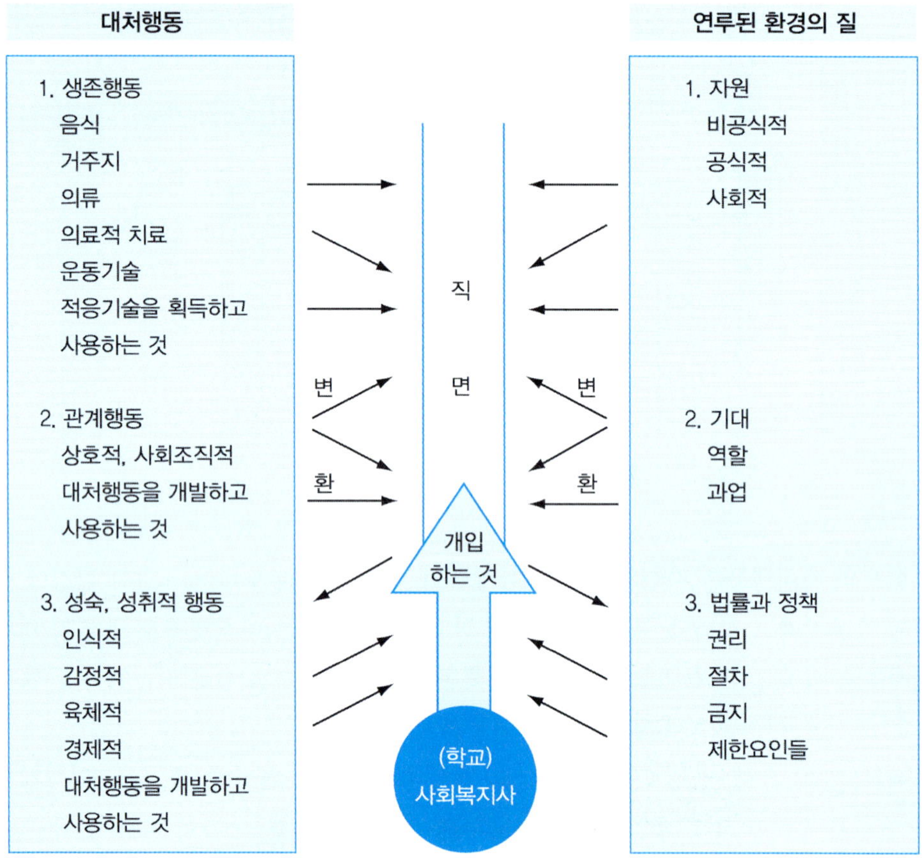

그림 7-2 생태체계모형의 학교사회복지분석도

즉, 학교사회복지사가 그의 시각을 학생, 학생의 욕구에 대응하기 위해 체계를 다루는 것, 또는 체계 내에서 개인의 능력에 대한 충분한 관심 없이 체계에만 고정시켰을 때 문제가 발생하며, 학교사회복지사는 개인과 사회, 학생과 학교 모두를 위해 책임을 져야 한다. 다른 체계 혹은 사람에 대해 자신을 맞추라는 것이 아니라 그들의 공통기반과 일을 각 체계가 수용하도록 도와야 한다.

Spitzer와 Welsh(1969: 324-325)는 이 모형에서 학교사회복지사가 가져야 하는 지식과 기술을 설명하였다. 학교사회복지사는 상호작용하는 다양한 클라이언트체계에 대한 지식을 소유해야만 한다. 또한 개인과 가족, 소집단과 이웃집단 그리고 크고 작은 체계와 기관과의 관계를 연루시킬 수 있는 기술을 필요로 한다고 주장하였다.

이러한 생태체계모형에 과학적 증거를 제시한 학자가 Daston이다. 그는 연구결과 학생의 학습이 학교조직과 가족-학교-지역사회관계의 특별한 모습에 의해 직접적으로 영향을 받는다고 주장하였다. 선생님의 높은 기대, 의욕적인 준비, 학생이 책임을 지도록 격려하는 분위기, 교수전략과 학생의 학습형태 사이의 조화, 교과과정이 학생의 요구에 부응하는 정도 그리고 학구적인 수행이 전체적으로 체계에 의해 보상받는 것 등이 학습에 좋은 결과를 가져온다고 주장하였다.

생태체계모형을 가장 잘 설명하고 있는 것이 학교사회복지서비스에 대한 NASW의 실무지침이다. NASW는 1992년과 1996년에 지침을 마련하여 발표하였다. 학생, 부모, 학교직원, 지역사회의 욕구에 대해 이십 가지의 기술을 설명하고 있다. 생태체계모형과 관련성이 있는 예는 다음과 같다(Standards for School Social Work Service, NASW, 1996).

① 클라이언트체계 내에 있는 사람과 의도적인 관계를 확립하고 유지하는 것
② 학생, 부모, 학교체계, 이웃, 지역사회의 욕구와 특성을 체계적으로 관찰하고 사정과 이러한 체계의 특성과 학생의 특성과의 상호작용 효과에 대해 평가하는 것
③ 학생의 학습과정에 영향을 끼치는 생물학적, 신체적, 문화적, 사회적, 정서적, 법률적, 환경적 특징에 대한 적절한 정보를 수집하는 것
④ 지역(군, 주)과 국가수준의 정책을 분석하고 영향력을 파악하는 것
⑤ 상황을 명백히 하기 위하여 클라이언트체계 내에 있는 사람과 상담하고, 정보를 주고받으며, 중재계획의 진전을 점검하고, 서로의 관점을 중재하는 것
⑥ 학교-지역사회-학생-부모의 관계력과 그들을 해석하는 데 작용하는 영향력을 사정하는 것

제5절 사회적 상호작용모형

생태체계모형과 비슷한 실천모형이 Alderson이 주장한 네 번째 모형인 사회적 상호작용모형(social interaction model)이다. 사회적 상호작용은 개인과 집단의 행동에 영향을 미치는 상호 간의 영향력, 즉 학생과 학교 간의 상호작용에 초점을 둔다. 학생의 문제 발생도 각각 다르고, 그 해결책도 다양하기 때문에 모든 체계의 상호작용에 개입하여 문제를 해결해야 한다. 중재의 표적은 학생, 학생집단, 가족, 학교 그리고 지역사회 부분들 사이에서 일어나는 상호작용의 종류와 질이다. 학교사회복지사는 부분들이 구체적인 목적 혹은 목표를 결정하도록 도와 부분에게 서로의 이익을 지적해 준다. 학교사회복지사의 주요 업무는 개인과 그의 사회가 자기실현을 위한 상호 필요성으로 인해 서로를 찾아 나서는 과정을 중재하는 것이다.

이처럼 Alderson의 사회적 상호작용모형은 생태체계모형과 많은 부분이 비슷하지만 문제를 보는 초점이 좀 더 학생에게 있고, 주변 환경의 상호작용을 중시하지만 환경을 변화하는 체계로 인정하지 않고 있다.

제6절 학교-지역사회-학생관계모형

학교–지역사회–학생관계모형(school-community-pupil relations model)은 Costin 등이 학생서비스에서 계획된 변화를 위해 다수의 대학이 컨소시엄의 형태로 시범사업을 실시하면서 개발된 모형이다. 이 모형은 학생, 학교, 지역사회에서 상호작용의 복잡성을 강조한다. 1차적인 목표는 이들 세 축의 상호작용에서 변화를 야기시키는 것이며 그런 다음 학교의 유익하지 못한 제도적 정책이나 실천을 어느 정도 수정하는 것이다. 관심은 학생집단의 상황에 있다. 각 문제는 유사한 상황(무단결석자, 임신한 청소년 또는 학습욕구를 가진 아동)에 있거나 그들의 독특한 특성이 학교와 지역사회에서의 상황과 상호작용할 때 역기능적 단위를 형성하는 학생집단을 포함한다.

문제발생의 책임은 학생집단에 있다고 보지 않고 학교와 지역사회에 있다고 본다. 사정절차는 먼저 학생의 특성과 학교와 대상학생집단을 위한 교육기회의 질에 영향을 미치는 지역사회상황을 조사하고 평가한다. 그 다음 니드를 사정하고 문제를 복잡하게 만드는 문제상황을 구체화한다. 또한 행정가, 교사, 다른 학교 교직원, 영향을 받는 집단(학생과 부모)에게 자문한다. 서비스계획의 개발과정은 학교사회복지사가 행정가, 교사, 다른 학교 교직원과 계속적인 자문을 한 뒤, 행정가와 이와 관련해서 참여와 지지가 필수적인 사람들에게 서면화된 계획을 제출한다. 그 뒤 서비스에 대한 동의를 얻고 서비스계획을 실행하는 데 책임을 진 사람들과 업무분담을 조절한다.

학교사회복지사는 대상학생집단으로 하여금 그들이 보는 문제를 진단하고 분명히 밝힐 수 있도록 돕는 것, 학생의 불만을 위해 개별적 또는 집단적으로 옴부즈맨으로 돕는 것, 갈등을 해결하기 위해 교사, 학생, 행정가들의 비공식 집단을 형성하는 것, 변화매개체계 또는 문제해결팀을 구축하는 것, 교사, 행정가, 가족, 기관들과 협상가, 조정자, 자문, 옹호가로서 활동, 학습과 적응을 방해하는 학교활동과 제도 등을 구체화하도록 교사와 행정가를 지원한다(Allen-Mears et al., 2004: 35). 학교-지역사회-학생관계모형에서 학교사회복지사는 학교와 지역사회의 요구와 기대에 부응하지 못하는 학생집단의 스트레스를 완화시킬 수 있도록 학교-지역사회-학생관계체계에 변화를 가져와 학생집단이 학습기회를 보다 더 효과적으로 활용할 수 있도록 원조한다.

각각의 모형들은 앞에서 설명한 바와 같이 장점과 한계를 가지고 있다(표 7-3 참조). 특히, 생태체계모형은 커다란 잠재성을 지니고 있다. 한 개 또는 일부 학교에서 개인실천가에 의해 효과적으로 적용될 수 있고, 상이한 전문직을 포함한 팀접근서비스의 기초로 사용될 수 있다. 학교사회복지사는 체계의 기능을 강화하고, 장애물을 제거하도록 지원하며, 체계 사이의 의사소통을 촉진하여 체계가 개방되도록 노력해야 한다.

궁극적으로 학교사회복지사는 이용할 수 있는 지식의 유효성에 대해 사정하고 그들 자신과 학교와 지역사회의 특수한 자원과 문제 그리고 클라이언트의 사회적 기능을 강화하기에 가장 적절한 모형을 선택해야 한다. 하지만 한 가지 실천모형만으로 실천업무를 제대로 수행하기는 어려울 것이고 효율적으로 실천모형을 선택 · 사용하여야 할 것이다.

〈표 7-3〉 학교사회복지실천모형

구분	전통적 임상모형	학교변화모형	지역사회 학교모형	생태체계모형	사회적 상호작용모형	학교 - 지역사회-학생 관계모형
초점	사회적 혹은 정서적 장애를 가진 것으로 확인된 학생들	학교의 장(특히, 학교의 규범과 조건)	학교를 오해하고 불신하는 박탈되고 차별대우를 받는 지역사회	• 학생과 환경체계 사이의 호혜적 상호작용 • 상호작용에서 문제를 확인함	• 학생과 학교 간의 상호작용 • 상호작용에서 문제를 구체시하는 것	생활주기 안의 다양한 스트레스상황에 학생의 특성과 상호작용하는 학교, 지역사회 결핍, 특정 체계의 특성
목적	학교-관련 사회적 혹은 정서적 어려움을 가진 것으로 확인된 학생이 더욱 효과적으로 기능하도록 돕는 것	역기능적 학교규범과 조건의 선택	• 지역사회의 이해를 개발시키고 지원 • 빈곤한 학생을 원조하는 학교 프로그램 개발 • 박탈된 조건의 축소	적응하지 못한 학생은 학습의 잠재력을 손상시키고 있다. 이러한 학생과 사회의 환경적 · 심리적 요구 사이의 상호작용의 장벽을 점검함	• 상호원조체계의 개발을 촉진함 • 상호작용에 있어 장애를 제거함	학교-지역사회-학생관계에 있어 변화를 초래해서 대상학생집단의 스트레스를 완화할 수 있게 함
표적 체계	학생클라이언트와 부모	전체 학교	지역사회와 학교가 표적이 됨	총체적 학생(학생, 가정, 학교, 지역사회 그리고 문화)과 그 체계 사이의 상호작용	상호작용의 장	–
어려움의 근원에 대한 견해	우선적으로 가족으로부터 특히, 부모-아동관계에서 생겨나는 아동의 정서적이고 심리적인 어려움	역기능적 학교규범과 조건	• 빈곤과 다른 사회적 조건 • 학교 관련 인사는 문화적 차별과 빈곤의 효과에 대한 완전한 이해가 부족함	사회적 상호작용이 의사소통과 상부상조하는 다양한 사회체계와 학생클라이언트 사이의 상호작용에서 나타날 수 있는 어려움	사회적 상호작용이 일어나는 속에 의사소통과 상호원조를 함에 있어 학생-클라이언트와 다양한 체계의 어려움	학교, 지역사회, 학생 간 상호작용의 복잡성

구분	전통적 임상모형	학교변화모형	지역사회 학교모형	생태체계모형	사회적 상호작용모형	학교 - 지역사회-학생 관계모형
학교사회복지사의 과업과 활동	• 우선적으로 학생과 부모와의 개인수준의 실천 • 집단과 집단으로서의 가족과의 집단수준의 실천 • 학생, 부모 그리고 교사를 포함하는 교육 관련 직원들 사이의 관계 역할	• 역기능적인 학교 규범과 조건의 확인 • 학생과의 직접적 서비스 특히, 집단수준의 실천 • 교사와 행정가, 집단 내 구성원과의 상담	• 지역사회의 활동에 자신을 포함시킴 • 지역사회가 문제제기하고 이슈화할 수 있도록 하는 것 • 지역사회가 학교를 이해하도록 원조하는 것과 그 반대의 경우를 원조함 • 지역사회가 학교 프로그램에 참여하도록 격려함	• 체계의 특성을 과학적으로 관찰, 사정함 • 공통적 목적을 만듦 • 의사소통을 개선하고 원조함 • 상호원조체계를 만듦 • 개인, 집단과 지역사회와 직접적 업무를 함 – 정책을 분석하고 그 영향력을 파악 – 학교-지역사회-학생-부모관계를 파악하고 그 사이의 영향력을 사정함	• 일반시민을 구체화하고 강조함 • 상호목표를 세움 • 의사소통을 개선하고 지원함 • 상호원조체계를 구축함 • 개인, 집단, 지역사회 간의 직접적 활동	• 대상학생집단으로 하여금 학교가 비판적일 때 그들이 보는 문제를 진단하고 분명히 밝힐 수 있도록 돕는 것 • 학생불만을 위해 개별적 또는 집단적으로 옴부즈맨으로 돕는 것 • 관심에 대해 목소리를 내고 갈등을 해결하기 위해 교사, 학생, 행정가들의 비공식 집단을 형성하는 것 • 변화매개체계 또는 문제해결팀을 구축하는 것
학교사회복지사의 역할	권한부여-지지적인 협동, 그리고 상담자	옹호, 교섭, 자문, 중재	중재, 옹호, 아웃리치(outreach)	중재, 자문, 권한부여, 지지적 상담	조정, 자문, 가능케 하는 자	옹호, 자문, 협상
개념적 이론적 근거	정신분석, 사회심리학, 자아심리학 그리고 개인수준의 실천이론과 방법론	사회과학이론, 특히, 비행이론과 조직이론	지역사회-학교개념, 의사소통이론	생태체계이론, 사회과학이론, 의사소통이론	체계이론, 사회과학이론, 의사소통이론	사회학습이론, 체계이론, 파생이론

PART 3

School Social Work

학교사회복지의 실천과정

학교사회복지의 직접적인 실천장면인 학교는 사실상 모든 사람들의 사회화를 위한 1차 집단인 가정 다음으로 중요한 사회화기관이다. 그러므로 학교사회복지사는 학교체계를 이해하고 학교와 더불어 실천해야 한다.

학교사회복지는 학교와 관계된 다양한 어려움에 도움이 될 수 있는 보완적인 기능을 발휘해야 하는 분야라고 할 수 있다. 그러므로 학교는 근본적인 예방과 학생에게 발달상의 기회를 제공해 줄 수 있다는 점에서 학교사회복지사에게 중요한 의미가 있으며, 학교에서 발생하는 다양한 어려움에 대해 특별하고 포괄적인 중재 프로그램과 실천과정의 수행이 요구된다.

청소년헌장에서 밝히고 있는 바와 같이 5개 조항의 주어가 '청소년은… 가정은… 학교는… 사회는… 국가는…'하고 규정하듯이 학교사회복지사가 아동 및 청소년의 문제를 이해하고 중재하는 방안은 아동 및 청소년 자신, 가정, 학교, 지역사회 그리고 국가라는 다양한 체계에서 원인을 규명해서 공동으로 노력해야 한다는 기본적인 관점에서 학교사회복지가 전개되어야 한다.

이처럼 학교장면은 학교사회복지사에게 학교환경의 모든 부분에서 중재를 창조적으로 할 수 있는 기회를 제공하고 있다. 특히, 학교사회복지는 생태체계적 관점을 활용하기 때문에 학생문제에 대해 예방적 서비스를 개발할 수 있는 요충지이다.

학교사회복지의 실천과정은 학자들의 관점에 따라 다양하게 구분되어 제시되고 있다. Allen-Mears, Washington과 Welsh는 학교사회복지의 실천과정을 계획, 실행 및 평가단계로 구분하고 있으며(Allen-Mears, Washington, & Welsh, 1986: 215-221), Compton과 Galaway는 문제해결과정을 문제의 확인과 한정, 목표 확인, 예비적인 계약, 탐색 및 조사가 포함되는 접촉단계, 사정과 평가단계, 중재계획의 설정을 포함하는 계약단계, 그리고 중재, 종결, 평가가 수행되는 행동단계로 구분(Compton & Galaway, 1984: 323-324)하고 있다.

또한 개인수준 사회복지실천과정은 초기과정, 조사과정, 문제 확인과 진술, 개인의 성격적 요인, 사회적 상황의 역동성 분석, 목표 설정, 과제와 전략 및 변화노력의 결과 예측을 포함하는 사정과정 그리고 치료과정과 종결과정으로 구분하여 임상실천에서 개인과 가족의 문제해결과정을 이해할 수 있다(전재일 · 김상규, 1996: 269-271).

이처럼 사회복지실천과정은 관점에 따라 입장 차이가 있지만, 본 장에서는 학교사회복지장면뿐만 아니라 사회복지실천에서 활용성을 높이기 위해서 다음 표에서 제시되고 있는 바와 같이 ① 준비과정, ② 사정과정, ③ 수행과정, ④ 평가 및 종결과정으로 구분해서 구체적으로 설명하고자 한다.

〈 학교사회복지의 실천과정 〉

구 분	내 용
준비과정	• 학교사회복지에 대한 승인획득 및 초기관계 형성단계 • 사업계획 수립을 위한 환경체계에 대한 자료수집단계 • 학교사회복지계획을 설정하는 계약단계
사정과정	• 클라이언트의 개별 또는 집단수준의 욕구조사단계 • 문제, 자원 및 장애요인 확인단계 – 조사과정의 정보를 중심으로 나타난 문제를 서술형으로 나열 – 나열한 문제들을 전문가의 판단에 따라 요인별로 목록화 – 확인된 문제를 해결하는 데 활용 가능한 자원 서술 – 확인된 문제를 해결하는 데 장애가 되는 요인 서술 • 중재계획 수립단계 – 문제 진술 – 목적 설정 – 목표 설정 – 중재활동 결정 – 학교사회복지사와 클라이언트 – 성공평가척도 및 평가방법 결정
수행과정	• 개인수준 학교사회복지실천 • 집단수준 학교사회복지실천 • 가족수준 학교사회복지실천 • 학교수준 학교사회복지실천 • 지역사회수준 학교사회복지실천
평가 및 종결과정	• 사례평가 • 집단 중심의 프로그램평가 • 학교사회복지에 대한 운영평가 • 종결 – 평가결과의 활용

학교사회복지실천과정은 앞의 표에서 제시한 바와 같이 학교사회복지사가 과제수행을 위해 어떻게 실제적으로 활동할 것인가 하는 입장에서 중재(개입)해야 할 문제, 자원 및 장애요인의 확인을 바탕으로 밝혀진 문제 하나하나를 해결 또는 개선시키도록 목표와 목적을 구체화시키고, 학교사회복지사가 중재과정에서 요구되는 역할과 클라이언트가 수행해야 하는 역할을 결정하고, 중재결과의 효과성 여부를 측정할 수 있는 성공평가척도와 평가방법을 포함한 전반적인 계획을 수립해서 이를 수행한 후에 평가를 실시해서 그 결과를 종결단계에서 준비과정에 재투입하는 평가의 순환성을 중시하고 있다. 이러한 사회복지실천과정은 실제로 중복될 수 있고 동시에 일어날 수도 있다.

제8장에서는 학교사회복지사가 교육자와 함께 서비스를 설계하기 위한 준비과정에 포함되는 초기단계, 자료수집과 계약에 관해서, 제9장은 준비과정에서 수집된 자료와 클라이언트에 대한 정보를 수집 · 분석해서 중재계획을 수립하는 사정과정을, 제10장은 학교사회복지서비스를 전달할 수 있는 수행과정으로 다양한 수준에서의 지침을, 그리고 제11장에서는 학교사회복지가 직면하고 있는 학교행정가나 관계당국에 학교사회복지사가 효과적인 교육적 과정에 기여한다는 것을 입증할 수 있는 사례평가, 프로그램평가, 학교사회복지실천에 대한 운영평가 및 사례평가방법을 포함한 평가와 종결과정을 다루고 있다.

CHAPTER

08 준비과정

학교사회복지실천의 준비과정은 신뢰 및 승인을 확보하기 위한 초기단계와 교육철학, 지역사회 및 학교의 욕구와 자원, 지역사회 역동성, 학교와 지역사회와의 관계성 그리고 학교사회복지사 자신의 기술과 능력을 조사하는 자료수집단계와 사업계획을 협의 · 조정하는 계약단계가 포함된다.

이처럼 학교사회복지사가 학교라는 특수한 장면에서 서비스를 제공하기 위한 준비과정은 신뢰와 승인을 바탕으로 문제상황을 체계론적인 관점에서 규명할 수 있는 자료를 수집해서 학교사회복지서비스계획을 수립하는 데 필요한 사정과정의 토대를 마련하고자 함을 그 목적으로 한다.

특히, 학교사회복지사가 모든 서비스를 계획할 때에는 두 가지 차원이 반드시 고려되어야 한다. (1) 학교사회복지사의 차원에서, (2) 클라이언트의 차원에서 인간 내적인 측면, 인간관계적 측면, 인간–환경 간의 측면, 환경적 측면에 대한 이해가 각각 전제되어야 한다. 전자는 사회복지서비스를 원활하게 제공할 수 있는 환경을 조성한다는 의미가 강하지만, 후자는 클라이언트의 문제를 효과적으로 중재하기 위한 의미가 강하므로 차이가 있다. 그렇지만 이러한 차이는 단지 사회복지서비스의 효과성을 달성하기 위한 실천상의 다른 과정일 뿐이며 결과적으로는 동일한 성질을 갖게 된다. 본 장에서 설명하고자 하는 준비과정은 클라이언트의 차원보다 학교사회복지사의 차원에 상대적으로 비중을 두고 있다.

학교사회복지사가 수행할 다양한 역할과 수많은 중재들은 학교사회복지사와 행정가가 함께 합의한 목적 때문에 다음과 같이 다양한 현실적인 어려움에 당면할 수도 있다.

① 학교사회복지사가 소속하고 있는 학교의 기능과 능력 또는 자원의 한계
② 효과적인 실천을 위해서 동료학교사회복지사 또는 다른 전문직과의 관계 개선이 요구되는 경우
③ 학생의 교육적 목표를 성취할 수 있는 계획된 중재전략의 효과성을 증명함으로써 사회복지서비스에 대한 행정가들을 교육해야 할 경우
④ 학교사회복지사 자신의 독특한 재능, 교육, 그리고 생활경험
⑤ 모든 학교는 학교 자체의 성격을 가지고 있기 때문에 사회복지서비스는 그러한 학교에 대해 특별히 계획되어져야 하는 경우
⑥ 학교사회복지사가 학교의 수많은 서비스에 대한 요구를 감당할 수 없을 경우에 우선순위의 결정
⑦ 학생들의 문제유형이나 심각성의 정도에 따라 효과적으로 중재하기 위한 재교육 또는 현임훈련이 필요한 경우
⑧ 타 학문분야와의 협동을 통한 중재가 요구되는 경우
⑨ 사례관리 수가 과중하여 부모집단모임, 팀미팅의 참석, 기타 부가적인 업무 비중에 압도당하는 경우

준비과정은 이와 같은 곤란을 해소하면서 효과적인 사회복지서비스를 제공할 수 있는 정보와 방법을 제공해 준다.

제1절 초기단계

학교사회복지사가 기본적으로 신뢰와 승인 없이 맡은 바 역할과 주어진 과업을 충실히 완수하기는 어렵다. 모든 사회복지의 실천을 위해 유념해야 할 것은 흔히 '일에 앞서 인간관계'라고 하듯이 장기간 학습해 온 다양한 사회복지방법의 적용은 일차적으로 학교사회복지사 자신에게 적용되어야 한다. 이러한 결과로 말미암아 학교사회

복지사 자신이 중요한 자원으로서의 가치를 더욱 부여받게 되는 것이다.

이처럼 신뢰를 확립하고 승인을 획득하는 것은 사회복지실천 전 과정에 걸쳐 수행되는 것이며, 사회복지는 이것으로부터 출발한다는 점을 유념해야 한다.

1. 신뢰관계 개발

모든 사회복지 프로그램 및 서비스는 개별적인 접촉에서 비롯된다. 신뢰관계는 모든 사회복지활동에 전반적으로 영향을 미치는 과업이며, 적극적인 경청과 신중함 그리고 존경심의 표현을 포함한 대인관계와 사회기술을 활용해야 가능한 것이다. 학교사회복지사는 자신과 관계된 사람을 알 기회를 충분히 가져야 할 뿐만 아니라 학교사회복지사 자신을 알 수 있는 기회를 다른 사람들에게 제공한다거나, 학교사회복지사가 필요한 서비스를 제공할 수 있고 또한 학교의 관심사에 참여할 의지가 있다는 것을 인식시킨다면 신뢰관계는 개발할 수 있다.

이를테면 학교사회복지사가 학교조직을 이해할 기회를 갖기 위해, 교직원의 이름과 지위를 알기 위해, 이들의 관심사를 경청하고 토론하기 위해, 교사모임에 참석하기 위해, 교사휴게실에서 커피를 마시고 교무실에서 점심을 함께 먹기 위해 초기에 시간을 보내거나, 사회복지서비스 욕구가 무엇이고 어느 정도 승인하고 있는가를 파악하기 위해 교사들에게 욕구사정질문지를 배포할 수도 있다. 조사결과와 서비스 전달계획을 정규교사모임에서 제시하는 것도 신뢰관계를 확립할 수 있는 방법이다. 또한 서비스계획을 개발하고 그 진행이나 관심사를 토론하는 데 행정가와 직원을 참여시키는 방법도 관계형성과 신뢰를 발달시킬 수 있다.

2. 사회복지서비스에 대한 공식 · 비공식 승인 획득

학교사회복지사의 권위는 지역사회, 학교, 사회복지전문직, 사회복지사로서의 유능한 과제수행능력 그리고 부모나 학교 직원에 의해서 획득된다. 그렇지만 이러한 승인은 실증적인 근거자료인 기록과 서비스의 지속적인 수행 정도에 의하여 인정받게 된다. 그러므로 승인은 가치, 목적, 지식과 같은 측면에서 학교사회복지를 제한할 수 없지만 전문적 실천을 하기 위해서는 필수적인 조건이다.

지역사회로부터 획득되는 승인은 학교사회복지서비스, 자격이나 기준, 자원의 할당을 제공하는 정부나 지방자치단체, 고용정책 그리고 학교행정가들의 자문이나 이들과의 협상에 의해 이루어진다. 사회복지서비스가 부모나 교직원들로부터 충분한 가치를 인정받지 못하면 교육청에서는 계속적인 지위를 결정하지 않게 되어 자원이 중단될 수 있다. 그 결과 학교사회복지사는 지위를 상실하게 되므로 지역사회로부터의 공식적인 승인이 우선적으로 중요하다.

또한 학교사회복지사는 그들이 서비스를 제공한 클라이언트와 사회복지의 방법적 가치가 현실적으로 반영된 '사회복지사 윤리강령'에 의해서 전문적인 승인을 받게 된다. 전문가로서 또는 사회복지사로서의 존경심을 갖게 하는 가장 중요한 것은 사회복지의 가치를 내면화하여 사회복지과제를 충분히 완수하는 임무수행능력을 통하여 획득되어진 승인이다.

부모로부터의 승인은 어린아동에게 서비스를 제공하기 위해서는 부모로부터 허락을 받아야 하는 경우 또는 중재과정에 부모를 참여시켜야 하는 경우에 필요하다. 그러나 학교사회복지서비스가 비자발적이거나 학교사회복지사의 권위가 지나치게 제한을 받게 되면 학생이나 어린 아동에게 충분한 서비스를 제공하는 데 장애요인이 되므로 주의해야 한다.

그리고 학교행정가와 확립된 관계는 교사와 직원의 협조를 얻기 위해 필수적인 비공식적 승인을 제공한다.

제2절 자료수집

준비과정의 자료수집단계는 학교사회복지사가 어떠한 실천장면이던지 간에 개인, 집단, 지역사회 등이 포함되어 있는 '지금-여기(here and now)'에서 시작해야 한다는 실천가로서 가져야 할 기본적인 전제에 근원을 두고 있다고 확신한다. 그러므로 학교사회복지사는 충실히 자료수집을 하여 실천을 위한 토대를 마련하여야 한다.

학교사회복지서비스를 계획하기 위한 준비과정의 자료수집은 ① 학교영역과 관련된 철학, 법률 및 정책, ② 학교 외부상황을 이해하기 위한 지역사회의 일반적인 현황과 지역사회 내의 역동성, ③ 학교 내부상황을 이해하기 위한 학교영역에 관한 욕구와 자원, ④ 학교 내·외부 상황 간의 관계성을 이해하기 위한 학교와 지역사회와의 관계성, ⑤ 학교사회복지사를 포함한 학교사회복지 자체에 대한 자료를 수집하는 단계이다(Allen-Mears, Washington, & Welsh, 1986: 215-221).

이러한 영역의 자료는 지역의 크기나 행정적 수준에는 상관없이 사회문제를 측정하는 기법으로 이를테면 ① 지표분석, ② 일반인구조사, ③ 표적인구조사, ④ 프로그램 운영자 및 서비스제공자조사, ⑤ 주요 정보제공자, ⑥ 행정자료조사, ⑦ 지역사회 공개토론회, 델파이기법[1]과 같은 집단접근방법을 활용한 지역사회 의견조사, ⑧ 통합적 방법을 통해서 필요한 자료를 확보할 수 있다(成圭鐸, 1994: 149-165).

1) 델파이기법은 여러 각 분야의 전문가로부터 '전문적 의견'을 모으고, 교환하고, 발전시키는 기법이다. 일반적으로 회의를 통하여 의견을 모으려면 체면을 생각한다든가, 특정인의 의견이 지배하는 등 여러 가지 편견이 개입되기 쉽다. 그래서 델파이기법은 이를 극복하기 위하여 다음과 같은 것을 강조한다.
① 익명성이다.
② 결과를 통합해서 다시 돌려줌으로써 먼저 의견을 수정할 수 있게 한다.
③ 돌려주는 자료는 언제나 집계형식으로만 제시된다.
④ 돌려주는 자료는 통계적으로 중위수, 확산도, 빈도 등으로 표현한다.
⑤ 전문가들의 합의를 구하는 방향으로 운영한다.

1. 학교영역과 관련된 철학, 법률 및 정책에 대한 업무 지식 획득

사회복지의 철학과 가치가 학교장면에서 학생과 그들의 가족을 위한 전문적 실천을 현실적으로 뒷받침하는 학교사회복지로 개발되었지만, 이는 학교라는 특수한 장면에서 실천되기 때문에 교육관계 법률과 공공정책에 의해 영향을 받는다.

지역사회는 지역사회 내에서 일어나는 정책형성 및 입안과 관련해서 이해되어야 할 독특한 정치적인 문화를 가지고 있다. 정책 및 법률입안 시에 자신들의 교육철학과 경험을 반영하고자 하며, 이러한 영향은 학교의 서비스나 프로그램에도 반영된다.

특히, 법률과 정책은 교육 프로그램의 수단이 될 뿐만 아니라 프로그램에 소요되는 필요한 자금을 제공한다. 또한 법률과 정책은 학생과 가족에게 유용할 수 있는 교육적인 프로그램의 성격과 질을 형성하게 하고, 다양한 관련 서비스나 프로그램을 지원받게 한다. 그리고 학교에서의 사회복지실천은 학생에 대한 체벌, 정학과 퇴학 및 복장규정 등의 정책에 따라 일련의 과정과 절차에 영향을 받게 된다.

학교사회복지사는 학교사회복지와 관련 서비스를 포함하고 있는 정책과 법률에 대해서도 업무지식을 충분히 획득해야 한다. 이를테면 장애인복지법, 특수교육진흥법, 아동복지법, 정신보건법, 국민기초생활보장법, 모자복지법, 긴급구호법 그리고 영유아보육법 등에 관한 업무지식도 습득해야 한다.

그러나 상기한 내용은 학교 내 아동 및 청소년에 대한 사회복지서비스의 제공에 속하는 극소수의 영역이다. 그러므로 특수교육, 아동보호, 성교육, 출석, 학생권리, 신체처벌을 규정하는 내용 등의 입법에 대한 직접적인 지식을 가져야 할 뿐만 아니라 이러한 변화에 대한 정보를 학교사회복지사에게 알려주는 정보출처를 개발하는 것도 중요하다.

2. 학교 외부상황 이해를 위한 지역사회의 일반적 현황 및 역동성 사정

그동안 지역사회는 지리적 영역에서의 인구집단을 포함하고 있는 것으로 단순히 언급되는 경향이 있었기 때문에 지역사회의 다차원적인 두드러진 특징들에 대해서 다소 소홀하기도 하였다. 그러나 지역사회는 개인, 집단과 다양한 기관들이 어우러져 변화하는 역동적인 유기체로 보아야 한다.

〈표 8−1〉과 〈표 8−2〉에 개괄되어 있는 정보는 지역사회의 일반적인 현황 및 역동성을 분석하기 위해 수집되어야 할 내용이다. 그러나 학교사회복지사에게는 때로는 최신의 자료가 요구되기도 하므로 항상 시설과 조직의 변경사항 등에 대한 관심과 지속적인 관계를 유지하고자 해야 한다.

지역사회의 일반적인 현황에 관한 자료는 일정한 행정지역 또는 지역사회의 상태를 파악하기 위해서 기존의 공공자료(인구조사자료, 보건의료에 관한 자료, 사법형무 관계자료 등)를 이용한다. 그러나 사회조사와 사회지표를 함께 활용하는 방법으로 필요한 자료를 획득하도록 권장한다. 왜냐하면 사회지표에만 의존해서 자료를 확보하는 것보다 오히려 심도 있고 의미 있는 자료를 확보할 수 있기 때문에 현장성 있는 자료로 활용할 수 있다. 특히, 이 방법은 학교사회복지서비스를 계획하는 준비단계에서 해당지역에 대한 주요한 현황과 특징을 신속하게 파악하는 데 매우 적합한 방법으로 활용될 수 있다.

또한 지역사회의 일반적인 현황이 자원과 밀접한 관계가 있다는 전제하에 자원의 활용은 학교사회복지사의 상상(imagination)에 의해서 한계성이 있다(윤백현, 1990: 186)는 점을 반드시 명심해야 한다.

〈표 8−1〉에서 제시하고 있는 지표 이외에도 가능한 다양한 지표들을 고려하도록 노력해야 한다.[2)]

---

2) 지역사회의 일반적인 현황을 규명하기 위한 지표로 成圭鐸, 社會福祉行政論(서울: 法文社, 1994)의 pp.150-152를 참조 바람.

〈표 8-1〉 지역사회 조사 개관

구 분	내 용
지역사회의 역사	–
인구통계학적 자료	• 지리적 영역 • 인구(중요한 추세) • 주택 • 택지활용(사업 또는 산업단지, 복합거주단위, 현재 또는 예정된 도시 재개발) • 소득수준 • 범죄통계 • 복지수혜자 • 종교, 인종, 성, 연령, 민족 • 가족구성 • 실업률 • 완공된 학교들의 연도 • 지역주민의 건강자료(성병과 결핵환자비율, 유아사망률)
시설 (소재지 포함)	• 종교 • 학교(공립, 사립, 교구부속학교) • 사업(산업, 직장, 상업) • 사회기관 – 병원 – 청년단체 – 가족서비스기관 – 공원과 오락시설 – 공공복지기관 – 취학 전 교육기관 • 정치적 시설(활동조직), 정부기관(지방자치단체, 정부) • 구획클럽, 시민조직 • 우애, 사회, 박애적 조직 • 지역사회신문 • 지역사회의 독특한 자원

* 자료: Betty Deshier, 1983.

〈표 8-2〉 지역사회의 역동성 분석

순번	내 용
1	• 지역사회에서 사회적 범주나 집단화의 주요 유형은 무엇인가? (종교적, 정치적, 민족적, 인종적, 경제적, 사회계층) • 특수한 문제나 이러한 집단이 지역사회에서 지향하고 있는 것이 무엇인가?
2	지역사회 내의 주요시설(가장 강력한 영향력이나 사회적 활용을 가진 학교, 교회, 병원, 은행, 도서관, 복지기관, 개별기관)은 무엇인가?
3	• 이 지역사회에서 인간서비스기관이나 개인의 지위는 어떠한가? • 서비스의 차이는 무엇이며 얼마나 효과가 있는가?
4	지역사회생활에서 시민의 참여수준이 어느 정도 높은가? 소극적인가? 냉담한가?
5	• 지역사회에 힘을 미치는 권력구조가 있는가? • 여기에 포함되는 집단이나 개인은 무엇인가? • 이것에 관한 중요한 것은 무엇인가?
6	• 지역사회에 어떤 종류의 지도력이 존재하는가? • 주요 지도자는 누구인가? • 비공식적 지도자 또는 공식적 지도자는 누구인가? • 광범위하게 인정되고 받아들여지는 지도력은 있는가? • 지역사회의 의사결정은 어떻게 이루어지는가?
7	지역사회에 존재하는 의사소통의 수단은 무엇인가? (공식적, 비공식적 기록, 구술, 특별한 것)
8	집단 사이의 협조나 갈등 또는 격리를 하게 하는 힘은 무엇인가?
9	이 지역사회의 전형적인 가치는 무엇인가?
10	• 지역사회에서 주요 사회문제와 이슈는 무엇인가? • 그들에 관한 집단이나 개인의 위치는 무엇인가? • 이러한 이슈에 관한 지역사회의 감정이 강한가? 아니면 부드러운가? • 주요 쟁점사항을 해결하는 데 중심적인 집단은 어떤 집단인가? • 이것은 강렬한가? • 갈등은 지역사회의 독특한 사회적 기능을 제공하는가?
11	상호관계와 일반적 지역사회발달에 영향을 끼치는 주요 지역사회 외부의 힘은 무엇인가?
12	지역사회복지증진을 지향하는 또는 저항하거나 방해하는 힘은 무엇인가?

* 자료: Betty Deshier, 1983.

이를테면 아동의 경제적 지원을 위해 행정기관, 교통운수회사, 지역사회기관, 약국, 다양한 시설의 이익을 대표하는 중간집단이나 이익집단(경제연합회, 노동조합 등), 문화단체, 그리고 자조집단 등에 대한 정보를 확보하는 것도 매우 중요하다.

이해를 돕기 위하여 지역사회 내의 시설과 조직을 정리하면 다음과 같다(윤백현, 1990: 189).

① 종교조직: 지역사회 내의 정신적, 종교적, 도덕적인 욕구와 관련된 시설과 단체들로 기독교, 불교, 천주교 등의 시설과 각종 중간단체

② 교육조직: 지역사회 내의 교육에 관심을 두는 시설과 단체로 공·사립의 초·중·고·대학교, 육성회, 부모회, 교육위원회, 교원노동조합 등

③ 경제조직: 가장 직접적이고 상당한 경제적 이해관계의 시설과 단체로 산업, 직장, 상업, 관심을 주목받는 사업, 상공협의회, 각종 연합회, 노동조합 등

④ 보건조직: 지역사회 내의 질병의 치료·예방 및 건강증진을 목적으로 하는 시설과 단체로 병의원, 약국, 보건소 등과 중간단체, 의료보험조합, 노동조합, 단주모임 등

⑤ 복지조직: 지역사회 내의 복지욕구를 충족시키기 위한 공·사의 시설과 단체로 사회복지기관 및 시설, 각종 협의회 및 연합회 등의 중간단체, 상담기관 등

⑥ 문화체육조직: 지역사회의 문화적, 휴양적인 욕구 및 체육과 관련된 욕구를 충족시키기 위한 시설 및 단체로 문화시설, 예술단체, 휴양지 및 관련시설, 체육시설 및 관련단체 등

⑦ 취학 전 조직: 지역사회 내의 취학 전 아동을 위한 조기교육 및 보육을 위한 시설과 단체로 유치원 및 보육시설, 중간단체, 부모회 등

⑧ 정치 및 행정조직: 지역사회 내의 정치적 시설이나 활동조직, 일선 관공서와 같은 행정조직 및 산하단체 등

⑨ 시민조직: 지역사회 내의 이웃, 시민 또는 지역사회의 향상을 도모하기 위한 조직과 단체로 향우회, YMCA, YWCA, 시민연합회 등

⑩ 우애조직: 지역사회 연대성에 기초한 단체들로서 Lions, Wiseman, 로타리클럽 등

과 상기의 ①~⑩ 등의 시설이나 조직에서 이를 목적으로 생성된 1차 집단 등

⑪ 자조조직: 지역사회주민 스스로의 원조 또는 권리보호 등을 목적으로 조직된 집단으로 각종 장애인부모회, 장애인협회, 주민협의회, 노인회, 부녀회, 이웃협의회 등

이처럼 획득한 지역사회의 인구통계학적인 현황자료는 다음의 목적으로 활용된다.

① 해당지역의 특정한 실태를 확인하고 현재 상태와 변화를 도모할 수단을 강구한 후에 사후조사를 통해서 개선된 상태에 대한 정보를 획득하는 기초선으로 활용한다.
② 지역사회를 사정함으로써 학교사회복지사는 서비스와 기존의 자원 또는 잠재적 자원 사이의 차이를 규명한다.
③ 다양한 사회적 지표들에 대한 지식은 학교가 위치하는 지역사회주민들의 행동을 이해하는 데 도움이 된다.
④ 학교사회복지사는 실제적으로 활용 가능한 공식적이고 잠재적인 자원에 대한 사회복지지도(map) 또는 관계망을 가시화할 수 있기 때문에 지역사회 자원활용을 용이하게 한다.

학교는 청년조직, 아동상담소, 탁아소, 수용시설, 정신건강, 청소년사법제도 그리고 고용기관과 같은 지역사회자원에 대한 광범위한 지식을 학교사회복지사에게 의존하는 경우가 대부분이므로 학교사회복지사는 지역사회에 존재하고 있는 기관과 사회복지를 전개하고 있는 전문가와 친숙하고 모든 절차에 익숙해질 필요가 있다. 학교사회복지사는 이를 바탕으로 클라이언트의 욕구를 최선으로 충족시킬 수 있는 전문가에게 의뢰를 할 수 있다.

지역사회 내에서 활동하고 있는 대부분의 시설과 조직들은 공통관심과 자신들의 프로그램을 토론하기 위해 매월 모인다. 학교사회복지사는 이러한 전문가모임에 참여해서 자원에 관한 지식을 더욱 넓히고, 동시에 시설과 조직의 인사들에게 사회복지서비스를 이해시킬 수 있는 기회를 가져야 한다.

〈표 8-3〉 지역사회의 시설과 조직을 분석하기 위한 조사표

항 목	조직 1
시설 또는 조직명	지역사회서비스연합회
목적	• 지역에서 조정 · 계획 그리고 자금조달의 사회봉사조직으로 활동한다. • 봉사하고 있는 지역의 주민들에게 공 · 사적 협력을 보장한다. • 기타
주요활동	• 포괄적인 보건계획, 즉 4개 군 지역에서의 사회계획 • 31개 원조기관의 적자를 위한 연합모금운동 착수 • 31개 기관에 대한 기능적 예산체계
활동자 수	33명의 이사회, 450명의 위원회 위원 등
구성원의 자격요건	없음
회의시간	매달 셋째 목요일－이사회
주요 지도자	• 회장 • 사회계획분과 위원장 • 연합모금분과 의원장 • 홍길동이사
협력조직	• 아동폭력예방센터(CAP) • 도 · 시 사회복지국 • 지역사회복지협의회 • 기타
후원형태	자발적인 연합체
자원출처	선물, 회비 등
공식적인 결정권자	이사장
최종 권한	이사장, 이사들
주요 지역사회통제	선물의 형태
기타 관련 자료	• 현재 봉사하는 지역의 확장 • 최근에 지역의 노인과 맺은 계약 • 기타

* 자료: 윤백현, 1990, p.193.

또한 학교사회복지사는 지역사회 내에 존재하는 다양한 특정 조직에 대한 구체적이고 추가적인 사실들을 확보해 두면 학교사회복지서비스를 계획하고 실천하는 데 보다 실질적인 자원으로 활용할 수 있다. 〈표 8-3〉과 같이 목적, 주요 지도자, 협력조직, 재원, 정책결정자, 지역사회를 통제하는 주요 수단 그리고 기타 관련 자료에 관한 정보를 각각의 시설과 조직의 카드철로 마련한다면 이들 시설과 조직의 자원을 활용할 수 있는 잠재성을 분석하는 데 안내역할을 한다.

3. 학교의 욕구와 자원 사정

모든 학교는 학교 자체의 성격을 가지고 있다. 학교영역에서의 사회복지는 교장, 교사, 행정 직원, 학교 외부의 인사, 학교 내 비공식 집단 그리고 학교사회복지사 등의 인적 요인과 예산 등과 관련된 재정적 요인 그리고 교육과정에 관련되는 물적 요인, 학교의 분위기 등과 유기적인 관계에 의해서 실천된다고 할 수 있다.

그러므로 학교사회복지사가 학교라는 조직에서 프로그램이나 활동을 전개하기 위해서는 다음과 같은 상호관계를 분석해야 한다(成圭鐸, 1994: 264).

① 기관조직 내에서 프로그램이 어느 정도 새로운가?
② 그 프로그램에 대해서 어느 정도 알고 있고 또 중요하다고 보고 있는가?
③ 프로그램이 어느 정도의 위치를 차지하고 있는가?
④ 프로그램이 조직 내의 다른 어떠한 부서에 영향을 미치는가?
⑤ 조직이 어느 정도 개혁과 변화를 할 태세를 갖추고 있는가?

다음의 〈표 8-4〉는 학교 내에서의 역동성을 안내하기 위한 조사표이고, 〈표 8-5〉는 학교역동성을 분석하는 데 활용될 수 있는 질문목록이다. 특히, 운영비의 구성형태, 교직원, 비공식 집단과 학교의 분위기 등은 상호 밀접하게 관련되어 있다. 그러므로 학교사회복지사의 중재는 이러한 학교 내부 상황의 역동성에 관한 이해를 기초로 실천되기 때문에 이에 대한 보다 깊은 이해가 요구된다.

1) 자금조성의 구성 및 예산편성형태

학교사회복지서비스를 위한 운영비의 일차적인 자원은 정부, 지방자치단체, 재단과 법인 그리고 기부금 등으로 이루어진다.

〈표 8-4〉 학교 내에서의 조사표

학교명 ____________________ 학교역사 ____________________

구 분	조사 내용
학교기자재 (외부적, 내부적)	• 적정성(등록에 따른 크기) • 일반적인 유지, 청결, 외양 • 장비와 시설(사물함, 도서관, 식당, 놀이공간, 주차장, 운동장)
조직적 구조	–
직원 (교사와 비교사)	• 직업, 연령, 성에 의한 분류 • 교육자격 – 직원의 수입 정도 – 교사와 비교사의 수 • 직원 이직, 출석유형
학생인구	• 학년, 인종, 성, 연령에 의한 등록 • 출석유형 • 유기정학, 중퇴, 무기정학, 낙제 • 건강(신체적, 정서적) • 읽기수준, 수학수준, 시험점수
프로그램	• 교육과정 분석(차이, 변인, 창의성, 상동성) – 초등학교 – 중학교와 고등학교 • 특수교육학급 • 기타 특수 프로그램(예: 재능반) • 특별교육 과정 프로그램 • 교실크기, 아동과 교사의 비율 • 학급구성(능력, 계층, 팀 교육)

* 자료: Betty Deshier, 1983.

〈표 8-5〉 학교역동성 분석

순번	분석 내용
1	• 교직원의 특징을 지울 수 있는 집단화나 사회적 범주의 주요 유형은 무엇인가? (종교, 정치, 인종, 경제, 사회적 계급) • 이러한 집단화의 구체적 문제나 지향성은 무엇인가? (예: 직업성향)
2	학교직원의 전형적인 가치는 무엇인가?
3	• 공식적 · 비공식적인 학교 내의 지도력유형은 어떤 것인가? • 주요 지도자는 누구인가? • 학교의 의사결정은 어떻게 이루어지는가? • 지도력의 개발을 위해 어떤 기회가 있는가?
4	학교 내의 어떤 힘이 집단들 사이의 갈등과 협조, 격리를 조장하는가?
5	학교에 영향을 끼치는 주요 권력은 무엇인가?
6	학교 내에 존재하는 의사소통의 수단은 무엇인가? (공식 · 비공식적, 문서 · 구두, 공개적 · 임기응변적 · 비밀리에)
7	• 학생, 행정, 교사, 지역사회에 의해 지각되는 학교 내의 주요 교육적 문제나 이슈는 무엇인가? • 그들에 관한 다양한 집단과 개인의 태도는 어떠한가? • 이러한 이슈가 강하게 느껴지는가? 아니면 온화하게 느껴지는가? • 각 문제를 해결하고 규명하는 데 어느 집단이 중심이 되는 것처럼 보이는가? • 갈등은 학교 내에서 독특한 기능을 제공하는가? (예: 변화, 저항, 방해)
8	이 학교에서 특수한 학교서비스나 직원에 대한 긍정적인 특징은 무엇인가? 얼마나 효과적인가? 서비스 간의 차이는 무엇인가?
9	학교 일에 직원들의 참여가 비교적 높은 편인가? 아니면, 수동적인가? 냉담한가?
10	학교 내의 관계와 일반적인 학교발달에 영향을 미치는 주요한 지역적 · 학교 외적인 힘은 무엇인가?

* 자료: Betty Deshier, 1983.

이를테면 정부 및 지방자치단체의 보조금과 같이 예측 가능한 자금과 예측이 불가능한 자금이 혼합되어 학교사회복지서비스의 재정으로 사용된다. 교육 프로그램과 학교사회복지서비스가 얼마나 유용한가에 따라서 운영비 조성과 직접적인 관계가 있기 때문에 학교사회복지사들은 이 영역에 대한 지식이 있어야 한다.

운영비 조성이 어떻게 이루어져 있는가에 따라 학교사회복지를 실천하는 방법과 지위에 영향을 미친다. 예를 들어 저조한 출석률에 근거하여 각 학생의 교육에 소요되는 자금의 양을 결정하는 공식에 근거로 삼고 있는 자금의 비중이 높다면 학교사회복지사는 학생의 출석률을 개선하는 데 주로 초점을 둘 것이고, 만약 운영비가 우선적으로 특별교육자금으로 조성되어 있다면 학교사회복지사는 특별교육서비스를 위한 학생의 평가 그리고 학생과 가족을 위한 지지적인 상담과 교육활동을 지원하기 위해 교사에게 자문을 제공하는 것에 집중할 것이기 때문이다.

또한 예측이 불가능한 유동적인 자금으로 이루어진 경우 학교사회복지서비스는 조직 내에서 상대적으로 주변적인 위치를 점유하게 된다. 이러한 상황에서 학교사회복지사들은 프로그램에 대한 재정적 혹은 다른 결정과 관련된 정책의 개발에 영향을 미칠 수 있는 기회가 더욱 제한적이 될 수밖에 없다.

그리고 학교사회복지의 예산편성이 어떻게 이루어져 있는가에 따라 학교사회복지사의 실천전략에도 영향을 미친다. 학교사회복지사가 자신의 기능을 충분히 수행하기 위해서는 우선적으로 예산편성 및 할당의 구성형태에 대해 이해를 하고 활용 가능한 예산상의 지원방안을 고려해야 한다.

2) 교직원

학교영역에서의 주요한 인사인 학교장, 교사의 정책과 교육철학 등이 지향하는 바가 무엇인가에 따라 학교사회복지는 영향을 받는다.

학교장은 어느 지역사회에서나 중심적 인사이다. 교장은 교육청의 정책을 자신의 학교 내에서 실천하는 행정적 역할을 수행할 뿐만 아니라 정책과 역할수행 사이에서 상호작용하기도 하고, 지도력 혹은 안내, 자원 그리고 지원을 통하여 교사의 담당과업을 촉진하도록 한다. 더군다나 학교장은 학교사회복지사에게 문제해결을 의뢰하는 중요한 동인이며 동시에 학교사회복지사로부터 환류를 보고받는 중심적 위치에 있다. 그래서 때로는 학교사회복지사가 교장에게 관리기술을 지원한다거나 학생과 부모, 그리고 개인의 역할수행에 영향을 미치는 환경적, 가족적 조건을 이해하도록 돕는 자문을 할 수도 있다.

또한 교사와 학교사회복지사도 협력적이어야 한다. 교육전문가로서 교사는 대부분의 학생이 적절히 배우고 잘 행동하는 것에 우선적인 초점을 두고 있다고 하더라도, 학교사회복지사들은 교사가 학생 개개인과 위험에 처한 학생들의 욕구에 부응하는 기대와 방법을 어떻게 적용시키느냐를 학습할 수 있도록 자문을 제공한다.

행정가와 교사에 대한 스타일을 사정함으로써 학교사회복지사는 그들이 지향하는 것과 일치하는 태도로 그들과 관계할 수 있다.

학교사회복지사는 교장과 교사 이외에 상담사, 임상심리사, 간호사, 그리고 언어 또는 운동치료 등과 같은 영역의 전문가팀에 대해서도 지지적인 자원으로 사정해야 한다. 이러한 사정을 통하여 담임교사, 교장, 학생 혹은 부모로부터 의뢰를 받아 가족서비스계획을 수립하여 중재함으로써 문제를 해결하도록 촉진하거나, 위기상황 또는 예방서비스를 통해 위험한 상태에 있는 학생들의 욕구를 설명한다거나, 함께 사례관리 전략을 수립해서 학교 내·외부에서 제공되는 모든 서비스를 조화시킬 수 있다.

3) 비공식 집단

어느 조직에서나 조직구성원의 혈연, 지연, 학연, 이해관계, 취미, 종교 등에 의한 다양한 소집단이 형성되기 마련이다. 이와 같이 형성된 비공식 집단은 조직 자체의 목표에 순기능을 하기도 하고 오히려 역기능적인 영향을 미치기도 한다. 학교사회복지사는 비공식적인 집단의 기능을 숙지해야 할 뿐만 아니라 비공식 집단에서 영향력 있는 인물을 확인해서 필요할 때 활용할 수 있어야 한다.

4) 학교의 분위기

학교사회복지사가 각 교실의 수업장면을 참관한다거나, 점심시간에 각 교실을 방문해 봄으로써 학교의 분위기를 파악할 수도 있다. 그러나 학교라는 조직의 분위기는 전술한 바와 같이 운영비의 구성형태, 교직원, 비공식 집단 등과 매우 밀접한 상호관련성이 있다. 분위기는 학생들 사이의 상호작용, 훈육과 지지에 대한 행정가의 유형과 교사들의 경력에 의해 형성된다.

합리적인 행정가는 훈육의 힘은 논쟁적이고 개인적인 특징이 있으며, 인간관계적인 행정가는 자유방임주의적이기 때문에 두 가지 목적이 상존하는 경우 조정되지 않은 결정으로 말미암아 과제수행에 곤란을 초래하기도 한다. 그리고 전문적인 행정가는 합리주의와 인간관계 스타일이 혼합된 유형이다. 이러한 행정가는 수업일정을 조직하고, 수업시간을 정하며, 출석과 성적을 점검하고, 건물유지관리를 하며 교사를 지지한다. 또한 개별학생과 학생집단을 관리하고 동기를 심어주며, 의사소통을 촉진하고, 교사들 사이에 우호적 관계를 유지하고자 한다(Litwak & Meyer, 1974: 85-89).

또한 Litwak과 Meyer에 의하면 교사들은 자신들의 교육철학에 기초를 둔 상이한 지향성을 가지고 있다고 하였다. 경력이 많은 교사들은 교육의 주요 목표에 심각한 관심을 기울이지 않지만 보수에는 상당한 관심을 가지고 있으며, 학생들의 동기는 학교 내의 교사에 의해 다루어질 수 있다고 주장한다. 자신들은 교육을 위임받았고, 학생이 필요로 하는 것은 학교의 여타 전문가들의 도움 없이도 해결될 수 있다고 생각한다. 경력이 적은 교사들은 가족과 지역사회가 학생의 사회화에 큰 역할을 담당한다고 이해할 뿐만 아니라 지역사회와의 관계에 중요성을 둔 새로운 교육경향을 인식하고 실험적인 활동에 관심을 가진다(Allen-Mears, Washington, & Welsh, 1986: 218).

4. 학교 내 · 외 상황 이해를 위한 학교-지역사회 간의 관계성 분석

하나의 조직이 필요한 자원을 확보하기 위해서는 타 조직과 상호 교류를 유지하지 않으면 안 된다. 조직 간의 상호작용을 통한 협력관계는 환경으로부터 오는 여러 가지 제약조건과 사업영역에 위협이 되는 모든 요소들을 완화시키기도 하고 자원확보 능력을 증가시킬 수 있는 원동력(정진영, 1986: 2-4)이 되므로 학교와 지역사회 사이에 존재하는 관계성에 대한 이해 또한 학교사회복지사의 중요한 업무 중의 하나이다.

학교와 지역사회 간의 역동성에 대한 분석은 학교와 지역사회 사이의 상호작용수준을 결정하게 하는 지침을 제공한다. 이러한 평가를 위해서 Litwak과 Meyer는 평가에 다음 질문을 포함해야 한다(Allen-Mears, Washington, & Welsh, 1986: 219-220 재인용)고 하였다.

① 체계는 개방적인 정책을 가지고 있는가? 폐쇄적인 정책을 가지고 있는가? 또는 중도적인 정책을 가지고 있는가?

② 학교는 어떤 또는 어느 연결기제(대중매체, 신문, 지역사회소식지, 공식적 권위나 위임된 권위)를 활용하여 지역사회와 의사소통하며, 이러한 연결기제는 얼마나 적절하며 효과적인가?

③ 학교와 교육에 대한 가족이나 지역사회의 가치는 무엇인가?

④ 학교와 지역사회 사이에는 어떤 의사소통이 있는가? 그리고 지역사회집단, 방문하는 부모, 자문집단에 의해 이루어진 학교건물의 사용은 어떠한가? 지역사회집단이 어떻게 학교 프로그램에 초대되어지며, 학교모임에 참석되는가?

⑤ 학교와 지역사회의 의사소통이 얼마나 밀접한가? 하는 질문에 대한 학교사회복지사의 판단은 어떠한가?

⑥ 적절한 학교−지역사회관계에 기여할 변화의 힘, 저항하는 힘, 방해하는 힘은 무엇인가?

상기의 평가질문 이외에도 학교사회복지를 승인하고, 활동사항을 검토하며, 준수할 규칙을 제정하는 규제집단[3]에 관한 질문도 학교와 지역사회 간의 역동성 이해에 도움이 된다. 이를테면 학교사회복지를 정기적, 비정기적으로 검토하는 단체나 조직, 평가척도, 규제기관의 활동에 대한 학교측의 견해, 규제집단이 요구하는 정보와 형식, 규제집단과 관계하는 학교측의 책임자, 인가 또는 허가사항, 규제집단의 우선순위, 규제기관과 학교사회복지사 간의 기대차이, 규제집단이 미치는 영향 등에 대한 분석도 이루어져야 한다.

5. 학교사회복지 자체의 분석

학교사회복지를 실천하는 장을 분석하기 위한 요인은 ① 학교사회복지실의 위치,

3) 규제집단에 관련된 내용은 成圭鐸, 社會福祉行政論(서울: 法文社, 1994)의 pp.273-275를 참조 바람.

② 학교사회복지사, ③ 서비스나 프로그램의 크기 등이 고려되어야 한다.

학교 내에서 차지하고 있는 사회복지실이 어느 장소에 위치하고 있느냐에 따라 운영에 영향을 미친다. 학교장실 주변에 위치하면 상하 간의 의사소통, 자원의 지원, 주요 의사결정권자와의 접촉이 용이한 장점도 있을 수 있지만, 더 많은 지도감독과 평가를 받아야 한다거나 학교사회복지사의 재량성이 침해받을 수 있는 가능성도 높으며 사회복지실을 이용하는 학생들에게 쉽게 접근하기 곤란함을 초래하기도 한다. 그러므로 학교사회복지실은 이용자의 중심에서 학생과 가족이 활용하기에 편리하고 학교사회복지사의 재량권이 보장될 수 있는 적절한 장소에 위치하고 있는가 하는 점도 고려되어야 한다.

학교사회복지를 성공시키는 중요한 요인 중의 하나는 전문적 교육에서 비롯되는 학교사회복지사의 사명감, 태도, 공통적인 가치, 지식 그리고 기술이 포함된 능력에 의해서만 가능하다. 그러므로 학교사회복지사의 기술과 능력에 대한 사정은 서비스에 대한 계획 형성을 촉진하게 하는 중대한 요인이다. 학교사회복지사 자신에 대한 사정을 바탕으로 다른 전문직의 기술과 학교사회복지사 자신의 기술을 결합함으로써 서비스계획을 더욱 효과적으로 이행할 수 있다. 이를테면 학교사회복지사가 감당할 수 없지만 무엇이 달성되어야 하는가 하는 목표를 알고 있다면, 이를 성취하기 위해서 학교 내·외에서 필요한 자원을 개발할 수 있는 것이다.

또한 학교사회복지의 서비스나 프로그램의 크기가 어떠한가에 따라 많은 영향을 받을 수도 있다. 소규모의 프로그램은 사회복지실을 중심으로 원활하게 전개될 수 있지만, 프로그램의 크기가 큰 경우는 다수의 다른 전문직이나 소요인원을 투입해야 하는 등의 행정적인 협조사항이 부가적으로 요구된다. 학교사회복지사는 많은 활동과 조정이 전제되는 프로그램이나 서비스를 계획할 때는 협의, 조정, 의사소통이 이루어질 수 있는 충분한 시간을 확보하여 세심한 계획을 수립할 수 있도록 해야 한다.

제3절 계약

준비과정의 자료수집단계에서 수집한 정보에 기초하여, 1년 동안 사회복지서비스의 목표와 목적을 개발해서 협의 · 조정하는 계약단계가 진행된다.

계약단계에서 개발해야 하는 목적과 목표는 자료수집단계에서 문제를 진술하고 측정 가능한 사실로 개념화하는 과정을 통해서 구체화된다. 학교사회복지사는 마련된 목적과 목표가 교장과 충분한 논의를 통해서 수용되도록 해야 하며, 필요하다면 다른 전문직과 함께 협의해서 조정하는 과정도 포함해야 된다.

또한 계약과정은 모든 사회복지가 계획해서 시작하는 단계(plan), 기획한 바에 따라 실행하는 단계(do), 실행된 결과를 분기, 반기 또는 연간 진행 · 보고하고, 전반적인 운영평가를 실시(see)하여 그 결과가 환류되어 새로운 연간계획에 반영되는 평가의 순환성이 준수되어야 한다.

목표는 1년 동안 제공하는 서비스의 한계를 제공한다. 그러나 만약 정보와 환경에 변화가 있다면 목표 또한 수정되어야 한다. 그러므로 계약은 준비과정에서만 한정되는 것이 아니라 사회복지서비스 전반에 걸쳐 계획, 사정, 수행과정 및 평가과정이 일련의 과정으로 수행되는 것이다.

학교사회복지사는 계약단계에서 행정가와 함께 다음과 같이 협의해서 조정한다.

첫째, 행정가들과 함께 한 해 동안 수행할 사회복지서비스에 대한 목적과 목표를 협의 · 조정해서 개발한다. 학교사회복지사가 서비스에 대한 목적과 목표를 개발할 때에는 사회복지와 교육은 서로 동반자적 관계라는 이해를 바탕으로 달성되어야 할 업무가 학교의 목적과 일치하도록 해야 하며, 행정가의 임무와 서비스에 대한 기대에 관한 영역을 설정해야 하고, 사회복지서비스에 대한 결과의 평가척도에 대한 협의를 반드시 하도록 유념해야 한다. 이러한 것들이 학교사회복지사에 대한 가치나 사회복지서비스의 계획이 학교의 교육과정에 기여할 것이라는 기초를 다지게 할 것이기 때문이다.

이처럼 학교사회복지사가 연초에 업무영역을 합의 · 조정함으로 인해서 더욱 새롭고 구체적인 서비스계획을 수립할 수 있는 과정을 수행하게 된다.

둘째, 사회복지서비스의 계획과 관련된 욕구와 자원의 편성에 대하여 협의 · 조정한다. 사회복지서비스에 대한 목적과 목표가 협의 · 조정되면 학교사회복지사는 각 학교의 독특한 욕구를 충족할 수 있도록 학교사회복지사의 책임하에 목표와 중재계획을 구체적으로 수립해야 한다. 이 세부적인 서비스계획에는 지역사회 및 학교의 욕구를 반영해서 예산을 어떻게 편성하고 할당할 것인가를 포함시켜야 한다.

이렇게 구체적인 활동계획이 개발되어지면 학교사회복지사는 사회복지서비스의 본질을 명확히 하기 위해서 행정가들과 함께 협의 · 조정한다. 불일치되는 활동계획일지라도 조정을 통해 변경에 대한 협상이 이루어져야 학교사회복지사가 제공하게 될 서비스에 대한 행정적 지지를 확보할 수 있다. 이와 같이 서비스계획이 확정되어야 장애요인을 극복할 수 있기 때문에 목표 달성을 용이하게 하는 출발점이 된다.

CHAPTER 09

사정과정

학교사회복지를 실천하기 위한 두 번째 과정은 준비과정에서 수집한 자료를 분석하고 사정해서 학교사회복지서비스 중재계획을 수립하는 데 필요한 세 번째 단계인 수행과정의 토대를 마련하는 데 목적이 있다.

사정과정은 준비과정의 자료수집단계의 연속선상에서 진행된다. 준비과정의 자료수집단계는 사회복지서비스를 원활하게 제공할 수 있는 환경을 조성한다는 의미에서 학교사회복지사의 차원에 높은 비중을 둔 자료수집을 하는 조사과정이라면, 사정과정은 클라이언트의 문제를 효과적으로 중재하기 위해 인간과 환경 간의 이중적인 초점에서 클라이언트의 욕구를 조사하고 사정한다는 의미가 강하기 때문에 클라이언트의 차원에 상대적으로 더 높은 비중을 두고 있다. 또한 사정과정에는 클라이언트 욕구에 대한 조사, 사정단계 및 중재계획 수립단계가 포함된다.

조사(study)는 클라이언트와 클라이언트의 문제를 이해하기 위하여 필요한 자료를 수집하는 사회조사(social study)이며, 사정(assessment)은 조사를 바탕으로 한 전문가인 학교사회복지사의 의견이라고 할 수 있다. 이에 대하여 Cabot박사는 "사회조사에 있어서는 눈을 뜨고 관찰하며, 사정에 있어서는 눈을 감고 생각하라."고 하여 조사와 사정을 구분하고 있으며, 훌륭한 조사는 훌륭한 사정을 하게 한다(전재일 · 김상규, 1996: 172).

여러 다른 전문직은 자신의 지식기반에 따라 사정을 해나가게 된다. 학교사회복지사가 다른 전문직과 구별되는 인간과 환경에 초점을 두는 생태체계적인 지식기반에서 사정을 한다면 자신들의 정체성에 기여할 수 있다.

Chestang(1983)의 상호작용모델은 [그림 9-1]에서 제시하고 있는 바와 같이 학교사회복지사가 인간과 환경에 초점을 두는 이중적인 관점을 갖게 하며, 동시에 클라이언트의 대처유형, 성장잠재력 그리고 침해하는 환경의 특성을 동시에 조사하고 사정하게 한다. 가족, 친구, 제도, 가치, 전통, 정체성 등은 양육환경(nurturing environment)이고, 재화와 용역, 정치력, 경제적인 자원, 지위, 교육 등은 유지환경(sustaining environment)이다. 이러한 양육 및 유지환경의 특성이 긍정적으로 작용하면 학생이 바람직한 성장과 발달을 도모하게 하는 조건을 제공하게 되지만, 반대로 부정적으로 작용하면 오히려 이를 침해하는 악조건을 형성하기도 한다.

양육 및 유지환경에서 받은 부정적인 영향은 결과적으로 인간적 무능감, 낮은 자긍심, 절망감을 야기하게 하여 인간의 잠재력 개발을 심각히 방해한다. 즉, 양육환경은 최적의 환경이 되지 못하고, 유지환경은 서비스를 철회하여 무력감을 증가시키기 때문에 학교사회복지사는 이중적 관점에서 양육 및 유지환경 양자 모두를 사정해야 한다. 이러한 사정을 바탕으로 학교사회복지사는 개별적인 상황에 따라 전문가팀, 행정가 또는 직원, 가족, 지역사회 등을 대상으로 필요한 관심과 지지를 유도하여 문제를 해결하기 위해 다양한 역할을 수행할 중재계획을 수립할 수 있다.

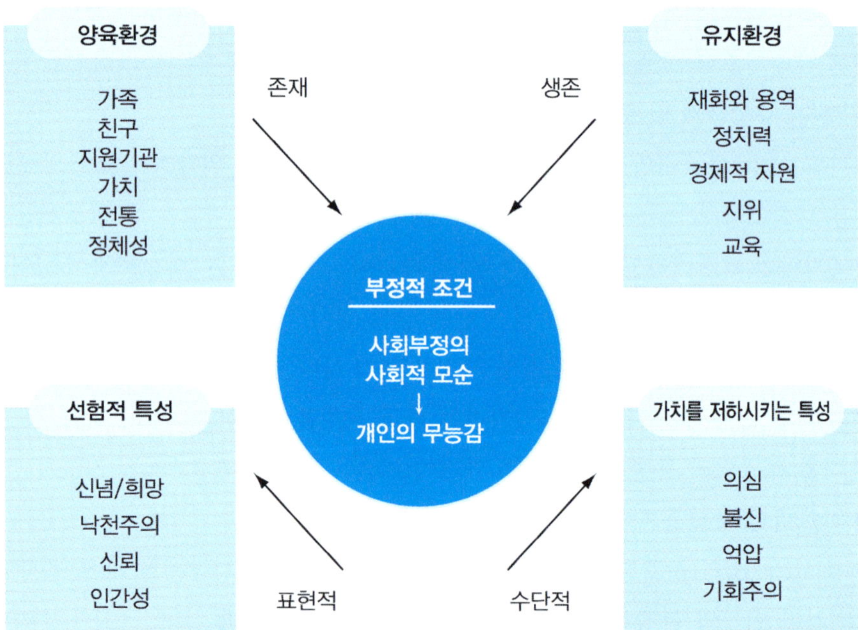

그림 9-1 Chestang의 상호작용모델(1983)

그러므로 Chestang(1983)의 상호작용모델은 양육환경 또는 유지환경, 표적집단의 학생 또는 개별학생 사정에도 유용하므로 학교사회복지사는 조사단계에서 생-심리-사회적인 요인(bio-psycho-social factors)이 충분히 반영될 수 있도록 자료를 수집하고 분석한다.

Welsh와 Spitzer(1981)에 의해 개발된 사정과정은 문제진술, 자료원(data base)의 개발, 사정단계로 구분한 생태체계론적 관점에서 제시하고 있으나, 본 장에서는 학교사회복지사가 학교사회복지를 실제로 실천하는 사정과정을 ① 조사단계, ② 사정단계, ③ 중재계획 수립단계로 구분해서 구체적으로 설명하고자 한다.

제1절 조사단계

학교라는 특수한 장면에서 사회복지를 실천하는 학교사회복지사는 두 가지 측면에서 조사활동이 요구된다. 그 중의 하나는 준비과정의 자료수집단계에서 수집한 자료에 의해서 학교사회복지서비스를 원활하게 제공할 수 있는 환경을 조성하기 위한 학교사회복지사의 차원에서 요구되는 조사활동이며, 또 하나는 클라이언트의 문제를 효과적으로 중재하기 위한 클라이언트의 차원에서 조사활동이 이루어져야 한다. 전자는 거시적인 자료수집 및 분석이 요구되며, 후자는 클라이언트의 일차적인 환경에 대한 자료분석이 수행되는 절차이다. 여기에서 설명하고자 하는 사정과정의 조사단계는 클라이언트의 중심에서 이루어지는 자료수집 및 분석 차원에서 설명된다.

학교사회복지사는 클라이언트의 문제를 이해하고 효과적으로 돕기 위해서 어떠한 방법과 목표로 자료가 수집되는가를 올바르게 이해하는 것이 중요하다. 각각의 클라이언트에 따라 차이가 있겠지만 일반적으로 조사의 목적을 고찰하면 다음과 같다(전재일 · 김상규, 1996: 172-174).

① 클라이언트가 처해 있는 현재 상황에 관련된 문제 전체를 보다 잘 이해하기 위한 것이다.
② 전체 문제상황 중에서 무엇이 먼저 해결되어야 하는가 하는 순서와 긴급성에 관해 이해하는 것이다.
③ 해결되어야 할 문제는 문제의 근본원인이 과거의 사건에서 유래되고 있는가, 또는 현재의 긴급상황에 의해 발생하고 있는가를 이해하는 것이다.
④ 문제해결에 필요하며 효과적이고, 가치 있는 자료를 수집하는 것이다.

이러한 목적에 따라 학교사회복지사는 학교와 클라이언트상황과 관련되어 있는 각각의 체계, 이른바 지역사회, 학교, 교실, 가정, 그리고 학생 자신에 대한 자료를 수집하게 된다.

따라서 제8장에서 설명한 바와 같이 학교사회복지사가 수집하는 자료는 학교사회복지사와 클라이언트 두 가지 차원에서 이루어지며, 서로 별개의 것이 아니라 밀접하게 상호 관련되어 있다. 이러한 자료분석과정은 학교사회복지 실천과정에서 중복될 수 있고 동시에 일어날 수도 있다. 그러므로 학교사회복지사는 보다 큰 체계수준에서 작은 체계수준으로, 작은 체계수준에서 보다 큰 체계수준으로, 그리고 각각의 체계수준과 체계 간의 관계성을 이해하려고 하는 기본적인 시각에서 자료분석과정을 진행하는 것이 중요하다.

학교사회복지서비스를 원활하게 제공하기 위한 환경분석에 관한 학교와 지역사회에 대한 자료수집지표들은 제8장에서 이미 제시한 바 있다. 여기에서는 클라이언트의 욕구와 밀접하게 관련된 교실, 가족, 개별학생과의 역동성을 분석하는 데 사용할 수 있는 지표들을 중심으로 설명하고자 한다.

클라이언트의 욕구를 조사하기 위해서 학교사회복지사는 상황을 의뢰한 사람은 누구이고 의뢰된 사람은 누구인가, 클라이언트나 의뢰처에 의해 처음으로 지각된 문제의 본질은 무엇인가, 문제는 어디(가정, 교실, 동료들 사이)에서 일어나는가, 문제를 처음 인지한 시기는 언제이고, 문제상황이 얼마나 오랫동안 지속되고 있는가, 상황과 관련되어 있는 체계는 무엇인가, 문제에 대해 각자는 어떻게 인식하고 있는가를 규명하고

자 하는 차원에서 조사단계가 수행되어야 한다.

1. 조사내용

1) 교실

대부분의 학생들은 전체 학교생활시간 중에서 가장 많은 부분을 교실에서 보낸다. 그러므로 교실에서의 경험의 질적 수준이 어떠한가에 따라 학생의 발달에 지대한 영향을 미친다고 할 수 있다.

교실 내에서 이루어지는 학습은 하나의 교류과정이다. 교실에서 경험한 학습방법은 교사가 가르치는 것에만 달린 것이 아니라 학급동료 또는 교사와의 상호작용도 매우 중요하다. 학교사회복지사의 교실에 대한 관찰은 관찰목적에 따라 다르지만 일반적으로 교실 관찰 시에 다음과 같은 인구론적 정보, 교육 프로그램, 교실 내의 환경과 구조, 교실 내 · 외의 상호작용 등에 관한 내용이 포함된다.

(1) 인구론적 정보

① 학생의 학년, 번호, 나이, 학업수준, 성, 문화, 장애요인
② 교사의 나이, 성, 문화

(2) 교육 프로그램

수업준비도, 가르치는 양식

(3) 교실 내의 환경과 구조

교실크기, 통풍과 채광, 환경정리, 화장실의 위치와 청결 정도, 책의 질과 양, 책상과 의자, 지도, 여타 교재도구 등

(4) 교실 내 · 외의 상호작용

교사와 학생, 학생들 간, 교사와 부모 간의 상호작용, 교실규정, 지도력형태, 의

사소통형태

2) 가족

가족에 관한 정보는 필요한 만큼 확장될 수 있다. 이러한 정보를 확보하기 위해서 학교사회복지사는 인테이크면접, 가족 전체를 대상으로 가족면접을 활용하거나 가정방문을 하나의 방법으로 활용한다.

수집한 자료가 중재를 위한 사정에 도움이 되기 위해서는 가족성원의 이름과 생년월일, 사망과 결혼날짜, 종교, 교육 정도 등의 일반적인 정보와 아울러 보다 체계적이고 역동적인 가족에 대한 정보가 요구된다.

우리나라 현실에서 가족체계의 진단모델(장인협, 1993: 150-159)을 참고로 정리하면 다음과 같다.

(1) 가족의 구조와 가족원의 역할

가족의 구조나 구성이 가족기능을 수행하는 데 미치는 영향은 심각하다.

학교사회복지사는 부모 · 자녀 모두 함께 사는 정상적인 가족인가, 가족성원 중에서 사망 또는 이탈하고 있는가, 가족의 결손으로 인한 영향은 무엇인가, 또는 가족의 기능적인 결손의 영향은 무엇인가 하는 질문을 통해 가족의 구조와 가족원의 역할에 대한 정보를 확보할 수 있다.

현대사회는 산업재해, 교통사고 등 불의의 사고로 인해 결손가족이 증가하고 있기 때문에 가족해체는 넓게는 통합, 충성심, 합의, 가족단위의 정상적인 기능의 붕괴 등과 같은 가족결속의 파괴를 의미하며, 좁게는 사별, 이혼, 유기, 사망 등으로 인하여 결손가족이 되어 가족이 구조적으로 불안전한 상태에 있는 모자가족, 부자가족, 자녀만의 가족 등의 가족형태를 의미한다.

이러한 가정에서는 가족의 구조적인 결손으로 인한 가족의 기능적인 결손을 동반하게 되고, 아버지가 없을 경우 남자아동은 아버지를 동일시할 수 없고, 어머니가 없을 경우 여자아동은 어머니를 동일시할 수 없게 된다(대구대학교 사회복지연구소, 1985: 56).

또한 유아는 어머니와 가지는 애착관계를 통해 성격발달과 정신건강의 기초를 다지며(Bowlby, 1965: 14) 사회관계, 집단의 동일시, 타인에 대한 감정이입까지 영향을 미치게 된다(Murray, 임능빈 역, 1977: 142).

모성상실(maternal deprivation)을 경험한 아동 및 청소년은 성장, 발달과 정신건강에 부정적인 영향을 미쳐 아동의 육체적, 지적 발달이 지연되고 심리적 갈등, 불안, 우울 현상 등을 경험한다. 또한 이러한 아동은 인간관계에서 타인과 동일시하려는 능력을 상실하기 쉽고 또한 타인에 대한 관심이 적어 오직 자신의 목적만을 추구하는 사람이 되기 쉽다(Bowlby, 1965: 23). 그리고 이러한 영향이 장기화되면 감정통제력의 결핍, 죄의식의 결여, 원만하지 못한 대인관계, 성격적 혼란, 사회성의 결핍, 공격적 충동을 통제하지 못하는 점, 미숙성과 비행행동 및 퇴행성을 보인다(정원식, 1974: 140-141). 그 결과 비행률이 높은 성격이 형성되고 설령 비행을 저지르지 않는다 하더라도 고질적인 문제행동을 하게 된다(정금자, 1981: 327).

이에 비하여, 부성상실(paternal deprivation)을 경험한 아동은 이성과 사회성 발달에서 적응이 어렵고, 여아의 경우 아동기, 청년기, 장년기에 남성관계에서 심한 부적응현상이 나타나며, 성인이 된 후 알코올중독, 약물중독, 자살시도 등이 나타나고, 어머니에게 지나치게 의존하게 되며(Hetherington, 1972: 313-316; Bigher, 1970: 79), 어머니의 재혼으로 인해 아동이 받게 되는 아버지의 영향은 아동의 연령이 5세 이전에는 그리 심각하지 않으나, 6~11세의 남아가 아버지의 사망을 경험한 경우에는 영향이 크다(Santrock, 1972: 455-469). 또한 아버지가 없는 가정에서 자란 남아는 아버지가 있는 가정에서 자란 남아보다 정서적으로 안정되지 못하고 충동적인 성격을 나타내며(Biller & Davids, 1973: 48-76), 사회적 책임을 완수하는 데서나 만족을 지연시키는 데 곤란을 겪는 성격 특징을 나타낸다(Mischele, 1961: 116).

그러므로 학교사회복지사는 아동의 건전한 성장에 역기능적인 모성상실, 부성상실, 구조적인 결손의 영향과 가족성원의 역할에 대한 자료를 수집해야 한다.

(2) 사회경제적 조건

가족이 빈곤하다고 해서 반드시 문제가 발생하는 것은 아니다. 그러나 낮은 사회경제적인 지위에 대처하는 가족의 능력과 태도, 그리고 빈곤이 아동에게 미치는 영향에 대한 정보를 확보하여 중재계획 수립과 치료에 활용되도록 해야 한다.

가정은 인간형성 내지 인간의 사회화과정에 기초집단이 되어야 함에도 불구하고, 빈곤은 아동에게 경제적 박탈뿐만 아니라 사회적, 문화적, 심리적인 박탈을 포함한 광범위한 영향을 미치고 있다. 학교사회복지사는 가치, 태도, 심리적 속성, 자녀양육방법, 상호작용 및 인간관계 등에 관한 정보를 확보하도록 해야 한다.

빈곤문화론의 측면에서 빈곤층이 갖는 태도, 가치, 성격상의 특성은 쉽게 체념하고 무력감에 빠지기 쉬우며, 의타심과 열등감 및 사회적 불신이 강하고 자아구조가 빈약하다(Lewis, 1966: 19-25). 또한 빈민의 심리적 속성은 무감각하며 동기가 없고 문제해결을 위한 협동이 어려우며, 직업적 기술과 지도력이 부족하다. 또한 자주 여러 문제에 부딪히며, 즐거움을 추구하려 하고, 계획은 단기적이며, 사물에 대한 긍정적 감정보다는 부정적 감정이 더 많다(Haggstrom, 1968: 67-68). 뿐만 아니라 가정의 낮은 사회경제적 지위는 낮은 지적 지위를 가져오게 하고, 낮은 지적 지위는 학교에 대한 부정적 태도를, 그리고 이러한 부정적 태도는 거칠고 자극적인 행동으로 유인하여 결국 불량한 친구와 사귀게 되고 결과적으로 비행청소년이 된다(이규환, 1978: 35)고 하였다.

또한 빈곤가정의 자녀양육은 다음의 네 가지 영역에서 심각한 곤란이 야기된다(Costin, 1974: 32-33).

① 빈곤가정에서는 어머니가 권위주의적 방법을 빈번히 행하거나, 아버지가 처벌을 자주 사용하면 아동이 건강한 개인으로 성장하는 기회를 위태롭게 한다.
② 불신과 두려움을 가진 가난한 부모에 의해 이끌어지는 억압된 생활은 아동의 교육적 성취를 실패하게 한다.
③ 빈곤한 부모들의 약한 자극통제 및 인간관계의 예민성은 아동의 사회적 수용성에 편파적 경향을 나타나게 한다.
④ 이들 부모들은 아동의 행동에 대한 이유보다는 특정한 행동의 결과에만 관심을 둔다.

또한 가정의 상호작용(작용환경)이 낮음에 따라 약한 초자아의 발달, 통제능력의 결여, 욕구좌절의 내구력 결핍, 인간관계가 나쁘고 부정적이며 회의적인 성격, 낮은 자아존중감, 적대감과 체벌경향 등이 높고(Langer, 1963: 436-475), 일반적으로 하류계층 아동의 인간관계는 중 · 상류층 아동들의 인간관계에 비해 바람직하지 않다(이규환, 1978: 150)고 보고되고 있다.

이처럼 빈곤현상이 재정적인 결핍 이상으로 곤란한 것은 동기와 희망과 자극의 결여이며, 세대 간에 사회화과정을 통해 전승되어 빈곤의 악순환을 야기시킬 수도 있으므로 학교사회복지사의 관심이 요구된다.

(3) 가족기능

가족의 기능이 어떻게 수행되고 있는가는 그 가족 내의 하위체계(sub-system)로 분류하여 정보를 확보함으로써 가능하다. 핵가족형태의 경우는 부부관계, 부모–자녀관계 및 형제–자매관계체계를 갖고 있으나, 우리나라의 경우에는 철저한 부부 중심의 핵가족을 이루고 있지 못하기 때문에 고부관계, 조부모–손자녀관계 그리고 동거자의 관계 등이 포함될 수 있다.

① 부부관계의 기능

가족 내의 여러 하위체계 중에서 가장 중요한 기능이 부부관계의 기능이다. 부부관계는 정서적 기능, 성적 기능, 경제적 기능, 자아강화적 기능을 원만히 수행함으로써 부부가 상호 간에 욕구를 충족할 수 있다(Pollak, 1960: 31). 따라서 학교사회복지사는 이러한 부부체계의 네 가지 기능이 어떻게 수행되고 있는가를 파악해야 한다.

② 부모–자녀 간의 기능

학교사회복지사는 부모–자녀 간의 기능에 대한 정보를 확보하기 위해서 다음의 사항에 관심을 기울여야 한다(Pollak, 1960: 93).

- 부모는 육체적 · 정신적 양육을 통해서 아동들의 성장과 발달을 촉진하는가?
- 부모는 아동이 신체를 지배할 기능을 발전시키도록 도와주는가?
- 부모는 아동이 기본적인 사회화과정인 상호 개인적 관계를 잘 발전시키도록 도와주는가?

- 아동들에게 성적 동일시를 위한 모델링을 제공하는가?
- 성적 도착을 방지하는가?
- 초자아의 기틀을 마련해 주는가?
- 자아기능의 발달을 도와주는가?
- 가정 밖에서 노는 일, 건강 및 교육자원 등에 접근할 수 있도록 조정하거나 규제하는가?
- 청년기에 접어들면서 가정에서 분리해 나감을 격려해 주거나, 모험을 할 경우에 도출되는 정서적인 긴장에 지쳐서 부모에게 일시적이나마 의존하고자 할 때에 피난처를 마련해 줄 자세가 되어 있는가?

위와 같은 사항에 대한 정보를 수집해서 분석한다.

③ 형제–자매관계의 기능

학교사회복지사는 형제와 자매 간의 기능에 대한 정보를 확보하기 위해서는 다음의 사항에 관심을 기울여야 한다(Towle, 하상락 역, 1957: 97).

- 형제 간에 친애감과 상호존경이 있는가?
- 형들이 동생들에게 제공하는 지지적인 역할이 서로의 인격발달에 긍정적인 요인인가?
- 형제 간에 다툼이 있을지라도 관계는 나쁘지 않는가?
- 형제의식이 강하여 그 주장과정에서 적절한 형제 간의 다툼이 에너지 방출의 기능을 다하고 있지는 않는가?
- 형제 간의 심한 갈등으로 인해서 극도의 증오나 무시함은 없는가?

위와 같은 사항에 대한 정보를 수집해서 분석해야 한다.

④ 고부관계의 기능

우리나라의 가족형태는 외관상으로는 핵가족의 형태를 취하고 있지만, 실제 기능적으로는 확대가족과 핵가족의 기능이 복합적인 가족형태를 보인다. 결혼이라는 사회적 절차에 의해 새로운 사람이 가족구성원으로 들어옴에 따라 종래의 가족안정에 어떠한 변화를 초래하게 된다. 특히, 고부관계의 기능이 원활하지 못할 때는 문제나 갈등이 발생하므로 학교사회복지사는 이에 대한 정보를 파악해야 한다.

⑤ 조부모-손자녀관계의 기능

조부모, 부모 및 손자녀가 동거하는 3세대 가족은 세대차가 심한 가족원으로 구성되어 있기 때문에 가족관계 전체의 생활에 미치는 영향이 크다. 특히, 자녀교육 면에 있어서 부모와 조부모 간의 일관성이 결여된 양육으로 말미암아 아동의 성격형성에 악영향을 초래할 수도 있다. 이러한 환경에서 자라난 아동들은 침착성이 부족하고 제멋대로 행동하려 한다거나 의존적인 성격을 갖게 되는 경우가 많으므로 이에 대한 정보를 고찰해야 한다.

⑥ 동거자와의 관계

우리나라의 가족형태나 사상은 친족부양 우선의 원칙이 지배하는 경향이 있기 때문에 가족 이외의 동거자가 있을 경우에는 경제적인 문제, 정서적인 안정, 역할 등의 문제가 잠재하여 가족 전체 기능에 혼란을 초래하지 않는가? 하는 정보도 부가적으로 확보할 필요가 있다.

(4) 가족의 관계경향

학교사회복지사는 가정 내에서의 인간관계 경향을 검토하기 위해서 다음 사항에 관심을 기울여야 한 가정을 지배하고 있는 감정이나 일반적인 경향을 이해할 수 있으며, 가족관계상의 혼란이 무엇인가를 파악하게 된다.

- 각 가족성원은 하나의 구성단위로 전체로서의 가족에 속하려고 하는가? 이를테면 가족의 응집력은 어떠한가?
- 가정은 가족들의 요새와 같은 보금자리인가?
- 혹시 감옥과 같은 곳은 아닌가? 또는 자석처럼 끌리어지는 곳인가?
- 부자연스러운 부부체계가 지속되고 있지는 않는가?
- 가족 내에서의 양가감정(ambivalence) 또는 부정적인 감정을 올바르게 활용하고 처리하는가?
- 부부는 서로 보충적인 역할을 수행하며 친밀한가?
- 형제-자매 간 관계는 경쟁을 극복하고 자기동일성이나 성장을 위한 노력으로 발

전하는가?

(5) 가족의 역동성

역동성이란 어떠한 힘이 다른 힘과 부딪칠 때 새로운 에너지를 일으키는 것을 의미한다. 가족 내의 어떤 결함의 힘이 다양한 가족관계기능의 힘까지 영향을 미치는 것을 가족의 역동성이라고 할 수 있고, 이러한 가족의 역동성에 대한 정보는 가족진단의 총합이라는 관점에서 자료를 수집 · 분석해야 가능하다.

이를테면 상기한 가족의 구조와 가족원의 역할, 사회경제적 조건 그리고 부부관계, 부모-자녀관계 및 형제-자매관계, 고부관계, 조부모-손자녀관계, 동거자의 관계 등의 가족기능, 가족의 관계 경향 등은 개별적인 의미 자체에 있다기보다는 오히려 학교사회복지사가 상호 역동적인 통찰을 도모하고자 하는 데 궁극적인 목적이 있다.

이러한 가족의 역동성은 가족을 하나의 집단으로 인식하고 집단역동성의 원리를 가족체계에 적용하여 가계도, 생태도 또는 다수준집단관찰체계(SYMLOG)[1] 등을 활용하면 클라이언트의 문제진술 및 욕구사정을 용이하게 할 수 있다. 이에 대해서는 본 장 제2절에서 구체적으로 설명하고자 한다.

3) 개별학생

학교사회복지사에게 의뢰되어 온 개별학생에 관한 정보는 객관적인 자료나 정보에 부가하여 클라이언트의 주관적인 사실에 관한 인식과 파악이 포함되어야 한다. 이러한 조사자료는 클라이언트의 자기 보고, 부수적인 자료원을 통해서 필요한 정보를 수집할 수 있다(Strean, 1969: 11). 이를 구체적으로 고찰하면 다음과 같다.

1) 다수준집단관찰체계(SYMLOG, System for the Multiple-Level Observation of Groups): 이 기법은 상화작용 관찰결과에 대한 요인분석에 토대를 두고 있으며 요인분석결과 다음과 같은 세 가지 차원상의 지수가 산출되었다. 즉, 긍정적 대 부정적(우정과 유사함), 위로 대 아래로(지배와 유사함), 그리고 앞으로 대 뒤로 라는 차원들이 바로 그것이다. 이 중 맨 마지막 것은 또한 '수단적으로 통제된' 대 '감정적으로 표현적인'으로 명명되었으며, 일반적으로 업무지향(task orientation) 대 사회정서적 지향(socioemotional orientation)이라는 차원과도 유사하다.

① 클라이언트의 자기 보고: 학교사회복지사는 조사에 있어서 일차적인 자료원은 클라이언트 자신이라는 것을 기본원칙으로 삼고 클라이언트 자신의 진술과 태도나 행동을 학교사회복지사가 직접 관찰 또는 도표, 일지, 일기, 문제목록화 등을 활용하여 수집하게 되는 자료이다.

② 부수적인 자료원: 클라이언트에 관해서 신뢰성 있는 정보를 제공할 위치에 있는 교사, 임상심리학자, 의사, 간호사, 다른 학교사회복지사와 같은 공사의 전문가나 기관과 시설, 클라이언트와 일상적인 생활상의 접촉이 빈번한 친척, 친구, 동료 등과의 면담 그리고 성격검사와 같은 표준화된 형식적인 조사도구를 활용해서 자료를 수집한다.

이처럼 클라이언트 자신과 부수적인 자료원을 대상으로 학교사회복지사는 다음과 같은 내용을 확보한다.[2)]

① 사회조사(social study): 개별학생에 관한 나이, 생일, 성별, 신체용모, 행동상의 장점과 단점, 학업성취도, 학교생활력, 학생면접내용, 가족, 교실학습환경과 학교환경 등을 수집한다.

② 개인력(personal history): 개별학생에 관한 가족관계와 배경, 의료경력, 발달상황에 따른 성장력, 교육력, 정신건강의 발달, 발달과정상의 중요한 사고나 사건 등 아동기를 중심으로 하는 생심리사회적인 요인에 대한 자료를 수집한다.

2. 조사방법

학교사회복지사는 이와 같은 자료원(sources of data)을 대상으로 두 가지의 조사유형을 조사방법으로 활용하여 자료를 수집할 수 있다. 이미 상세하게 규정된 항목별 양식에 따라 조사하는 양식형(patterned or prescribed types)과 클라이언트가 진술하는 문제나 감정에 관한 사실을 단서로 삼아 면접이 진전됨에 따라 한 가지씩 문제를 파악하여 결

2) NASW Standards for School Social Work Services, 1992, 실무지침 6을 참조 바람.

국에는 문제 전체를 파악하는 실마리형(clue type)과 같은 조사유형에 따라 자료를 수집한다(전재일 · 김상규, 1996: 179-192). 클라이언트 자신의 보고에 의한 조사는 실마리형의 조사형태에 의한 것이고, 부수적인 자료원을 대상으로 수행되는 조사는 양식형의 조사형태에 의한 것이다.

그러나 조사를 수행하는 학교사회복지사의 숙련도에 따라 활용할 조사형태를 신중하게 고려해야 한다. 실마리형은 경력이 적은 학교사회복지사에게는 어려움이 많기 때문에, 이미 상세하게 규정된 항목별 양식에 따라 조사하는 양식형의 안내를 받아 조사활동을 수행하면 용이하다.

Allen-Meares가 교사와 여타 교직원들의 주관적인 견해와 형식적 조사척도에 의한 정보를 통합할 것(Allen-Meares, 1983: 297-301)을 제안하는 바와 같이 조사방법과 관련해서 학교사회복지사가 반드시 유념해야 할 것은 조사의 객관성과 신뢰성을 확보하기 위해서 클라이언트 자신에 대한 실마리형의 직접적인 보고와 부수적인 자료원인 다양한 표준화된 형식적인 검사도구를 함께 적용한 자료수집과 분석이 이루어지도록 해야 한다는 것이다.

그러므로 실마리형의 조사를 원활히 행할 수 있는 경력이 많은 학교사회복지사뿐만 아니라 경력이 적은 학교사회복지사도 양식형, 실마리형 및 표준화된 형식적인 검사도구를 함께 활용하는 조사활동을 전개하도록 권장한다. 이러한 조사단계의 활동은 학교사회복지사의 중재에 대한 효과성을 입증할 수 있는 객관적이고 타당성 있는 성공평가척도와 평가방법의 기초자료를 제공하는 부가적인 장점도 있기 때문이다.

충실하고 용이하게 조사활동을 수행하는 데 필요한 양식은 기존의 관련된 양식을 참고로 전술한 조사내용을 수정 · 보완하여 학교사회복지사 또는 기관의 특성 등을 반영한 양식을 스스로 마련하여 활용하는 방법이 가장 바람직하다.[3)]

3) 전재일 · 김상규, 개별사회사업(서울: 형설출판사, 1996)의 pp.180-194, 그리고 문인숙 · 양옥경, 정신장애와 사회복지(서울: 일신사, 1993)의 pp.213-231를 참조 바람.

제2절 사정단계

사정단계는 제8장의 자료수집단계 및 본 장의 조사단계에서 수집한 자료를 바탕으로 학교사회복지사와 클라이언트가 클라이언트의 상황에 관한 정보를 수집해서 종합하고, 클라이언트의 상황을 진술하고 환경과 성격이 클라이언트의 상황에 어떻게 영향을 미치는가를 규명해서 개인, 집단, 가족, 학교 또는 지역사회수준에서 사회복지의 실천을 위한 문제를 진술하기 위한 과정이다.

사정단계에서는 조사단계에서 수집한 자료를 보다 심도 있게 분석하는 데 중점을 둔다. 언급한 바와 같이 학교사회복지의 실천의 바탕을 인간체계들 사이에서 일어나는 교류에 초점을 두고 있기 때문에 다른 체계에 기초해서 한 체계의 영향을 보는 것이 중요하다. 즉, 학교사회복지사는 학생 자신, 가족, 교실, 학교, 지역사회체계에서 발생된 어떤 결함의 에너지가 어떻게 영향을 미치고 있는가 하는 체계 간의 역동성에 대한 총체적인 정보를 규명해야 한다. 그러므로 사정단계는 각 체계가 갖는 개별적인 정보의 의미를 기초로 학생의 개인 내적 생활, 대인관계적 상호작용 및 학생이 기능하고 있는 환경체계 간의 상호역동적인 통찰을 도모하여 클라이언트에 미치는 장애요인을 사정하고자 하는 데 중점을 두는 과정이다.

1. 사정내용

성공적인 사정과정을 수행하기 위해서는 다음의 질문에 대한 답을 모색해야 한다 (Briar & Miller, 1971: 151-157).

① 문제가 무엇인가?
② 문제가 얼마나 심각한가?
③ 문제의 역동성은 무엇인가?
④ 치료에 관한 클라이언트의 기대는 무엇인가?

⑤ 무엇이 변화될 수 있는가?

⑥ 무엇이 변화되어야 하는가?

이러한 사정질문을 통하여 학교사회복지사는 다음과 같은 내용을 사정하게 된다.

① 클라이언트, 학교사회복지사, 의뢰처에 의해 규명된 것으로 문제에 대한 초기 진술
② 연결 및 조정과 같은 영역, 체계들 사이의 의사소통과 환류형태, 그리고 그들의 영역, 실제적 위치 또는 잠재적 긴장과 스트레스에 초점을 두고 도식적 표현에 기초한 교류망에 대한 사정
③ 교류망에 영향을 미치는 중요 요인들에 대한 규명(예: 자원의 활용성 유무, 관련된 체계의 대처능력과 문제해결능력, 가치, 조직적 고찰, 발달적 요인, 권력과 정치적 고찰)
④ 사회복지 중재를 요하는 교류망 내에 존재하거나 잠재적인 문제에 대한 규명

학교사회복지사가 상기한 내용을 전반적으로 사정하기 위해서는 보완적인 방법이 필요하다. 자료분석단계에서 활용한 양식형과 실마리형의 조사유형과 같은 진단적 도구에 의해 수집된 자료를 보다 역동적으로 사정하는 방법이 요구된다.

이는 인간이 다른 사람과의 관계 속에 또는 사회적 상황 속에 처해 있다는 견해에서 시작된다. 학교사회복지사는 인간과 환경과의 관계성을 규명하기 위해 클라이언트와 관계된 각각의 체계를 하나의 집단으로 인식하고 집단역동성의 원리를 각 체계에 적용하여 가계도(genogram), 사회도(sociogram), 다수준집단관찰체계(SYMLOG, System for the Multiple-Level Observation of Groups) 또는 생태도(ecomap) 등을 활용하면 클라이언트의 문제진술 및 욕구사정을 보다 역동적으로 분석할 수 있다.

다음의 사례를 통해 체계 사이의 관계의 본질을 밝히기 위해 [그림 9-2]의 생태도작성과 문제 확인, 자원 및 장애요인을 진술하는 과정에 대해 설명하고자 한다.

사례 초등학교 6학년인 명수의 사례

학교사회복지사에게 의뢰된 초등학교 6학년인 명수는 머리는 명석한데 과제를 완수하는

적이 없으며㉮, 주먹으로 치고 발로 차고 괴성을 지르는 등의 심한 장난을 치고 말썽을 부리기 때문에 학급친구들로부터 따돌림을 당하고 있었다㉯. 명수는 장난을 치지 않을 때는 세계사 또는 과학에 대해 제법 어른스러운 이야기로 친구들에게 감명을 주려고 노력했지만 학급친구들은 명수를 아는 체하는 아이라고 생각했다❶①.

교사는 학교사회복지사에게 명수의 행동을 이해하면서도, 뛰어난 지능을 활용할 수 있도록 도움을 줄 수 없었기 때문에 좌절감을 느꼈다고 하였다❷.

학교사회복지사는 명수의 어머니와 면담한 결과, 그녀는 11세 미만인 5명의 아이를 양육하면서 남편을 내조하고, 혼자 경제적으로 어려운 살림살이를 꾸려나가는 데 힘겨워하는 전형적으로 생활고에 지친 정서적으로 메마른 여성이었으며㉰②, 명수가 무엇인가를 요구해도 들어주지 않고 거절하는 편이었다㉱. 이러한 가정에서 잠시라도 벗어나면 정신적으로 좀 안정되겠지, 잘 되면 부업이라도 할 수 있겠지 하는 생각으로 사회복지관의 기능교육 프로그램에 가능하면 빠지지 않고 주 3회 참여하고 있었다. 명수와 명수의 어머니도 아버지의 역할에 대해 불만스럽게 이야기했다. 명수는 아버지를 존경하며 본받고 싶은 사람으로 인정하지만 명수가 아버지에게 도움을 청할 때마다 매번 거절당했다. 명수의 어머니도 명수의 아버지에게 무엇인가 요구하면 "벌어먹기도 힘들고, 바쁜데 그럴 여유가 어디 있느냐." 또는 "피곤해" 하는 태도로 일관하는 편이었다㉲③.

명수의 아버지는 교외에서 자전거 수리 및 판매를 하는 조그만 가게를 성실하게 운영하고 있었다❸. 명수의 어머니는 남편으로부터 받는 적은 생활비로 아이들을 양육해야 하기 때문에 아이들을 내심 원망했다. "요즘 세상에 아이 한두 명도 아니고 다섯 명이나 키우려면 얼마나 힘들어요." 하면서 "그래도 애 다섯은 되어야 한다고 고집을 피운 남편 때문에 낳기는 했지만…" 하는 변명은 학교사회복지사가 보기에 가식적이고 설득력이 없었으며 그녀와 아이는 남편의 시간과 관심을 서로 차지하려고 다투었던 것이 분명했다㉳④. 명수의 어머니는 한편으로 "우리 애(명수)가 친구들과 마음껏 놀지도 못하고, 어떻게 보면 외롭고 불쌍하지요." 하면서도❹, 다른 한편으로는 "무슨 낙이 있어야 사는 재미가 있지요. 애들이나 믿고 살아야지 별 수 있나요." 하면서 자신의 의존욕구를 만족시키기 위한 유일한 방도로 특히, 장남인 명수가 성인의 역할을 하도록 계속 강요했다㉴⑤.

여러 가지 심리검사와 면접을 한 결과 명수의 지능지수는 145였고 사물을 이해하는 능력도 우수하였지만❺, 산만하고 괴상한 행동을 함으로써 학업성적에 자신의 잠재력을 거의 사용하지 못하고 있는 상태이었으며, 뛰어난 지적능력으로 과잉행동과 공상을 통해 만족감을 성취함으로써 또래집단으로부터 고립을 초래하고 있음이 확인되었다㉵. 명수는 학교사회복지사에게 자신이 얼마나 지루한 학교생활을 했는가를 설명하는 와중에 학교사회복지사가 사이좋게 지낼 친구가 없어 외롭지 않느냐고 질문하자 명수는 "그래요. 내 친구는 겜 보이뿐이에요." 하면서 울기 시작하였다6. 명수는 절망적으로 어른들과 급우의 인정을 얻기 위해 자신의 지적 능력을 사용해 왔지만 언제나 뒷모습은 아주 외로운 평범한 소년이며, 진정으로 명수가 원하는 것은 부모와 여타의 어른과 아동으로서 의존적인 관계와 급우들과의 동등한 관계를 갖는 것이었다㉷. 또한 명수는 이러한 욕구가 가정에서 충족하지 못한 상태에서 학교의 교실에서도 문제에 직면하게 되면 노력하지도 않고 쉽게 포기하는 경향을 보이고 있었다㉸6.

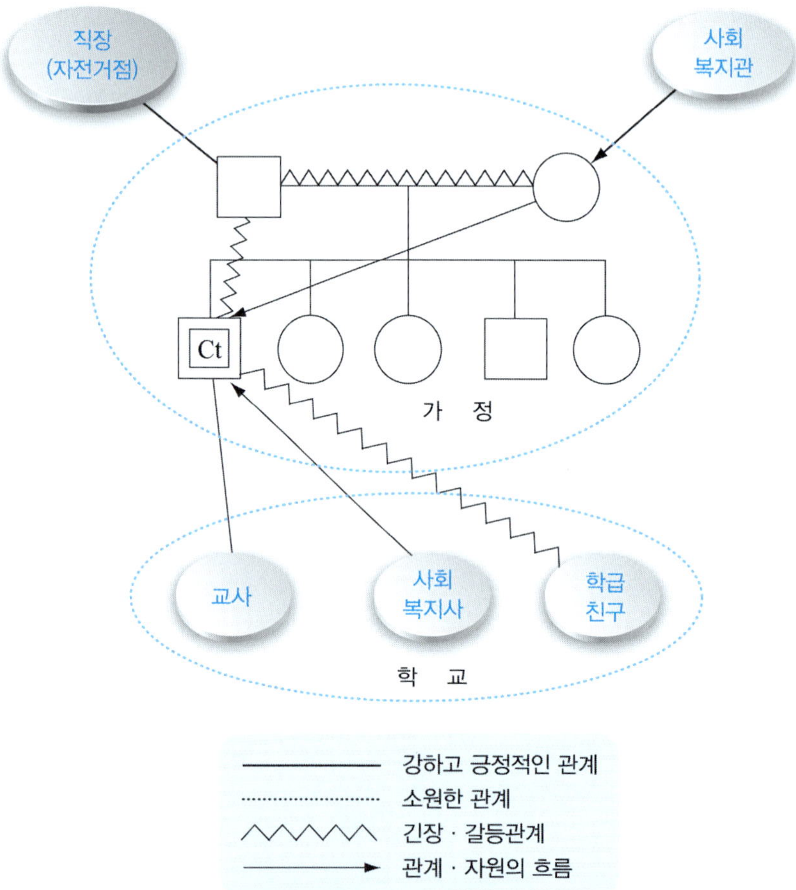

그림 9-2 명수의 생태도

2. 문제, 자원 및 장애요인 확인

자료분석, 이른바 조사과정이 원활하게 수행되면 그 다음 단계는 이를 종합적으로 사정하여 학교사회복지사가 중재해야 할 문제, 자원 및 장애요인를 밝혀내는 단계이다. Compton & Galaway는 이 단계를 문제해결과정 중의 계약단계로 보고 다음과 같이 제시하고 있다(Compton & Galaway, 1984: 323-324).

① 확인된 문제와 클라이언트체계의 욕구 간에 있을 수 있는 관련성 여부와 관련 형태를 밝힌다.
② 문제에 영향을 주고 있는 주요 요인들을 확인하기 위한 상황을 분석한다.
③ 욕구, 결핍 및 곤란을 지속시키는 주요한 요인을 분석한다.
④ 가장 중요한 요인들을 규명해서 상호관계를 명확히 하며, 실제적으로 중재할 수 있는 요인을 선정한다.
⑤ 활용 가능한 자원, 장점 및 동기유발요인을 확인한다.
⑥ 사회복지전문직의 지식체계에 의한 적합한 이론과 원칙 및 개념을 활용한다.
⑦ 전문적인 지식과 실제의 경험을 바탕으로 한 사고 및 문제해결을 위한 전문가의 판단에 의해 사실을 구체화한다.

충실한 조사활동은 충실한 사정활동을 낳고, 충실한 사정활동은 충실한 중재계획을 수립할 수 있게 한다. 그러나 학교사회복지사가 실천장면에서 중재계획 수립을 위한 욕구사정활동을 능숙하게 수행하기 위해서는 장기간의 수련과정이 필요하다. 특히, 경험이 풍부하지 못한 학교사회복지사에게는 많은 어려움이 있다. 이러한 어려움 중의 하나가 일련의 절차들이 사회복지 실천장면에 그대로 반영되지 않기 때문이다.

그러므로 여기에서는 학교사회복지사 자신이 중재해야 할 문제를 확인하고 자원과 장애요인을 확인하는 사정과정을 용이하게 수행할 수 있도록 다음과 같은 사정절차에 따라 설명하고자 한다.

1) 조사과정의 정보를 중심으로 나타난 문제를 서술형으로 나열한다.

중재계획을 세우기 위한 활동의 첫 번째 단계는 상황을 확실하게 사정한 자료에 입각하여서 할 문제를 밝혀내는 것이다. 상황을 사정한 후 클라이언트와 다른 사람과 함께 가장 관련되는 관심분야를 선정하고, 학교사회복지사는 중재해야 할 문제를 밝혀낸다. 이러한 과정을 토대로 클라이언트의 전체 상황을 분석하면 각각의 관심사에 대해 학교사회복지사는 더욱 용이하게 중재를 하게 된다.

학교사회복지사가 밝혀내는 과정 중에 있는 어떤 관심사는 즉각적으로 관심을 끌지 못하나 장차 관심을 촉구하게 될 수도 있고, 학교사회복지사와 다른 사람들이 해결될 수 있다고 믿는 만큼 많은 문제를 열거할 수 있다. 만약 학교사회복지사가 다른 전문가들과 함께 일한다면 함께 문제목록을 작성하거나 또는 따로 목록을 작성할 수도 있다.

명수에 대한 조사과정의 정보를 중심으로 나타난 문제목록을 나열하면 다음과 같다. 〔 〕는 명수의 사례에 해당되는 부분을 표시하고 있다.

① 명수는 매일 과제를 완수하지 않는다. 〔가〕
② 학급친구들로부터 고립되어 있다. 〔나〕
③ 가정이 경제적으로 어렵다. 〔다〕
④ 명수의 어머니는 생활고로 명수에게 관심을 가질 여유가 없다. 〔라〕
⑤ 명수의 아버지는 가장으로서, 아버지로서, 남편으로서 충분한 역할을 수행하지 못하고 있다. 〔마〕
⑥ 명수와 명수의 어머니는 아버지 · 남편의 관심을 기대하고 있다. 〔바〕
⑦ 명수의 어머니는 명수에게 의존하려고 한다. 〔사〕
⑧ 명수는 자신의 능력을 바람직하게 활용하지 못하고 있다. 〔아〕
⑨ 명수는 아동으로서 어른에 대한 의존욕구를 충족시키지 못하고 있다. 〔자〕
⑩ 명수의 태도가 불성실하다. 〔차〕

학교사회복지사가 이와 같이 문제를 나열하면, 전문적인 지식과 실제의 경험을 바탕으로 한 사고 및 문제해결을 위한 전문가의 판단에 의해 사실을 구체화할 수 있게 된다. 이를테면 위의 사례는 명수는 매일 과제를 수행하지 않고, 교실에서 사고뭉치이기 때문에 친구들로부터 소외받는 원인은 부부관계 및 부모-자녀 간의 관계에서 충족되지 못한 욕구가 발로 차고 주먹으로 치고 괴성을 지르는 행동으로 나타난 것이며, 명수의 부모 역시 경제적인 어려움과 남편의 시간과 관심 부족이 부부관계를 더욱 악화시키는 요인으로 작용하고 있다. 이러한 결과는 명수와도 밀접한 관계가 있다고 판단할 수 있다.

2) 나열한 문제들을 전문가의 판단에 따라 요인별로 목록화한다.

이는 과제수행을 위해 어떻게 실제적으로 활동할 것인가 하는 견지에서 클라이언트를 이해하고 문제를 해결하기 위하여 무엇을 변화시켜야 하고, 문제해결을 하는 데 활용 가능한 자원은 무엇이며, 방해가 되는 장애요인이 무엇인가를 확인할 수 있는 안내를 한다.

① 명수의 과제 미완수
② 학급친구들과의 관계
③ 명수의 교실에서의 행동
④ 부부, 부모-자녀관계를 포함한 가족관계
⑤ 경제적인 어려움

3) 확인된 문제를 해결하는 데 활용 가능한 자원을 서술한다.

중재는 이용 가능한 자원에 따라 계획하기 때문에 학교사회복지사가 이용할 수 있는 자원을 확인해 두면 이러한 자원을 고려한 다른 중재방법을 선택할 수 있게 한다. 자원은 사람, 물리적 설비, 능력, 기술, 지식, 돈, 혹은 '기꺼이', '협조적' 또는 '관심 많음' 등의 개인적 특성까지 포함한다.

명수의 상황에서 활용 가능한 자원을 기술하면 다음과 같다.

① 명수는 지적으로 발달되어 있다. 〔❶, ❺〕
② 교사는 명수에 대한 열성적인 관심이 있다. 〔❷〕
③ 명수의 부모는 자녀에 대한 애정이 있다. 〔❸, ❹〕
④ 명수와 학교사회복지사의 관계는 신뢰성이 있다. 〔❻〕

4) 확인된 문제를 해결하는 데 장애가 되는 요인을 서술한다.

장애는 목적 달성을 방해하는 조건들이다. 장애물은 대인관계 및 사람-환경의 상호대면에 영향을 주는 환경적 요인 등 다양한 요인에서 발생한다. 명수의 상황에서 문제해결에 걸림돌이 되는 장애요인은 다음과 같다.

① 명수의 불성실한 태도 〔6〕
② 학급친구들의 비협조-주의산만한 행위를 조장 〔1〕
③ 역기능적인 가족관계 〔3, 4, 5〕
④ 경제적인 어려움 〔2〕

만약 이러한 장애요인이 문제해결과정의 일부분이라고 확인되면, 학교사회복지사는 장애요인 극복 그 자체를 목적으로 하는 중재계획을 개발해서 달성해야 한다. 장애요인의 확인과 축소 또는 제거는 학교사회복지사가 문제상황을 해결하기 위하여 다양한 체계수준에서 중재할 수 있는 길을 열어준다.

예컨대, 명수가 매일 과제수행을 증진시키고자 하는 목적 달성에 장애가 되는 요인이 '명수의 불성실한 태도, 학급친구들의 비협조, 역기능적인 가족관계, 경제적인 어려움'이라면, 학교사회복지사의 중재계획에 포함해야 할 체계는 명수에 대한 개인체계, 전체 학급학생을 포함한 학교체계, 명수의 가족체계 그리고 경제적인 어려움을 경감시킬 수 있도록 하는 지역사회체계와의 사회복지실천을 포함해야 한다.

제3절 중재계획 수립단계

조사과정에서 수집된 정보를 바탕으로 종합적으로 사정하여 학교사회복지사가 중재해야 할 문제, 자원 및 장애요인이 밝혀지면, 그 다음 단계는 학교사회복지사가 실천할 수 있는 중재계획을 수립하는 단계이다. Allen-Mears, Washington과 Welsh는 학교사회복지사의 행동계획은 밝혀진 문제 하나하나에 대하여 문제의 진술, 목적, 자원, 장애, 목표, 중재, 성공평가척도, 그리고 결과의 평가 등 여덟 가지 요소를 중심으로 제시하고 있으며(Allen-Mears, Washington, & Welsh, 1986: 264-273), 또한 Compton과 Galaway는 다음에 의해 행동계획을 설정할 것을 제시하고 있다(Compton & Galaway, 1984: 323-324).

① 실행 가능한 목표를 고려하여 선정한다.
② 대안, 비용 및 가능한 결과를 고려한다.
③ 적절한 서비스양식을 결정한다.
④ 변화노력에 초점을 맞춘다.
⑤ 학교사회복지사의 역할을 결정한다.
⑥ 중재계획에 장애가 될 수 있는 클라이언트체계 내 · 외의 전반적인 영향력을 고려한다.
⑦ 학교사회복지사의 지식, 기술 그리고 중재계획 실행에 소요되는 시간을 고려한다.

그러므로 학교사회복지사가 과제수행을 위해 실제적으로 어떻게 활동할 것인가 하는 견지에서 중재계획을 수립해야 한다. 이는 앞서 언급한 학교사회복지사가 중재해야 할 문제 확인, 자원 및 장애요인 진술을 바탕으로 밝혀진 문제 하나하나를 해결 또는 개선시키도록 목표와 목적을 구체화시키고, 학교사회복지사가 중재과정에서 요구되는 역할과 클라이언트가 수행해야 할 역할을 결정하고, 중재결과의 효과성 여부를 측정할 수 있는 성공평가척도와 평가방법을 포함한 전반적인 계획을 수립해야 한다.

1. 문제 진술

문제 혹은 상황은 행동용어로 정의되어야 하며, 문제를 진술하게 된 이유가 무엇인가에 대한 타당성을 입증할 수 있는 지표를 함께 진술해야 한다. 그러므로 학교사회복지사는 문제 또는 상황을 도출하게 된 객관성 있는 요인들을 지표로 선정하도록 한다.

언급된 명수의 상황에 대한 문제진술과 지표는 다음과 같다.

① 문제진술

- 명수는 매일 과제를 25%만 한다.
- 명수는 매일 주의산만으로 복도에서 벌을 받는다.

② 지표

- 교사는 과제 미완수에 대한 벌칙으로 교실청소를 시킨다고 보고한다.
- 명수는 수업시간에 다른 학생들의 주의를 산만하게 하여 교사가 복도에 서 있도록 하는 벌을 매일 세운다고 보고한다.

2. 목적 설정

목적은 작업해야 할 문제로 확인된 사항과 일치하며, 희망하는 결과를 일반적으로 진술한 것이다. 목적은 반드시 현실적이어야 하며 각각의 목표는 한 가지 결과를 구체적으로 진술해야 한다. 목표를 구체화하면 사람들이 기대하는 바에 대해 보다 더 현실적이 되게 하는 힘이 된다.

그러므로 목적이 명확하게 진술되면 학교사회복지사, 클라이언트 그리고 가족 등에게 서비스 종결시점을 알게 함으로써 그 자체가 동기로 작용해서 초기에 구체화되었던 시간을 초과하더라도 지속적으로 서비스를 받게 하는 욕구를 쉽게 가질 수 있는 합리적인 타당성을 제공할 뿐만 아니라 평가의 토대를 마련하게 한다.

그러나 특히, 초보자에게는 목적 개발이 쉬운 과업이 아니다. 그래서 생각과 훈련을 필요로 한다. 목적을 문서화하는 하나의 방법은 문제의 진술내용을 거꾸로 써보는 것이다. 예를 들면, 만약 명수의 첫 번째 문제가 '명수는 매일 과제의 25%만 한다.'면, 이를 역으로 진술하여 '10월 29일까지 매일 과제달성률을 75%로 증가하게 한다.'가 된다. 만약 정해진 날짜 이전에 목적을 달성한다면 새로운 목적이 만들어져야 한다.

다음의 〈표 9−1〉은 명수의 상황에 대한 한 개의 문제 진술에 따라 목적, 자원 및 장애를 나타낸 것이다. 실제로 학교사회복지사가 다음과 같은 과정에서 나타난 결과를 각 상황에 따라 〈표 9−2〉와 같이 도식화하면 유용하다.

〈표 9-1〉 명수의 문제 진술, 목적, 자원, 장애

<table>
<tr><th colspan="2">문제번호 1　　　　클라이언트: 명수　　　　날짜: 2011. 3. 7.</th></tr>
<tr><td>• 문제의 진술
– 명수는 매일 과제를 25%만 달성한다.
– 명수는 매일 주의산만으로 복도에서 벌을 받는다.</td><td>• 목적
– 과제수행 정도 향상
– 처벌받는 횟수의 감소</td></tr>
<tr><td colspan="2">• 지표
– 교사는 과제 미완수에 대한 벌칙으로 교실청소를 시킨다고 보고한다.
– 명수는 수업시간에 다른 학생들의 주의를 산만하게 하여 교사가 복도에 서 있도록 하는 벌을 매일 세운다고 보고한다.</td></tr>
<tr><td>• 자원(중재해야 할 문제에 이용 가능)
– 교사는 명수에 대한 열성적인 관심이 있다.
– 명수는 지적으로 발달되어 있다.
– 명수의 부모는 자녀에 대한 애정이 있다.
– 명수와 학교사회복지사의 관계가 신뢰성이 있다.</td><td>• 목표 달성의 장애
– 명수의 불성실한 태도
– 학급친구들의 비협조・주의산만한 행위를 조장
– 역기능적인 가족관계
– 경제적인 어려움</td></tr>
</table>

3. 목표 설정

목표는 장애요인을 극복하고 목적을 달성하도록 설계된 구체적인 작은 단계들이다. 따라서 장애가 제거되면 목적은 더 쉽게 달성될 수 있기 때문에 이를 중심으로 구체적인 행동계획을 하나하나 수립한다. 행동은 관찰이 가능하고 계측도 가능하기 때문에 목표는 행동언어로 작성해야 하며, 일정 시간 내에서 목표(단기 목적)가 달성될 수 있도록 일반적으로 전체 프로그램 기획에 예정된 잔류기간 내에서 목표를 수립해야 한다.

예컨대, 명수사례의 경우 '10월 29일까지 매일 과제를 75% 달성하도록 향상시킨다.'고 하는 목적에 대한 장애의 하나는 '부모–자녀 간의 역기능적인 관계'이다.

이와 같은 장애요인을 제거하고자 하는 목표를 다음 방법으로 작성한다.

① 먼저 행동을 나타내는 동사 다음에 '하기 위하여', 이를테면 지원, 증가, 개선하기 위하여 등을 붙인다.
② 그 다음 단계는 성취되어야 하는 이를테면, 하나하나의 장애요인을 제거한 결과를 구체화한다. '무엇을'만 구체화하고 '왜' 또는 '어떻게'는 언급하지 않는다.
③ 목표가 시간제한 내에 끝날 수 있는 일정, 이를테면 '10월 29일까지'를 결정한다.

세 가지 상황에 대한 목표는 다음과 같이 설정할 수 있다.

이러한 과정으로 목표를 작성하면 '10월 29일까지 부모–자녀 간의 역기능적인 가족관계를 개선하기 위하여'가 된다.

<u>10월 29일까지</u> <u>부모–자녀 간의 역기능적인 가족관계를</u> <u>개선하기 위하여</u>
(3) (2) (1)

이와 같이 목표를 '~하기 위하여'라고 설정하는 이유는 다음에 설명할 중재계획 수립과 성공평가척도 및 평가방법을 용이하게 작성할 수 있기 때문이다. 즉, 목표를 달성하기 위하여 학교사회복지사와 클라이언트는 어떤 활동을 하고, 어떤 잣대와 평가방법으로 목표 달성 여부를 확인할 수 있는가를 유념하면서 중재계획과 성공평가척도와 평가방법을 작성하면 된다.

명수의 상황에 대한 목표와 학교사회복지사 및 클라이언트의 활동 그리고 성공평가척도와 평가방법을 제시한 예이다.

4. 중재활동 결정

중재는 구체적으로 진술된 목표를 달성하도록 설계된 연속적인 활동이다. 각 단계는 앞 단계의 활동이 완결되었는지 아닌지 그 여부에 따라서 하나하나의 활동을 개별적으로 열거하여야 한다. 또한 활동은 목표를 충족시키기 위하여 필요하면 첨가할 수 있다.

활동진술을 작성하는 방법은 성취되어야 하는 요인에 중재내용과 행동동사를 더하여 '현재 진행형'으로 끝낸다. 예컨대, '10월 29일까지 부모–자녀 간의 역기능적인 가족관계를 개선하기 위하여'라는 목표를 달성하기 위한 학교사회복지사의 활동진술은 '명수, 명수의 부모와 개별 및 가족상담을 하고, 가족체계 간 공동활동 프로그램을 제시하며, 좋은 부모모임과 P.E.T에 참가하도록 지시한다.'라고 작성한다.

학교사회복지사는 목적과 목표를 중재와 활동으로 혼동할 수도 있다.

이러한 이유는 목적과 목표는 클라이언트 중심에서 장애요인의 결과에 초점을 두어야 함에도 불구하고 학교사회복지사의 활동에 초점을 두고 진술하기 때문이다. 예컨대, 학교사회복지사가 자신의 목적을 '학부모와 가족상담을 진행하기'('부모역할을 개선하기'라 하지 않고)라고 진술한 경우는 목적이 아니라 학교사회복지사 자신이 수행할 활동을 진술한 것이다. 또 다른 혼동의 사례는 '학부모와 함께 일하기' 또는 '교사와 함께 일하기' 등으로 목적을 진술한 경우는 서비스의 초점을 클라이언트에게 두지 않고 학교사회복지사의 활동으로 혼동한 결과이다.

〈표 9-2〉 명수의 상황에 대한 목표, 중재활동 및 평가방법

목 표		활동(학교사회복지사 · 클라이언트)	성공평가척도 · 방법
1. 명수의 태도 개선	① 10월 29일까지 매일 과제를 75% 달성하도록 향상 시키기	매일 과제완성 정도가 증가하면 보상하는 체계를 결정하도록 학부모와 명수를 도와줌	교사와 학부모에게서 과제완성 보고
		과제를 완성하면 명수에게 녹색카드를, 미완성하면 빨간색 카드를 학부모가 주고 확인하도록 협의함	교사와 학부모에게서 과제완성한 녹색카드의 수 확인
		매일 카드를 교사에게 되돌려주도록 명수를 지도함	–
	② 10월 29일까지 주의산만한 행동 월 2회로 줄이기	좌석배치 조정을 교사에게 제안함	교사의 주의산만 감소 보고
		교사는 주의산만의 벌칙 횟수 확인을 협의함	교사에 의한 벌칙 횟수 확인
2. 10월 29일까지 교실 내에서 명수를 수용할 수 있는 환경 개선하기		명수가 교실에서 활동할 수 있는 방법을 교사와 토의함(당번, 수업준비)	명수의 행동변화를 교사가 보고
		명수와 급우들을 방해하지 않고 자신의 활동욕구를 지킬 수 있는 방법을 토의함	급우들이 주의산만을 조장하는 정도가 줄고 있다는 교사의 보고
		교사, 명수와 함께 합동토론을 함	–
		교실에서 또래관계에 대한 토론을 하도록 교사에게 제안함	–
3. 10월 29일까지 학부모-명수와의 역기능적인 가족관계를 개선하기		명수, 학부모와의 개별 및 가족상담	교사와 학부모의 가족관계 개선의 보고
		가족체계 간 공동활동 프로그램 제시	ABA 단일사례 연구방법으로 가족관계 검사도구에 의한 검증
		'좋은 부모모임' 또는 'P.E.T' 참가 지시	학교사회복지사의 가정방문에 의한 가족관계 개선이 관찰됨
4. 10월 29일까지 경제적인 어려움 지원하기		결연후원 알선	결연후원 지원 확인
		보육시설에 명수의 동생 위탁 여부를 확인조치	보육시설 입소 확인

학교사회복지사가 훈련 중이거나 어려운 상황에서는 학교사회복지사 자신의 중재와 클라이언트의 활동도 함께 작성하도록 권장한다. 예컨대, '부모와 명수 사이의 역기능적인 가족관계를 개선하기'라는 목표 달성을 위한 중재활동의 일환으로 학교사회복지사가 부모와 명수를 합동상담해야 하는 경우, 명수는 자신의 활동으로 '학교사회복지사와 우리 가족이 함께 이야기 나누기 위해 엄마와 아빠에게 학교에 오시라고 말하기'라고 작성한다.

이처럼 활동란을 '학교사회복지사란'과 '클라이언트란'으로 나누면 이러한 방식으로 클라이언트를 관여시키게 된다. 이렇게 클라이언트와 함께 계획을 세우는 것은 중재에 도움이 된다. 그러나 학교사회복지사의 지도하에 사용되어야 한다.

5. 평가척도 및 평가방법 결정

학교사회복지사는 중재계획을 수립할 때 반드시 효과성을 입증할 수 있는 성공평가척도와 평가방법을 함께 포함시켜야 한다. 성공의 여부를 입증할 수 있는 평가척도를 마련해 두면 학교사회복지사와 클라이언트는 구체적 목표의 달성 여부를 인식할 수 있다. 이를테면 '내가 이 목표를 달성하였다는 것을 무엇으로 알 수 있는가?'라는 질문에 대한 해답을 제공한다.

성공평가척도는 두 가지 방법을 활용할 수 있다.

첫 번째, 클라이언트의 변화, 즉 인지적, 정서적, 행동적인 태도의 변화 또는 관계된 체계의 변화를 반영하는 결과를 진술한 내용 그 자체가 바로 하나의 방법이다.

두 번째, 〈표 9-3〉에서 제시하고 있는 바와 같이 학교사회복지실천의 효과성을 평가하는 ① 질문지, ② 관찰, ③ 면담, ④ 점수화척도, ⑤ 검사, ⑥ 자기보고, ⑦ 출석기록이나 성적과 같은 고정자료(hard data) 등의 일곱 가지 척도를 활용하는 것이다. 이 평가척도들 가운데 고정자료, 검사성적과 관찰이 행정당국, 교육기관 그리고 후원기관이 가장 신뢰하는 방법이고, 일반적으로 면담은 가장 신뢰할 수 없는 방법이며, 점수화척도와 질문지법의 신뢰도는 중간수준이라고 할 수 있다(Radin, 1979: 133).

그러므로 학교사회복지사는 점수화척도, 질문지검사방법으로 평가할 때 신뢰도와 타당도가 설정된 표준화된 측정도구를 적용하는 것이 바람직하다.

〈표 9-3〉 학교사회복지실천에서 활용할 수 있는 평가척도

양 식	효과성의 준거		
	클라이언트의 감정과 태도 개선	클라이언트의 개선에 관한 의미 있는 타자들의 견해	신뢰성 있는 사회적 기능의 지표들
고정자료 사건의 객관적 보고	자살비율과 시도, 행동개선보고	아동에 대한 교사의 부정적인 보고 횟수	출석기록, 탈락기록, 특수교육수업에 참여한 횟수, 임신율, 고용기록, 군복무기록
검사 일련의 옳고 그름의 대답이 있는 질문	해당사항 없음	해당사항 없음	표준화검사 – 학업성취도, 지능, 창의성, 사회적 성숙도, 적응적 행동, 특정 분야의 지식 등의 요인
관찰 보여진 행동에 대한 기록	감정을 반추하면서 몇 분간 울음	아동에 관하여 혹은 아동에게 직접 행해진 의미 있는 타자의 행동에 대해 말로 표현하는 횟수	학급활동, 운동장, 가정에서 부모–아동, 교사–아동, 아동–아동의 상호작용에 관한 체계적 관찰
점수척도 빈도나 강도와 같은 어떤 차원의 자료를 순위화함	자신의 감정과 태도에 관한 점수를 클라이언트가 완성함 – 자기평가척도 종류	교사의 점수측정, 아동의 행동에 대한 부모의 점수: 특정한 행동에 대하여 발생빈도를 측정, 학생 행동목록	두 사람 사이 혹은 집단토론시간의 상호작용의 녹음청취, 참여자의 자신감에 대한 증거를 모르는 사람의 판단으로 평가
질문지 옳고 그름의 대답이 없는 질문으로 구성된 도구	부모태도 조사도구를 사용하여 클라이언트의 태도와 감정을 구조적·준구조적으로 사정	아동에 관한 부모와 교사의 견해 혹은 부모의 행동에 관한 교사의 견해를 구조적·준구조적 사정	해당사항 없음
면담 개방적 질문	드러난 감정과 태도에 대하여 반구조적, 개방적으로 제3자의 판단에 의한 평가	드러난 감정과 태도에 대하여 반구조적, 개방적으로 제3자의 판단에 의해 평가	해당사항 없음

양식	효과성의 준거		
	클라이언트의 감정과 태도 개선	클라이언트의 개선에 관한 의미 있는 타자들의 견해	신뢰성 있는 사회적 기능의 지표들
자기보고 개인이 자신의 감정과 행동에 관한 진술	감정과 태도에 대한 일기, 제3자에 의한 판단으로 평가, 감정과 태도의 점검목록	아동의 태도에 대한 감정과 태도 혹은 평가, 제3자에 의한 평가–아동에 대한 감정과 태도의 점검목록	클라이언트가 특정한 상황하에서 수행한 행동에 대한 기록 또는 확신(예: 숙제완료)

* 자료: Norma Radin, 1979, pp.134-135.

또한 학교사회복지사는 자신이 제공한 학교사회복지서비스에 대한 효과성을 평가할 수 있는 방안을 중재계획 시 모색해야 한다.

학교사회복지사에게는 세 가지의 평가방법이 요구된다.

첫째, 개인 또는 가족에게 문제해결을 도모하기 위해 제공한 직접적인 서비스의 효과성을 평가하는 방법이다.

둘째, 문제해결 또는 자신의 잠재력을 성취하지 못하는 위험에 처한 클라이언트에게 제공하는 집단 중심의 프로그램 및 서비스에 대한 효과성을 평가하는 방법이다.

셋째, 학교사회복지에 대한 운영평가방법이다.

본 장에서 지금까지 설명해 온 과정은 사정과정에서 중재계획을 수립하는 방법이기도 하고 학교사회복지장면뿐만 아니라 사회복지 실제에서 활용성이 높은 사례평가의 한 형태를 제시한 것이다. 제11장에서 실험조사연구와 관련된 집단 중심의 프로그램 평가, 학교사회복지에 대한 운영평가에 대해서 세부적으로 설명하고자 한다.

CHAPTER 10

수행과정

학교사회복지의 실천과정은 학교사회복지사가 학교체계와 관계를 형성하여 학교체계 안에서 사회복지서비스가 제공될 수 있는 터전을 마련하는 것부터 전개된다. 실천과정의 일부로 수행과정은 클라이언트로서 학생 또는 학교체계와 관련된 문제상황이 학교사회복지사에게 의뢰된 시점부터 시작한다.

수행과정은 다른 사회복지실천분야와 마찬가지로 사회복지전문직의 가치 토대 위에 지식체계와 중재기술을 활용하여 학교의 목적인 학생의 학업수행과 인성발달에 지장을 초래하는 제반문제를 해결하기 위하여 실시하는 모든 사회복지서비스 제공활동을 포함한다.

학교사회복지사는 일단 클라이언트가 의뢰되면 그 클라이언트에게 적절한 서비스 전달체계를 구상하여야 한다. 먼저 클라이언트가 속한 체계의 어디서부터 중재를 시작할 것인지(point of entry, 대상범위)를 결정해야 한다(Constable, 1996: 12). 생태체계적 관점에서는 체계의 구성요인 어디서부터 시작하던지 전체 체계를 만나게 되겠지만 그렇다고 동시에 전체를 다룰 수 없으므로 일차적 대상을 선정해야 한다. 학교체계에서는 대상범위를 보통 개별학생, 가족, 학교 그리고 지역사회로 구분하고 있다. 클라이언트에 관련된 자료를 분석하여 일차적 대상범위를 개별학생으로 할 것인지 또는 가족단위로 할 것인지 또는 지역사회로 할 것인지 결정한다.

일차적 대상범위에 대한 윤곽이 잡히면 그를 중심으로 욕구를 사정하여 해결되어야 할 문제를 파악한다. 제시된 문제를 다루기 쉽게 구체적으로 목록을 작성한 다음 하나하나의 문제를 해결하기 위한 목적과 실행목표를 정한다. 그 다음 학교사회복지사는 목표 달성에 가장 효과적이고 효율적이라고 판단되는 중재전략을 수립하고 계획에 따라 실행한다.

가치, 지식, 중재에 관한 이론과 기술을 바탕으로 대상범위 선정, 문제파악, 목적·목표 설정, 중재전략 수립 등의 절차를 통해 개개 클라이언트에 따라 특유하게 사회복지서비스를 전달하는 일련의 과정이 수행과정이다. 각 절차는 시계열적으로 나열된 것이 아니라 서로서로 연계되면서 필요에 따라 특정 부분이 강조되거나 확대 또는 수축되기도 한다.

수행과정은 학교사회복지사의 개인에 따라 또 그가 보유한 전문성의 수준에 따라 독창적이고 독특하게 나타난다. 마치 같은 재료를 가지고 같은 대상을 두고 그림을 그리더라도 그리는 사람에 따라 독창적인 그림이 그려지는 것과 비슷한 이치이다. 그래서 사회복지서비스의 수행을 예술(art)에 비유하기도 한다.

다음은 개인수준 학교사회복지실천, 집단수준 학교사회복지실천, 가족수준 학교사회복지실천 또는 지역사회수준 학교사회복지실천이 어떻게 이루어지는지 그 수행과정을 사례 중심으로 소개하고자 한다.

제1절 개인수준 학교사회복지실천

개인수준 학교사회복지실천은 전통적으로 클라이언트와 일대일의 직접 대면식 관계를 가지고 주로 상담과 심리치료 중재방법을 사용한다. 정신치료나 상담과 다른 점은 개인수준 사회복지실천가는 필요에 따라 구체적 서비스도 제공하고 있다는 점이다(전재일·김상규, 1994).

개인수준 학교사회복지실천에서는 전체 학생을 대상으로 하는 교사의 수업시간과는 달리 학교사회복지사가 개인학생을 중심으로 부드럽게 염려와 관심을 쏟을 수 있기 때문에 개인에게 잠재된 보호받고, 사랑받고 싶은 심층적 욕구를 충족시킬 수 있다.

학생은 보호와 사랑을 받고 있다는 확신을 가지게 되면 더는 방어적일 필요가 없으며 스트레스를 대처함에 있어서도 점차 과제지향적 방법을 사용할 수 있게 된다.

나아가 자신의 내면세계의 정서적 에너지 흐름의 부조화를 다스릴 수 있는 통찰력을 기를 수 있다.

클라이언트인 학생이 이러한 단계의 변화를 성취할 수 있게 도와주기 위하여 학교사회복지사는 다음과 같은 사항을 유의하여야 한다(NASW 학교사회복지실무지침 6항, 1992: 96).

① 학생의 심리적 · 인지적 · 정서적 발달과정과 가족력에 대한 정보
② 여러 가지 상황에서 학생의 행동과 태도가 어떻게 다르게 나타나는가?
③ 학교 · 가족 · 또래 사이에서 관찰된 학생의 대인관계유형은 어떤 것인가?
④ 교사와 학교의 인사들이 학생의 행동에 대하여 어떻게 보고하는가?
⑤ 학생의 행동에 영향을 미칠 수 있는 학교 혹은 교육상의 공식적 · 비공식적 정책과 관습은 어떤 것인가?
⑥ 성장, 발달의 결정적 시기에 나타난 학생의 성취유형과 적응유형은 어떠했는가?
⑦ 학생과 그 가족에게 유용한 지역사회자원은 어떤 것인지 또 얼마나 손쉽게 이용할 수 있는가?

이러한 지식들은 학교사회복지사의 중재기술을 풍부하게 해주고 관계 수립을 도와 중재의 효과를 증진시킨다.

다음은 몇 가지 사례를 소개하는데 편의상 주로 사용된 중재기법을 제목으로 사용했다. 사례는 〈의뢰된 문제〉에서 문제의 개요와 주된 문제를 설명하고 〈서비스 수행과정〉에서 문제 파악-대상범위 결정, 환경사정, 중재전략, 결과의 순으로 편성하였다.

사례

〈행동수정전략[1]〉

① 의뢰된 문제

김○○는 유치원생이다. 김○○는 자주 소리를 지르고 교실을 이리저리 뛰어다니며 욕설을 하고 다른 아동들을 때리며 큰소리로 말한다. 수업에 지장이 많았다. 담임교사는 처음에 김○○의 행동을 참아주었다. 정도가 너무 지나칠 때는 김○○를 복도에 세워두는 벌을 주었다. 아무런 효과가 없었고 벌 서는 빈도가 잦아질수록 품행이 더 나빠지자 교사는 학교사회복지사에게 의뢰했다.

② 서비스 수행과정

• 문제 파악 – 대상범위 결정

학교사회복지사는 사례가 의뢰된 사실을 김○○의 어머니에게 알리고 면담을 요청했다. 김○○의 어머니는 젊었고 이혼한 후 친척집에 살고 있으며 자녀의 행동에 전혀 무관심하였다. 어머니의 도움을 받을 가능성이 없었다. 따라서 학교사회복지사는 서비스대상범위를 김○○로 선택하고 학교 내에서 행동개선계획을 세웠다.

• 환경사정

먼저 교실의 분위기가 김○○에게 어떤 영향을 미치는지를 관찰하였다. 김○○는 또래들 사이에서 소란을 피움으로써 관심을 끄는 것을 즐기고 있었다. 따라서 교실에서 퇴장시키는 벌은 효과가 있음을 확신했다. 그러면 지금까지 담임교사가 실시한 벌이 왜 효과가 없었는지를 관찰했다.

- 창문이 투명유리이기 때문에 김○○는 복도에서 교실 안의 일을 환히 볼 수 있었다. 벌은 서고 있지만 그는 교실 안에 있는 것과 같은 효과를 맛보고 있었다.
- 담임교사는 벌 서는 시간을 미리 정하지 않았으므로 어떤 행위에 대하여 벌을 받는다는 인식을 하지 못하고 담임의 기분에 따른 화풀이로 인식하고 있었다. 따라서 벌의 효과가 점차 소멸된 것이었다.

• 중재전략

- 교실유리창을 종이로 가렸다.
- 교실에서 퇴장시간을 행위의 정도에 따라 5분 또는 10분으로 한계를 설정하였다. 필요하면 연장하되 미리 그 시간을 정하였다.

- 교사는 김○○가 바람직하지 않은 행동을 할 때마다 퇴장명령을 반드시 내렸다. 따라서 교사의 기분대로 벌을 줄 수 없었다.
- 교사와 학생과 학교사회복지사가 합의하여 행동변화를 평가서에 기록하고 채점할 것을 약속하였다.
- 학교사회복지사는 방과 후 교사와 협의시간을 가져 평가서에 의해 김○○의 하루 행동과 중재전략을 검토하고 결과에 따라 교사가 학생을 다루는 방법을 도왔다.

• 결과

교사는 학교사회복지사와 약속한 방식을 충실히 실행했고 1주일 후부터 김○○의 행동이 변화하기 시작하여 점차 문제의 행동이 사라졌다. 그는 교실 안을 들여다 볼 수 없었기 때문에 퇴장은 고통으로 인식되었던 것이다.

〈역설적 기법으로 직면하는 전략〉

① 의뢰된 문제

이○○는 고등학교 여학생이다. 그녀는 자주 흐느끼며 콧물을 흘리며 울고 눈은 항상 충혈되었다. 어떤 때는 45분간, 어떤 때는 밤새도록 울었다. 한 마디로 '울보'였다. 그러나 누가 '울보'라고 부른다거나 자기방을 청소하라는 말만 해도 울고 때로는 전혀 이유 없이 울기도 한다. 수업 중에도 느닷없이 울기 때문에 학급에서는 불평이 많았다. 친구들도 이○○를 피하고 싫어하여 그녀는 거의 혼자서 지낸다.

② 서비스 수행과정

• 문제 파악 – 대상범위 결정

학교사회복지사는 이○○의 부모와 상담을 하였다. 부모는 이유를 모르는 채 매우 안타까워 하였다. 그러나 딸을 통제할 능력이 없다고 포기하고 있었다. 학교사회복지사는 이○○의 울음의 원인을 부적절한 관심끌기라고 잠정적으로 결정하였다. 그녀의 어머니는 "일을 하면서 동시에 울던 때가 있었다."고 하면서 그때 어머니는 "울지 않고는 일할 수 없다면 일을 하지 마라."고 했더니 딸은 일도 않고 더 울기만 했다고 말했다.

면담을 통하여 학교사회복지사는 이○○의 울음에 선행된 어머니의 말이나 자극이 부정적 행동을 강화하고 있다고 판단했다. 어머니의 교육을 차후로 미루고 우선 이○○을 대상으로 결정하고 중재전략을 세웠다.

• 중재전략

학교사회복지사는 부모와 교사의 동의를 얻어 이○○와 상담시간을 정했다. 매일 90분 동안 상담하며 그동안 수업은 면제되었다. 첫 상담시간에 학교사회복지사는 이○○를 의자에 앉히고 한참동안 두 눈을 똑바로 바라본 다음 "자, 이○○야, 이 방에서 나는 네가 울기를 원한다. 내가 '그만 울어라.'고 말할 때까지 계속 울어라." 하고 명령했다. 이○○는 어리둥절한 표정이더니 곧 울기 시작했다. 일주일 동안 이 방법을 되풀이하였고 주말이 다가올 무렵에 그녀의 울음이 약해지기 시작하였고, 주말에는 "더 울어라.", "계속 울어라."고 주의를 환기해야만 울음을 계속했다.

일주일 후 월요일, 이○○가 학교사회복지사의 방문을 두드리더니 방에 들어가지 않고 학교사회복지사에게 이야기하고 싶다고 요청했다. 이○○는 "제가 선생님 방 안에 들어가지 않았으니 여기서는 울어야 할 필요는 없지요? 그죠?" 하며 다그치듯 물었다. 학교사회복지사는 "그래, 너의 말이 옳다."고 대답했다. 그러자 이○○는 "저는 더는 울기를 원하지 않습니다. 선생님, 울지 않아도 된다고 허락해 주시는 거죠?" 하고 말했다. 학교사회복지사는 단호하게 "나는 네가 내방에 들어서는 즉시 울기를 원한다."고 대답했다.

그날 이○○는 80분 동안 울었다. 그 후 매일 차차 덜 울었다. 금요일, 학교사회복지사는 이○○에게 "만약 네가 집이나 수업시간에 네가 하고 싶지 않은 일을 하도록 요청받았을 때도 울지 않는다면 울기 위하여 이 상담실에 올 필요는 없다."라고 말했다.

실험기간 동안 학교사회복지사는 부모와 교사들이 자신들의 어떤 언행이 이○○가 울 수 있는 빌미를 주는 것인지를 발견하도록 도왔다. 또 어떻게 이○○를 울지 않도록 격려해야 하는지 그 방법에 대한 도움을 주었다.

• 결과

그 후 이○○는 며칠 동안 집에서도 수업시간에서도 울지 않았다. 부모와 교사들이 이 사실을 증명해 주었다. 이○○는 나머지 30일간의 실험기간(치료기간) 동안 한 번도 울지 않았다.

〈심리치료 접근[2]〉

① 의뢰된 문제

문○○은 초등학교 5학년 남학생이다. 수업시간에 공부는 하지 않고 다른 친구들을 방해한다. 어떤 때는 멍청하고 냉랭해 보였으나 어떤 때는 교사의 관심을 끌려고 여러 가지로 경우에 맞지 않는 질문을 하거나 대답을 하려고 덤벙대며 아는 척하는 '떠벌이'였다. 이런 행동은 초등학교 입학 후 지금까지 계속되었다.

② 서비스 수행과정

• 문제 파악 – 대상범위 결정

문○○의 문제행동은 5년간 계속됐고 아무도 그동안 그에 대해 어떤 제재를 가하지 않았다는 점은 큰 의문으로 떠올랐다. 도저히 개선할 수 없는 상태인가? 혹은 도움받기를 거부하는 상태인가? 학생과 면담을 한 결과 정신내적인 문제에 초점을 두고 개별상담하는 것이 좋다고 판단되었다.

• 환경사정

수업태도에 관하여 교사의 경험을 충분히 청취하여 문제행동을 확실히 파악하였다. 신경증을 가진 어머니에게 양육되는 과정에서 자기를 환멸스럽게 생각하는 내면의 태도가 가장 중요한 내용으로 사정되었다.

• 중재전략

주로 심리치료방법으로 접근하고 약간의 행동수정을 병용한다.

– rapport형성과 목표 설정 및 계약

문○○가 학교사회복지사를 만나야 하는 이유를 이해하도록 하면서 서로의 역할을 약속하였다. 5년간 지속된 태도와 행동을 포기하고 새로운 모습의 학생이 되는 것이 목적임을 구체화하였다. 문○○ 자신에게 문제를 창의적으로 해결할 수 있는 능력이 있음을 발견하도록 도왔다.

– 행동개선과정

문○○는 다른 친구들이 자기에게 성가시게 구는 것을 제외하고는 다 좋다고 하였다. 친구들이 성가시게 할 만한 것이 무엇인지 물었더니 자기는 잘못한 것이 없는데 애들이 항상 자기를 괴롭히는 것 같다고 말했다.

이런 과제를 중심으로 교실 내 문○○의 행동과 태도를 집중적으로 다루어 타인에게 비쳐진 자신의 모습을 발견하게 되었다. 문○○의 혼란된 감정과 가치판단을 지지적으로 도왔다.

---

1) Skidmore & Thrackeray, *Introduction to Social Work*, 1976, pp.81-98 참조 바람.

2) Fink, A. E. et al., *The Field of Social Work*, 1968, pp.349-366 참조 바람.

– 학업수행에 관한 구체적 개선과정

문○○는 차차 자신의 대인관계양상에 관하여 이해하기 시작했다. 친구들이 자기를 괴롭히는 것이 아니라 스스로 자기 자신을 못마땅하게 여기고 있음을 깨달았다. 습관을 고치는 것은 고통스럽고 긴 시간이 걸리는 작업임을 이해하기 시작하면서 쓰기, 분수셈하기, 읽기 등 구체적 수업내용에 초점을 맞추었다. 문○○는 이 작업이 힘들지만 변화가 가능함을 믿게 되었다.

– 성격의 재구성 시도

문○○는 "나는 떠벌이가 아니다."고 하면서 슬퍼했다. 진정으로 돋보이고자 하는 마음이 없는데 담임선생님이 그러한 점을 문제행동으로 생각하는 것을 무척 슬퍼했다. 문○○가 발언을 언제 어떤 식으로 하게 되는지를 탐색하면서 교사-문○○의 관계를 중심으로 그의 충동적 성격을 이해하고 개선하도록 하였다.

• 결과

1학기 동안 면담이 진행되는 과정에서 문○○는 많은 진전을 보였다. 문제의 '떠벌이'행동이 많이 줄어들었으며 자신을 변화시키기 위한 욕구가 생겼고 또 그렇게 할 수 있는 힘이 자신에게 있음을 인식하게 되었다. 또한 어머니와의 관계도 개선되고 있음을 말했다. 어머니는 문○○이 학교생활을 시작한 이래 처음으로 집에서나 학교에서 혹은 이웃에서 아들의 행동에 대해 불안해 하지도 않고 괴로움을 받지 않게 되었다고 말했다. 문○○는 축구팀에 가입되어 있었는데 축구연습시간과 숙제시간이 중복되지 않도록 일정을 조정할 수 있게 되었다. 담임교사는 "문○○이 매우 잘하고 있어 기쁘다."고 보고하였다. 6~7주 후 다시 면담할 것을 약속하고 일단 종결하였다.

제2절 집단수준 학교사회복지실천

모든 사람은 살아가면서 집단경험을 하지 않을 수 없다. 가정이라는 집단에 태어나서 학교, 직장, 지역사회, 취미클럽 등 다양한 형태의 집단에 소속하면서 살아간다. 사람은 이러한 집단경험을 통해 사회화되고 대인관계의 기술을 배운다.

집단과정은 사람들이 모인 곳에는 어디서나 작용한다. 집단과정 가운데 문제도 발생하지만 문제해결의 방법도 내재되어 있다.

Toseland와 Rivas(김종옥, 1984 재인용)는 집단의 장점을 다음과 같이 설명한다.

① 집단성원은 비슷한 문제를 가진 사람들이 모였으므로 혼자가 아니라는 안도감을 느낀다.

② 집단과정에서 서로서로 제언과 환류, 상호 지지 및 정보를 교환함으로써 타인을 도울 수 있는 기회를 준다. 그러므로 개인수준 학교사회복지 실천관계처럼 도움을 받는 입장에만 있는 것이 아니라 도움을 주는 입장에 있다는 성취감 또는 만족감을 느낀다.

③ 타인이 목적을 달성하는 것을 관찰하게 되므로 희망을 가지게 된다.

④ 집단역동을 통해 배운 것을 현실적으로 검증할 수 있는 기회를 집단과정에서 가질 수 있다.

⑤ 집단성원들의 상호 교류를 통해 타인에게 비쳐진 자신의 모습을 발견하며 자신에 대해 알 수 있는 기회를 가지게 된다.

⑥ 학교사회복지사 편에서는 한꺼번에 여러 사람을 만나서 상담시간을 효율적으로 쓸 수 있다.

그 밖에도 집단은 또래들의 영향이 크게 작용하는 청소년들에게 특히, 유익한 방법이다. 청소년들은 문제행동에 관한 또래들의 평가, 지지, 조언에 더욱 긍정적이고 수용적이다.

청소년에 대한 집단수준 사회복지실천의 효과는 다음과 같다.

① 자기 향상
② 자기이미지 개선
③ 문제해결기술 향상
④ 대인관계의 질적 개선 및 향상
⑤ 사회적 기대에 부응할 자기의 능력을 증가시키는 것이다(Costin, 1986: 35).

학교체계에서는 대상자별로 학생집단, 교사집단, 학부모집단으로 구성할 수 있고 문제영역별로는 학습장애집단, 금연집단, 학력증진집단, 행동수정집단 등 구체적 표적행동과 관련되어 집단을 구성할 수 있다.

다음은 주의산만하고 학업성적이 저조한 초등학교 학생집단과의 사회복지 사례이다(Fink, A. E. et al., 1968: 349-366).

사례 학업능력 향상집단

• **집단구성**

5학년생 6명이 담임교사와 함께 학교사회복지사를 방문하였다. 제시된 문제를 중심으로 참여희망자와 함께 집단목적을 정하고 그 목적에 동의를 얻어서 집단을 구성한다. 이들이 학교생활에서 어려움이 많으므로 학교사회복지사가 그것을 도와주고자 한다고 설명하였다. 4명은 동의하였으나 2명은 원하지 않았으므로 집단은 4명으로 구성되었다.

• **집단성원의 특징에 대해 교사는 다음과 같이 말한다.**

- 송○○ (남): 역사과목은 매우 좋아하는 데 다른 과목에는 관심이 없다. 말하기를 좋아하고 남의 일에 재미있게 관심을 기울인다. I.Q가 107로 기록되어 있는데 성적은 낮다. 지적능력은 충분히 갖추고 있다고 생각되는데 과제를 좀처럼 완수하지 않는다.
- 윤○○ (남): 몸은 교실에 있지만 마음은 다른 세계에 산다. 어떤 과목에도 관심이 없고 수업 중에도 교사가 이름을 부르거나 개인적으로 집중하여 이야기하지 않는 한 수업에 관심을 끌 수 없다. 과제를 하지 않으며 성적이 매우 낮다. 성격은 조용한 편이다.

- 배○○ (여): 자신의 에너지를 온통 떠들고, 으시대고, 거만스럽게 구는 데 쏟고 있다. 부주의하고 무책임한 성격이며 성취욕구가 거의 없으며 집중시간이 극히 짧다. 학습에 흥미가 없고 쓰기를 잘 못한다.
- 강○○ (여): 매우 동작이 둔하고 느린 반면 민감한 성격이다. 읽기가 서툴며 공부를 못하고 과제를 전혀 하지 않는다. 늘 백일몽을 꾸는 듯 산만하며 학급친구를 좋아한다.

• 문제 파악 – 목표 설정

집단성원은 담임교사가 학교사회복지사에게 자신들에 관하여 이야기하는 것을 함께 들었고 학교사회복지사는 그들이 그 내용에 동의하는지를 물었다. 강○○를 제외하고 나머지 3명은 대체로 동의했다. 강○○은 읽기를 아주 못하는 것이 아니라 가끔씩 못 읽는 때가 있다고 정정하고자 하였으며 백일몽을 꾸지 않는다고 반박했다. 그래서 학교사회복지사는 어쨌든 읽기를 잘하는 것이 아니라는 점에서 강○○의 동의를 얻어냈고, 모두들 수업과 학교생활에서 변화할 필요가 있음에 의견을 모았다. 이것이 그들의 문제로 인정되었고 주의집중과 쓰기, 읽기 등 학업능력 향상을 잠정적으로 개선목표로 결정하였다.

• 집단운영

일정한 시간을 정해두는 것이 산만한 학생들을 구조화하는 데 도움이 되고 스스로 참여할 수 있는 동기를 강화할 수 있다. 매주 2회, 화요일과 금요일 오후 2시부터 4시 사이에 진행한다.

• 집단 프로그램

대상과 목적이나 목표에 따라 적합한 프로그램을 적용한다. 예를 들면, 자아존중감을 향상시키는 것이 목표라면 '자아존중감 강화' 프로그램을 실시한다.
이 집단에서는 쓰기와 읽기에서 진보할 것이 구체적 목표로 정해졌으므로 쓰기와 읽기를 실제로 실시하는 활동을 프로그램에 포함시킨다. 쓰기나 읽기가 진보하면 자신감이 향상될 것이고 그러면 수업에 관심을 가지게 될 가능성이 높아진다. 그 밖에 나이에 어울리는 활동(예: 미술요법, 음악요법)을 통하여 성원들의 과제수행능력을 발전시킬 수 있다. 이러한 활동은 집단과정이 전개되는 동안 성원들의 성취도에 따라 변화됨이 바람직하다.

• 집단 프로그램 평가도구

활동을 소개할 때부터 목표가 어느 정도 달성되었는지 점검할 평가도구를 성원들에게 알린다. 많은 경우 성원이 스스로 평가지를 작성하게 함으로써 능률을 높일 수 있다. 평가 내용을 정해진 기간에 점검하면서 활동의 내용이나 양을 많게 혹은 적게 조정한다. 평가지는 집단종결을 결정하는 데 유용하게 쓰일 수 있다.

• **종결**

미리 약속한 대로 방학이 시작되기 전 종결모임을 담임교사와 함께 가졌다.

종결모임에서는 주로 성원들의 개인적인 학업성취에 관하여 이야기하였다. 성원들이 집단모임에서 획득한 변화의 내용을 이야기하면 담임교사는 그것이 학급에서 어느 정도 유지되고 있는지를 확증하여 주었다. 성원들이 목표를 어느 정도 성취하고 있으므로 담임교사는 칭찬과 격려를 해주었으며 이러한 교사의 태도는 성원들을 더욱 고무시켰다.

제3절 가족수준 학교사회복지실천

가족은 모든 가족구성원에게 욕구를 충족시키는 1차 체계이므로 가족이 가족구성원에게 미치는 영향력은 대단하다. 따라서 과거에는 가족을 문제의 원인이라고 간주하던 때가 있었지만 1950년대 체계론적 접근으로 가족치료법이 발달하면서 가족을 문제해결의 자원으로 인정하게 되었다(Foley, 1974).

체계론적 가족치료법에 의하면 가족이 역기능적인 상태에 있을 때 그것은 가족구성원 가운데 가장 약한 사람에게 문제행동이나 부적응상태로 표출된다. 학생들이 학교에서 나타내고 있는 대부분의 문제행동은 가족의 문제와 긴밀한 관계가 있다. 즉, 가족 내 다른 문제가 있음을 알리는 지표이다. 특히, 학생들은 아직 미성년자로서 가족의 보호와 관심이 필요한 성장기에 있으므로 가족문제와 학교문제의 연관성은 더욱 깊고 학생의 나이가 어릴수록 그 타격은 더욱 크다.

학교사회복지사가 학생이 표출하는 문제행동으로부터 학교와 가정에서 일어나는 사건에 참여함으로써 학교체계와 가족체계의 유용한 자원을 연결시켜 학생과 가족 양자에게 도움을 줄 수 있다. 다시 말하면, 학생의 문제를 해결해 나갈 때 사회복지사는 가족치료자의 역할을 하는 것이다. 학교사회복지사는 의뢰된 학생의 개개가족, 형제자매, 부모 때로는 가족 전체와도 관계를 형성하고 그들의 변화를 시도한다.

사례 부모에 대한 사회복지서비스3)

〈의뢰된 문제〉

초등학교 5학년의 여학생 차○○이 지나치게 결석을 자주하는 문제로 학교사회복지사에게 의뢰되었다.

〈서비스 수행과정〉

• 문제 파악

학교사회복지사는 차○○의 학교기록을 검토하였다. 차○○는 흑인이 많이 다니는 이웃 학교에서 약 1개월 전에 이 학교로 전학왔다. 이전의 학교에서는 등교거부문제로 학교사회복지사에게 의뢰되었다. 그때 부모는 전학을 요구했고 교장은 허락하려 하지 않았다. 부모가 전학을 요구한 이유는 아이가 흑인을 무서워하며 울고 소리쳤기 때문이었다. 차○○의 주치의가 학교상황으로 인하여 정서적인 장애가 발생했다 하며 전문치료를 권하였고 그 진단이 있고 나서 교장도 전학을 허락하여 현 학교로 배정되었다.

• 환경사정

학생의 어머니를 면담하였다. 차○○는 단순히 흑인을 무서워하는 정도가 아니라 혼자서 자는 것을 무서워하고 가끔 이유 없이 어린 동생들을 때리고 저녁에 밖에 나가는 것을 두려워하였다. 자주 울었지만 그 이유를 어머니에게 말하지 않았다.

차○○는 등교거부로 두 번이나 전학을 다녔다는 사실도 알아냈다. 현재 차○○는 정신과치료를 받고 있으나 별 진전이 없었다. 이런 과정에서 차○○의 어머니가 지나치게 결정적인 태도를 취하는 반면 아버지역할의 희미함이 발견되었다. 어머니는 안절부절못하였고 또 다시 전학가겠다고 말했다.

• 중재전략 – 가족치료

– 차○○ 아버지를 문제해결의 자원으로 참여시킨다.

- 자녀교육에 있어서 부모의 역할비중에 균형을 다시 잡는다.
- 차○○의 주치의와 의논하여 정신과적 병력을 참조한다.
- 교장과 담임교사와 공동 협력한다.

이러한 중재전략을 세우고 학교사회복지사는 차○○의 어머니와 학교에서 면담을 가졌다.

1회: 차○○, 어머니, 교장

차○○은 계속 훌쩍거리며 울었고 어머니는 아이 때문에 직장도 쉬어야 하며 4명의 동생들도 돌봐야 하므로 이 일로 시간을 내기 어렵다고 불만스럽게 말했다. 교장은 학교출석에 지장이 되는 구조적 문제가 없음을 강조했다(예: 인종문제).

2회: 주치의 자문

주치의는 차○○의 문제를 모녀 간의 지나친 결속으로 인한 정서적 문제로 보았다. 주치의와 자문한 결과 학생보다 어머니와 아버지를 위한 사회복지서비스를 전개함이 더 필요하다고 결정지었다.

3회: 아버지와 면담

차○○의 아버지는 자녀교육에 관한 한 부인에게 일임해 두었는데 이제 자신이 자녀교육에 극도로 무관심했음을 시인했다. 아버지의 역할에 대한 교육을 작은 관심부터 표현할 것을 요청했다. 면담에 응하는 것이 이미 관심을 많이 보이는 태도임을 상기시켜 격려하였다. 차○○의 아버지는 용기를 내어 새로이 자녀교육에 참여하겠다고 결심했다.

4회: 아버지 면담

자녀를 두고 부인과 의논을 해야 하는 데 매우 불만스럽다고 실토했다. 학교사회복지사는 아버지로서 또 남편으로서 한 주간 동안 열심히 애쓴 점을 격려하고 구체적으로 상담했다.

5회 이후

차○○의 부모를 함께 만나면서 경제적 문제, 가정 내 역할분담, 5남매를 낳게 된 배경에 대한 부부관계의 역동성 등을 중심으로 상담이 진행되었다. 어머니는 약속된 사항을 잘 지켜나갔고 그 결과 차○○는 1주일 동안 규칙적으로 제 시간에 학교를 잘 다녔다. 1개월 후 담임교사는 차○○가 학급에서 완전히 자기 위치를 찾아 즐겁게 지내고 있으며 친구도 사귀었다고 보고했다. 부모의 관계가 정상적으로 되어감과 동시에 차○○의 학교생활이 안정을 회복하였고 점차 차○○의 학업수행에 상담의 초점을 옮겨 갔다.

• 결과

3개월간 부모를 중심으로 상담하였다. 차○○는 출석을 잘하고 있었고 수업진도에 잘 따라가고 있었다. 부모는 부부관계를 새롭게 하고 자녀양육의 고통을 함께 나누게 되었다.

제4절 학교수준 학교사회복지실천

학교의 목적인 학생들의 교육에는 교사와 학교를 운영하는 행정기구가 매우 중요한 요소이다.

교육위원회, 교무회의, 이사회의, 기성회, 학부모회, 학교운영위원회 등은 학교의 교육정책을 수립하고 교과과정을 개편하는 데 영향을 주며 어떤 경우에는 교사의 채용에도 관여한다. 학생들의 건강을 위한 학교급식, 도서 및 최신 교육장비의 구입, 학교 주변 환경의 정화와 같은 학교의 교육 관련 서비스는 교사들의 힘만으로는 달성되지 않는다.

학교에서 성교육을 어떤 식으로 실시할 것인지, 사회봉사활동은 어떻게 교육할 것인지, 또는 교과과정은 어떻게 개편할 것인지조차도 사회적 요구와 긴밀한 관계가 있다. 이렇게 학교가 보다 큰 전체 사회체계와 교류함에 있어서 발생하는 모든 사건은 학생에게 무관하지 않다.

학교사회복지에 있어서 학생들과 그 부모를 위한 사회복지서비스를 제공하는 것만큼 빈번하게 일어나는 일은 아닐지라도 학교행정기구가 보다 원활하게 기능할 수 있도록 도와주는 경우도 있다.

사례 중앙행정기획과 관련된 학교사회복지

〈문제 개요〉

어느 고등학교 빈곤가정의 남학생을 위한 직업교육과제 개발에 학교사회복지사가 기여한 사례이다.

이 학교에는 이사온 소작인가정의 자녀들이 많았고 이들은 문화적·사회적으로 궁핍하여 대부분 학업을 도중에 포기한다. 이들을 위하여 학교사회복지사는 이 학생들이 지적·사

3) Fink, A. E. et al., *The Field of Social Work*, 1968, pp.349-366 참조 바람.

회적으로 발달이 지체되어 있고 생활의 목표가 없으며 패배적 인생관을 지니고 있음을 발견했다. 이주온 사람들이라 지역사회나 학교 어디에도 소속감을 느끼지 못하고 있었다.

〈서비스 수행과정〉

• 교과과정의 프로그램 개발

학교사회복지사는 교장과 학교임상심리사와 함께 이들을 포함한 낙제생들을 위하여 특별 프로그램을 고안했다. 농촌지역의 특성을 감안하여 농장에서 학습과 실기를 동시에 배우는 산학협동 직업훈련 프로그램을 개발하고 농업교사의 협조를 구했다.

이 프로그램의 목표는 다음과 같이 정하였다.

- 소속감과 안정감 조성
- 자아상 개선
- 학교에 대한 부정적 태도 개선
- 공부 이외의 능력개발에 관심과 노력을 기울이도록 자극
- 직업을 위한 기계조작기술 개발
- 창의적 능력 개발
- 학생들에게 현대산업사회에서 숙련된 노동자를 필요로 하고 있음을 깨닫도록 돕기 등

14명의 학생이 선발되어 이 프로그램에 투입되었다.

• 결과(1차)

1학기 말에 지도교사는 프로그램 결과에 대한 보고서를 제출했다. 14명 가운데 7명은 학급에 참석하고 있으며 2명은 학업을 중퇴, 2명은 이주, 나머지 3명은 농장에서 일하기만 계속하여 학급에는 결석이었다. 학급참여자 7명 중 3명만이 불규칙적으로 출석하고 4명은 규칙적으로 잘 다녔다.

• 프로그램 연장 – 목표수정

2학기에는 프로그램을 연장하여 학생들에게 일정한 공구조작기술을 가르치는 목표를 추가하였다. 기계와 친숙하게 될 뿐만 아니라 학교와 가정에서 여가시간을 활용하는 가치를 가르치는 것이 목적이다. 학생들은 각자 취미에 맞는 기구나 공구를 선택하여 사용법을 배우고 연습하였다. 옷걸이, 구두닦이통, 책꽂이, 선반 등을 선택하여 작품을 만들기로 하였다.

• 결과(2차)

학생들은 새로운 기술을 개발하여 스스로 큰 만족감과 성취감을 가지게 되었고 자신의

능력에 대한 자신감을 얻게 되었다. 공부 이외의 또 다른 역할을 인식하게 되자 학생들은 학급수업에도 의욕을 보였다. 평소 교사들을 피하던 태도와는 달리 기구사용법과 제도방법을 교사에게 묻게 되면서 일상적인 이야기도 교사들과 나눌 수 있게 되었다. 학급 친구들과도 의견을 교환하고 협동하는 방법도 배웠다.

• 평가

대체로 초기 목적과 목표를 달성한 성공적인 프로그램으로 평가받았다. 교장과 이 프로그램을 지원해 준 학교행정가, 농업교사, 학교사회복지사, 학교임상심리사들은 공동협력으로 성공적인 새로운 교과과정을 개발한 것에 큰 보람을 느꼈다.

이 팀은 더 많은 학생에게 기회를 제공하고 제작한 작품을 상품화되도록 도와 소득증대를 모색하는 다음 과제로 진행할 것을 결정했다.

위의 사례는 미국의 경험을 소개한 것이지만 우리나라에서도 학교사회복지사가 특별한 프로그램을 개발할 여지가 있다.

학생들에게 사회봉사의식을 고취시키기 위하여 각종 자원봉사활동을 장려하고 있으나 전문적으로 이를 담당하는 사람이 없다. 학생들의 개성과 각종 사회복지시설 및 기관 또는 지역사회의 요구에 걸맞는 사회봉사 프로그램을 개발하여 보급시킬 수 있다.

교사들의 일손을 덜어 주고 자발적인 분위기에서 환경보존의 의식을 고취하고 생활화하는 프로그램의 개발도 가능하다. 학교와 학교행정가를 위한 학교사회복지를 수행하기 위하여 학교사회복지사팀의 활동능력과 창의적 태도가 중요하다.

제5절 지역사회수준 학교사회복지실천

학교사회복지사는 학교의 프로그램과 그에 관련된 학교사회복지의 방향을 설명하고 지역사회에 알릴 책임을 가진다. 학생들이 학교에서만 지내는 것이 아니라 지역사회에 살고 있으며 지역사회의 환경에서 보고 듣는 것이 학생의 학교생활에 영향을 주고 있다. 학교 주변의 환경은 학생들에게 유익하게 정돈되어 있는가? 학생들이 집에서 학교까지 통학하는 과정에 교통편은 편리한가? 학교진입로에 차량통행이 학생들의 등·하교 시 안전을 보장할 수 있는가? 담배자동판매기, 전자오락실, 각종 광고물, 청소년에게 유해한 비디오 등 문화적 환경은 어떻게 개선되어야 하는가? 이러한 과제들은 학교교사들의 노력이나 학교행정가의 의지만으로 해결될 수 없고 지역사회의 협력이 필요하다.

한편, 학업을 마친 후 학생들도 지역사회로 돌아간다. 이들에게 마땅한 일자리를 마련하는 것도 학교 자체만의 노력으로는 매우 어렵다.

이러한 측면에서 학교사회복지사는 지역사회의 자원을 동원하고 학교와 연결하는 다양한 활동을 전개할 수 있다.

사례 지역사회조직

〈문제 개요〉

학업에서 탈락하여 지역사회에서 배회하는 일부 청소년들이 장차 다른 학생들에게 나쁜 영향을 끼칠 것이 우려되었다.

〈서비스 수행과정〉

• 지역사회 자원동원

지역사회 각종 사회복지기관에 근무하는 사회복지사들의 협조를 얻어 위원회를 구성하고 청소년을 위한 프로그램을 개발하였다. 이들의 최초 문제가 학업부진에 있다고 판단하여 학업을 도와 학교에 재복귀시키는 것이 프로그램의 목적이었다.

이 사업에는 어느 정도의 경비가 필요하였으므로 지역유지들을 자문위원으로 초빙하고 협조를 구했다.

• 프로그램 진행

– 개인교사 프로그램

대상학생 개개인에게 학업을 도와줄 개인지도교사를 할당한다. 이 개인지도교사는 지역사회복지관의 협조를 얻어 대학생 자원봉사자들로 구성한다.

– 또래집단 프로그램

참여한 학생과 개인지도교사들이 매주 1회 함께 모여 각자의 목표와 실천과정에 대해 토의하며 또래들의 지지와 평가를 듣는다.

- 자문위원들의 자문활동 프로그램

자문위원들이 참여자들에게 특강을 실시한다. 이것은 자신들이 경제적으로 투자한 대상을 직접 만나게 되면서 더욱 큰 관심과 애정을 가지게 하는 효과가 있다. 나아가 이러한 사업을 확장시키는 데 기여할 동기를 부여하는 의미가 있다.

• 결과

대상자로 선정된 20명의 학생 가운데 2명은 탈락하고 18명은 끝까지 프로그램에 참가했다. 1학기 끝에 이들 18명의 학교참석률이 매우 증가하였고 동네를 배회하는 횟수가 줄었다. 다른 참가자(대학생 자원봉사자, 지역사회복지관 사회복지사, 자문위원)들도 매우 보람을 느끼고 지속적인 사업을 추진하고자 한다. 대상자들의 부모도 기뻐하며 자신들도 이 프로그램에 협조하여 다른 학생에게 도움을 주고자 하였다.

위의 사례는 성공적 결과를 가져왔지만 지역사회에 있어서 학교사회복지가 항상 성공하는 것은 아니다. 그러나 그 과정에서 일부의 주민들이라도 의식이 변화된다면 그만큼 학교 주변의 환경은 학생들에게 유익하게 변화될 것이다.

CHAPTER 11

평가 및 종결과정

학교사회복지실천뿐만 아니라 모든 사회복지실천의 마지막 과정이며 시작과정이 바로 평가 및 종결과정이다. 이를테면 학교장면에서 일정한 시설과 인적·물적 자원을 바탕으로 국가 및 지역사회로부터 운영비를 지원받아 얼마나 효율적이고 효과적으로 지역사회 및 클라이언트의 욕구를 잘 충족시켰는가 또는 지역사회 및 클라이언트의 욕구에 어느 정도 부합되는 프로그램 및 서비스를 제공했는가, 얼마나 효과적이고 효율적으로 목표를 달성했는가 하는 학교사회복지서비스 결과는 사회복지사의 중재 효과성 및 운영에 대한 평가가 병행되어야 궁극적으로 합리적, 체계론적 그리고 정치경제적인 목적을 충족시킬 수 있는 보다 나은 공식적인 수단으로 충분한 기능을 감당할 수 있다.

학교사회복지사에게는 다음과 같은 평가방법과 평가결과의 활용방법이 요구된다.

① 개인 또는 가족에게 문제해결을 도모하기 위해 제공한 직접적인 서비스의 효과성을 평가하는 사례평가방법
② 문제해결 또는 자신의 잠재력을 성취하지 못하는 위험에 처한 클라이언트에게 제공하는 집단 중심의 프로그램 및 서비스에 대한 효과성을 평가하는 방법
③ 학교사회복지실천이 이루어지고 있는 환경에 대한 운영평가방법
④ 종결과 관련된 평가결과를 어떻게 활용할 것인가 하는 방법이 바로 그것이다.

이러한 평가방법은 개별적인 평가방법으로 활용할 수도 있고 서로 유기적으로 병행해서 활용할 수도 있다. 특히, 운영평가방법은 가장 포괄적이고 광범위한 것으로 프로그램 및 사례평가를 어느 정도 포함하기 때문에 학교사회복지 운영에 대한 전반적인 평가, 정치경제적인 목적이 요구되는 평가 시에 유용하다. 그러므로 학교사회복지

사는 평가의 목적, 대상 등에 따라 어떤 또는 어떻게 평가방법을 활용할 것인가를 결정해야 한다.

본 장에서는 평가해야 하는 의의와 목적, 인간봉사조직이 갖는 특성의 한계성을 극복하기 위해 요구되는 효과적인 평가를 위한 전제조건, 학교사회복지가 효과적으로 교육과정에 기여한다는 것을 입증할 수 있는 사례 · 프로그램 · 학교사회복지에 대한 운영평가 그리고 평가결과를 어떻게 활용할 것인가에 대한 종결단계를 설명하고자 한다.

제1절 평가의 의의 및 목적

현실적으로 우리는 책임의 시대에 살고 있기 때문에 사회복지실천에 있어서 효과성과 효율성을 확보해야 하는 문제는 전문직으로서 학교사회복지사가 지녀야 할 최고의 관심사가 되어야 한다. 학교사회복지사가 사회적 책임성을 확보하기 위해서는 과학적인 지식과 내재화된 전문직의 가치를 바탕으로 학교장면에서 클라이언트의 잠재력을 최대한 개발시키고, 이들의 안녕(well-being)을 가능한 증진시키고자 하는 노력과 서비스의 성공 여부는 평가를 통해서 비로소 확인된다고 할 수 있다.

평가는 직접적으로 기관의 목적과 운영에 영향을 미치며 이는 공공책임에 대한 중요한 의미를 지니고 있다. 학교사회복지는 계속적인 평가결과에 의해 조직체를 재정비함으로써 학교에 대한 시민들의 이해를 증진시키며, 서비스의 질을 향상시키고, 투입비용에 비해 효과적 · 효율적인 결과를 산출하게 할 뿐만 아니라 평가결과와 환경의 변화에 따라 개선하도록 한다. 그러므로 조직과 직원 모두가 평가에 대한 필요성과 현실성을 인식하고 실질적이고 즉각적으로 대응하고자 하는 자세가 무엇보다 중요하다.

더욱이 사회복지의 전문성은 평가의 기술들을 보다 포괄적이고 숙련되게 적용함으로써 잠재적 이익들을 극대화할 수 있기 때문에 평가를 하는 이유는 다음과 같다(윤백현, 1990: 64).

① 프로그램이 얼마나 효과적으로 목적을 달성하는가를 알 수 있다.
② 프로그램을 재구성하거나 보다 효과적인 관리를 위해서 평가자가 필요한 정보를 수집해서 제거되어야 할 요인이나 대체되어야 할 구체적 요인들을 찾을 수 있다.
③ 프로그램에 대한 접근법이나 이론을 검토하거나 이해하기 위한 모델을 만들 수 있다.
④ 프로그램을 효과적으로 관리하기 위해 필요한 것들을 알 수 있다.
⑤ 프로그램이 클라이언트의 입장에서 볼 때 얼마나 잘 진행되고 있는가 그리고 어떻게 하면 효과적으로 될 수 있는가를 알 수 있다.
⑥ 공공관계와 자금조달방법을 개선할 수 있다.
⑦ 자금원의 요구를 해결해 줄 수 있다.

이와 같은 이유로 학교사회복지실천에 있어서도 평가를 통해서 다음과 같은 목적을 달성할 수 있다.

① 사업계획과 운영과정뿐만 아니라 학교사회복지사와 클라이언트에게도 필요한 정보를 받아 학교사회복지가 바람직하게 추진되도록 하는 환류기능(feedback)을 파악한다.
② 학교사회복지의 프로그램이나 서비스의 결과에 대한 효과성을 행정가에게 보고할 입증자료를 확보한다.
③ 사업담당자가 사업을 수행하는 과정에서 일어나는 활동에 대하여 책임을 지도록 하는 책임성을 확보한다.
④ 보조적인 목적으로 사업 속에 내재된 변수 간의 인과관계를 검증하여 이론을 형성하는 학문적 기능을 수행하는 것이다.
⑤ 이와 같은 학문적 기능을 바탕으로 성공적인 실천이 반복될 수 있도록 하는 실천기능을 강화한다.

제2절 효과적인 평가를 위한 전제조건

학교장면과 같은 인간봉사조직은 조직의 목표가 다양하거나 애매모호하고, 제공되는 서비스기술이 불분명하며, 인간속성을 관찰하고 측정하기 어려운 특성이 있다. 이러한 조직의 특성은 서비스결과나 효율성 평가를 곤란하게 하여 평가로 인한 정보의 환류체계를 갖지 못했기 때문에 실제로 성공을 하고 있는 듯 주장할 수 있게 하고 안정과 현상유지를 강화하게 한다고 할 수 있다. 또한 프로그램이나 서비스를 측정할 수 있는 확실하고 타당성 있는 측정방법이 없기 때문에 실천가들은 새로운 기술개발에 소홀히 하는 결과를 초래할 수 있다(Hasenfeld · 성규탁, 1992: 11).

이처럼 인간봉사조직의 특성은 사회복지의 효율성 및 책임성을 확보하는 데 역기능적인 요인이라고 이해할 수 있으며, 사회복지의 전문성이라는 허(虛)와 실(實)이라는 점에서 재조명되어야 할 중요한 내용이라고 생각된다.

모든 사회복지실천은 다음과 같은 과정으로 진행된다.

① 기획해서 시작하는 단계(plan)
② 기획한 바에 따라 실행하는 단계(do)
③ 실행된 결과가 당초 의도했던 바와 일치되는지의 여부를 확인하는 평가단계(see)

이처럼 평가는 사업의 최종단계에 포함되는 필요불가결한 과정임에도 불구하고, 평가에 대한 변증법적 딜레마에 빠져 변화와 개혁에 저항하는 경향도 있다.

그 이유는 다음과 같다.

① 학교사회복지사가 기존업무 외에 평가를 위한 시간을 별도로 만들어야 하는 데 대한 부담감
② 비밀정보를 누설하는 데 대한 두려움
③ 학교사회복지사 자신이 목적을 달성하지 못하지는 않을까 하는 불안
④ 평가결과의 활용 또는 이해 부족

⑤ 평가에 대한 부정적인 인식
⑥ 구태의연한 업무수행상의 소극적인 태도 등

그러나 많은 학교사회복지사들이 책임성에 대한 요구에 부응하려고 노력하고 있지만 평가절차에 대한 지식이 부족하다. 왜냐하면 이들은 개별면담이나 집단모임에 대한 과정기록에 대해서 교육을 받았으나 자신들이 제공하는 서비스를 체계적으로 평가하는 기술이나 지향성을 갖추고 있지 않기 때문이다. 숙련된 학교사회복지사들도 어떻게 하면 다른 사람보다 차이나게 실천할 수 있는가 하는 실천의지에 비해서 자신이 얼마나 합리적이고 효과적으로 어떤 일을 수행하고 있는가를 입증해서 그 결과를 행정가, 시민 또는 클라이언트에게 전달하는 데 곤란스러워하는 측면이 있는 것도 사실이다.

그러므로 이러한 평가에 대한 변증법적 딜레마에서 벗어나 바람직한 평가의 목적과 가치를 달성하기 위해서는 다음과 같은 전제조건이 선행되어야 한다(Allen-Mears, Washington, & Welsh, 1986: 257).

① 기록과정과 보고과정에 목적의식을 불어넣는 체계를 개발하도록 하는 것
② 사회복지실천가의 전문적인 평가기술을 강화시키는 체계를 개발하도록 하는 것
③ 클라이언트를 중재한 결과뿐만 아니라 효율성, 업무량, 노력성(productivity) 및 자원의 배당까지도 평가하는 체계를 개발하도록 하는 것
④ 최소의 시간이 요구되는 체계를 개발하도록 하는 것

이러한 조건들이 선행된다면 학교사회복지사들은 개인수준이나 집단수준 또는 지역사회수준에서 전문가로서 수행능력이나 사회적인 책임성에 대한 요구에 부응하려고 하는 노력이 가속화될 것이다. 그러므로 학교사회복지사 스스로 적극적으로 자신이 실천한 과정이나 결과를 평가하고 이를 다양한 체계에 전달해서 환류를 받고자 하는 자세가 요구된다.

제3절 평가방법

학교사회복지서비스에 대한 조사는 학교사회복지의 역할, 과업 및 기술을 명확히 하기 위하여 학교사회복지실천의 본질, 효과적인 실천전략 그리고 평가기준과 책임성에 대한 조사연구 등이 수행되어야 하며, 더욱이 학교사회복지에 대한 조사는 ① 연구의 잠재성이 학교사회복지사에게 지속적인 연관성이 있을 것, ② 조사하고자 하는 문제에 적합하고 명확한 이론적 토대에 우선성을 두어야 한다(Allen-Mears, Washington, & Welsh, 1986: 258).

따라서 학교사회복지에 대한 평가는 사회복지조사의 전통적인 조사연구설계를 기초로 하는 조사연구와 평가방법이 유기적으로 활용되어야 한다.

이에 학교사회복지서비스에 대한 평가를 효과적으로 할 수 있는 방안을 모색하기 위해 다음 사항을 중심으로 전개하고자 한다.

① 학교사회복지장면뿐만 아니라 사회복지실천에서 활용성이 높은 사례평가의 한 형태

② 실험조사연구와 관련된 집단 중심의 학교사회복지사의 중재 효과성을 입증할 수 있는 프로그램평가

③ 학교사회복지에 대한 운영평가

1. 사례평가

전술한 바와 같이 조사연구과정은 학교사회복지사로서의 문제의식, 전문직으로서의 가치와 지식을 바탕으로 ① 주제를 선정하고 문제를 설정하며 ② 문제를 이론에 접목시켜 체계화·특정화하는 문제진술과정을 거쳐 ③ 이를 바탕으로 가설을 정립시켜 측정 가능한 사실로 개념화하는 일련의 탐색연구(pilot study)과정이 진행된다.

이러한 조사연구과정을 사례 중심의 사회복지실천장면에서 평가수단으로 도입하면

다음과 같은 몇 가지 장점이 있다.

① 조사연구과정의 탐색연구과정을 충실히 수행함으로 말미암아 평가의 준거틀과 평가도구를 동시에 제공할 수 있다.
② 다양한 체계수준에서 발생하는 다른 상황에서도 활용할 수 있다.
③ 개별화된 중재를 가능하게 한다.
④ 학교사회복지사가 문제 중심의 기록을 최대한 활용할 수 있게 한다.
⑤ 학교사회복지사와 클라이언트가 문제를 함께 진술할 수 있기 때문에 이 자체가 초기관계 형성 및 치료의 시작이 될 수 있다.
⑥ 사회복지의 중재과정이 평가과정에 그대로 반영될 수 있다.

이와 같은 장점을 반영하고 있다고 생각되는 Allen-Mears, Washington과 Welsh의 행동계획을 위한 문제진술, 목적, 자원, 장애, 목표, 중재, 성공의 준거, 그리고 결과의 평가 등 여덟 가지 요인(Allen-Mears, Washington, & Welsh, 1986: 264-273)과 Compton, Galaway의 행동계획의 설정 지침(Compton & Galaway, 1984: 323-324)을 중심으로 제9장의 제2절 욕구사정단계와 제3절 중재계획의 수립단계에서 이미 제시하였으며, 또한 제9장에서 사회복지실천의 사정과정 및 중재과정이 평가과정으로 활용될 수 있다는 점을 설명하였기 때문에 여기에서는 학교사회복지사가 중재계획에 의거해서 수행한 결과에 대한 평가과정을 명수의 사례를 중심으로 설명하고자 한다.

〈표 11-1〉 학교사회복지사의 중재결과평가표

사례번호: 2011-04 시작일자: 2011. 3. 7. 완료일자: 2011. 5. 29. 클라이언트: 명수

도달목표 \ 목표달성과정도	3/8	4/8	5/8	5/29	예상 완료일	실제 달성일
1-1. 과제 75% 달성하기	✔	✔	✔	✔	5/29	5/15
1-2. 주의산만한 행동 월 2회로 감소시키기	✔	✔	✔	✔	5/29	5/2
2. 교실환경 개선하기	✔	✔	✔		5/29	5/2
3. 가족기능 개선하기	✔	✔	✔		4/30	5/8
4. 경제적인 지원하기	✔	✔	✔		5/31	4/30

• 결과에 대한 논평

명수는 매일 과제를 75% 완수하며, 교실에서의 주의산만한 행동도 안정되고 있다. 명수의 태도개선은 가족기능의 개선에 부응해서 급속한 변화를 보였으며, 교사와의 협조로 또래관계 집단활동과 명수에 대한 교실 내에서의 활동배려 등 학급환경변화를 유도한 접근이 중요한 요인으로 작용하였다고 생각된다.

• 결과에 영향을 미친 요인

부모, 교사와의 유기적인 협조체계에 의해 '카드'라는 매개체를 활용하여 보상함으로써 명수의 과제완성 및 주의산만한 행동을 개선하게 하는 데 일조하였으며, 특히 6회 부모와의 개별, 합동상담, P.E.T, 가족공동 프로그램 수행과 교사가 명수의 문제해결을 위해 학급환경 조성에 적극적인 개입 그리고 명수 어머니의 양육부담을 감소시키기 위한 결연후원알선 및 반일반에 명수 동생 2명의 보육위탁조치로 명수에게는 충분한 지지환경에서 변화를 도모할 수 있었다.

• 논평

명수의 태도, 부모-자녀 및 부부 간 그리고 급우들과의 관계가 지속적으로 유지되도록 사후지도를 하기 위해 주기적으로 월 1회 부모, 교사, 그리고 명수와의 관계를 유지하면서 점검하도록 한다.

평가는 의도한 기간 내에 목표가 달성되어 목적이 성취되었다는 입증자료로 제시될 때 의미가 있다고 할 수 있다. 〈표 11-1〉에서와 같이 행동계획의 결과평가에는 목

표와 목적 달성일자, 계획에 내재한 강점과 약점에 대한 논평, 그리고 차후 행동에 대한 권장사항을 포함한다.

앞의 〈표 11-1〉은 목표달성 정도를 측정할 수 있는 효율적인 평가와 기록장치를 나타낸 것이다. 이러한 평가양식을 학교사회복지사가 활용한다면 일목요연하게 일어난 변화를 용이하게 인식할 수 있게 할 뿐만 아니라 중재계획에 따라 수행되는 과정을 주기적으로 학교사회복지사가 〈표 11-1〉의 양식으로 작성을 하면 목적 달성 혹은 목적 미달에 대한 수량적 증거를 제공하고, 여러 가지 서비스나 프로그램을 비교할 수 있는 과정평가자료로 활용할 수도 있다.

또한 클라이언트가 직접 작성하게 하거나, 학교사회복지사와 클라이언트가 함께 작성할 수도 있다. 이와 같은 평가방법은 클라이언트 자신이 얼마나 목표를 달성하였는가 또는 목표 달성이 부진한 부분은 무엇인가를 인식할 수 있기 때문에 평가 자체가 클라이언트체계 안에서 변화를 유도하게 하며, 새로운 목적과 목표를 개발하게 하는 치료효과도 제공한다.

2. 프로그램평가

조사연구과정은 학교사회복지사로서의 문제의식, 전문직으로서의 가치와 지식을 바탕으로 일반적으로 다음과 같은 일련의 절차에 의해 진행된다.

① 주제를 선정하고 문제를 설정한다.
② 문제를 이론에 접목시켜 체계화 · 구체화시킨다.
③ 이를 바탕으로 가설을 정립시켜 측정 가능한 사실로 개념화한다.
④ 조사목적에 따른 조사설계를 선정한다.
⑤ 실제적으로 조사를 수행할 대상과 방법을 결정한다.
⑥ 측정도구를 작성하고 평가한다.
⑦ 표집을 설계한다.
⑧ 본 조사, 데이터입력 및 분석을 하고 마지막으로 보고서를 작성한다.

이러한 조사연구과정과 관련해서 본다면 학교사회복지는 그 특성상 학교사회복지사가 다음과 같은 효과성이나 인과관계를 입증하기 위한 설명적인 조사가 대부분이다.

① 독립변수의 조작(중재)으로 인하여 어떠한 변화가 일어날 것인가?
② 변화의 양, 비율, 본질, 그리고 방향은 무엇인가?
③ 사용한 중재는 의도한 효과를 생산하였는가?

따라서 여기에서는 학교사회복지의 실제에서 프로그램평가에 용이하게 적용될 수 있는 대표적인 실험조사연구설계를 중심으로 전개하고자 한다.

학교사회복지사는 독립변수를 조작, 비교, 통제해서 인과관계를 입증하는 집단설계로 실험조사설계, 전실험조사설계, 유사실험조사설계의 다양한 형태에 의해 설명적인 조사를 행할 수 있다. 그러나 어떤 조사설계를 사용하는가는 욕구, 목적 특히, 내·외적 타당도의 문제에 달렸다. 외적 타당도는 조사결과를 일반화할 수 있느냐의 정도 또는 그 여부를 의미하고, 내적 타당도는 종속변수에 미친 영향이 독립변수만의 영향으로 나타난 결과인가하는 여부를 의미한다. 이를테면 내·외적 타당도는 학교사회복지사의 중재에 대한 효과성을 입증하는 데 가능한 불순물이 포함되지 않도록 하는 것이라고 할 수 있다.

1) 실험조사설계

실험조사설계(experimental design)는 학교사회복지장면에서 문제해결 또는 자신의 잠재력을 성취하지 못하는 위험에 처한 대상에 대한 집단 중심의 프로그램 및 서비스에 대한 효과성을 평가하는 방법으로 활용할 수 있는 기본적이며 이상적인 방법이다.

통제집단 전후 비교설계(the pretest-posttest control group design)는 실험집단과 통제(비교)집단을 난선화(무작위표집)에 의해 설정하고 독립변수의 조작(학교사회복지사의 중재) 전에 양집단을 고정자료, 검사, 관찰, 점수빈도, 질문지, 면담 및 자기보고 등의 검사도구를 활용해서 관찰하고 학교사회복지사가 중재를 하고 난 후에 다시 양 집단을 검사하여 두 집단 간의 전·후의 평균차이를 비교해서 독립변수의 조작이 영향을 미쳤는가를 판단하는 방법이다.

통제집단 후 비교설계(the posttest-only control group design)는 학교사회복지사가 통제집단 전후 비교설계보다 활용하기에 매우 편리하면서도 학교사회복지사의 중재 효과성을 입증할 수 있는 기본적인 설계형태라고 할 수 있다. 이 설계형태 또한 난선화에 의해 실험집단과 비교집단으로 구분하고 실험집단을 대상으로 학교사회복지사가 중재를 하고 난 후에 양집단을 사후조사해서 독립변수인 학교사회복지사의 중재가 종속변수에 미치는 영향성을 비교하는 방법이다.

2) 유사실험조사설계

유사실험조사설계(quasi-experimental design)는 실험조사설계의 난선화에 의한 표본추출의 곤란 등 현실적인 한계성이 많기 때문에 많이 활용되고 있다. 난선화에 의해 표본을 추출하지 않는 관계로 외적 타당도에 문제가 있기 때문에 조사를 여러 번 할 수 있을 경우에 적용이 가능한 방법이다.

시간연속설계(the time-series design)는 단일집단을 선택해서 학교사회복지사가 중재를 하기 전 · 후에 3회 이상 조사하여 전 · 후를 비교하는 방법이다. 그러나 이 방법은 같은 조사설계방법으로 여러 집단을 대상으로 반복 실시하여 같은 결과를 확인해서 타당도를 확보할 수 있으므로 학교사회복지의 실제에서도 활용도가 높은 방법이며, 복수시간연속설계(multiple time-series design)는 비슷한 특성을 지닌 두 집단을 선정하여 실험집단에는 학교사회복지사의 중재 전 · 후에 3회 이상 검사를 하고, 통제집단은 학교사회복지사의 중재 없이 계속 검사하여 종속변수에 미친 영향을 비교하는 방법이다.

비동일통제집단 비교설계(the nonequivalent control group design)는 난선화에 의하지 않고 실험집단과 통제집단으로 구분해서 독립변수의 조작 전에 양집단을 관찰하고 학교사회복지사가 중재를 하고 난 후에 다시 양집단을 검사하여 두 집단 간의 전 · 후의 평균차이를 비교해서 독립변수의 조작이 영향을 미쳤는가를 판단하는 방법으로 실험조사설계의 통제집단 전후 비교설계와 비슷하고 외적 타당도가 상당히 저하될 우려도 있지만 학교사회복지분야에서 시험적인 또는 프로그램의 효과성을 평가하는 데 많이 활용될 수 있는 방법이다.

분리표본 전후 비교설계(the separate-sample pretest-posttest design)는 특히, 학교와 같은 특정 대규모집단에 독립변수가 조작되기 전에 난선화방법으로 실험집단과 비교집단을 선정하고 비교집단을 사전조사해 둔 후에 실험집단에 사전조사 없이 학교사회복지사가 중재를 하며 사후조사를 실시하여 비교집단의 사전조사와 실험집단의 사후조사의 결과를 비교하는 방법이다.

3) 전실험조사설계

전실험조사설계(pre-experimental design)는 난선화에 의해서 조사대상자를 선정하지 않고, 독립변수를 조작하지만 관찰을 1~2회 정도밖에 할 수 없기 때문에 내·외적 타당도가 거의 통제되지 않는 조사설계형태를 취한다.

1회 검사 사례연구(the one-shot case study)는 학교의 학급, 또는 소집단과 같이 단일집단에 독립변수를 조작한 후 종속변수의 특성을 검사하여 그 결과를 평가하는 방법으로 탐색적인 실험연구에 유용하며, 단일집단 전후 비교설계(the one-group pretest-posttest design)는 1회 검사 사례연구에 사전검사를 추가한 형태라고 할 수 있다.

정태적 집단비교(static-group comparison)는 독립변수를 조작한 집단을 실험집단으로 선정해서 사후검사를 하고, 비슷한 특성을 지닌 집단을 사후조사하여 양집단 간의 사후검사를 비교하는 방법으로 실험조사설계의 통제집단 전후 비교설계형태를 취하고는 있지만 난선화에 의해서 조사대상자를 선정하지 않는 점에서 차이가 있다.

3. 운영평가

운영평가는 평가주체가 누구인가에 따라 내부 평가, 외부 전문가평가 및 혼합평가로 나눌 수 있다. 학교사회복지사는 평가에 대한 특정한 기술을 경험하지 못할 수도 있으므로 직원개발 차원에서라도 혼합평가가 바람직하다고 생각한다.

평가주체가 결정되면 평가자는 Possavac과 Carey가 제시하고 있는 ① 프로그램담당

직원, ② 프로그램참여자, ③ 참여자의 가족 등 중요한 타인, ④ 지역사회지표, ⑤ 프로그램에 관한 기록, ⑥ 특별연구팀 등에서 평가의 목적, 평가대상의 범위와 크기 그리고 평가작업수행에 소요되는 시간 등을 고려하여 자료를 수집(황성철 · 강혜규, 1994: 17 재인용)해서 운영장소평가, 총괄평가, 과정평가 및 통합평가를 수행하게 된다.

평가형태별로 구체적으로 고찰하면 다음과 같다.

1) 운영장소평가

운영장소평가는 학교사회복지가 진행되는 운영장소(학교사회복지실)를 평가해서 사업이 잘 이루어질 수 있는가를 추정하는 방법이다. 이 방법은 훌륭한 전문가와 좋은 시설을 갖추고 있는 서비스팀은 훌륭한 서비스를 제공할 수 있다는 논리를 바탕으로 조직의 일반적인 현황, 조직관리, 인사관리, 재정관리 및 지역사회와의 관계성 등의 하위요인을 평가하는 것이다.

조직체의 일반적 현황에는 프로그램 개발 및 평가 시에 우선적으로 고려해야 할 사항인 ① 시설의 기본사항, ② 직원의 전문성과 의식, ③ 시설설비, ④ 시설의 입지조건, ⑤ 지역사회의 특성, ⑥ 지역사회유관단체와 시설과의 관계 등이 포함되며(최영욱 외, 1990: 118-120), 조직관리 평가요인은 어떤 프로그램이나 서비스도 조직체를 통해서 또는 조직체와 연결되어 운영되므로 조직체가 프로그램운영과정에서 서비스를 받는 사람에게 어떤 좋고 나쁜 영향과 결과를 가져다주는가? 불합리한 결과를 초래한다면 그 원인이 어디에 있는가? 등의 문제를 파악하기 위한 평가를 한다(성규탁, 1994: 268).

그리고 인사관리 또는 요원개발(staff development) 평가요인은 능률향상, 사기앙양, 조직의 발전과 조직체의 안정성과 융통성 향상을 목적으로 직원들의 직무만족도 및 능력변인과 관련된 ① 직무 자체, ② 성취감, ③ 도전의식, ④ 책임감, ⑤ 인정, ⑥ 승진변인을 직무 내적 평가지표로, ① 급료수준, ② 직무안정도, ③ 작업조건, ④ 상급자와의 관계, ⑤ 동료관계, ⑥ 조직변인을 직무 외적 평가지표로, 그리고 ① 전문지식과 기술보유 · 발휘, ② 업무수행능력, ③ 사회복지가치 및 윤리변인을 능력평가지표로 선정해야 할 뿐만 아니라 직원개발, 요원들의 장래계획 및 담당업무 수행기간을 평가한다.

재정관리는 조직체의 목적 달성을 위하여 계획된 방법으로 자금과 기타 자원을 어떻게 관리하고 사용하는가를 파악하기 위해 ① 자금과 예산에 대한 행정가와 직원들의 태도, ② 기관의 활용 가능한 자금과 수입, ③ 활용 가능한 자금의 효과적인 또는 비효과적인 사용 여부를 평가한다(Skidmore, 1983: 70).

지역사회관계성 평가요인은 조직 간의 상호작용을 통한 협력관계는 환경으로부터 오는 여러 가지 제약조건과 사업영역에 위협이 되는 모든 요소들을 완화시키기도 하고, 이러한 협력관계는 자원확보능력을 증가시킬 수 있는 원동력이 된다(정진영, 1986: 2-4)는 차원에서 ① 지도감독기관, ② 사업비보조기관, ③ 경쟁기관, ④ 클라이언트의뢰기관, ⑤ 보조서비스기관, ⑥ 언론기관, ⑦ 자문위원회, ⑧ 지역 내 · 학교 내 비공식 집단과 학교 간에 이루어지는 ① 정보의 교환방향, ② 정보교환빈도, ③ 접촉빈도, ④ 의사결정 시 영향, ⑤ 상호 간 참여의 중요도, ⑥ 공동 프로그램 참여도뿐만 아니라 지역사회자원 개발현황을 평가한다.

2) 총괄평가

총괄평가는 흔히 결과(outcome) 또는 산출(output)평가라고 하며, 소프트웨어요인(서비스 및 프로그램)에 대한 효과성, 적합성 및 효율성 평가지표로 사업의 결과(목표 달성 정도)와 비용에 초점을 두는 평가이다.

(1) 효과성 평가

효과성(effectiveness) 평가는 서비스 및 프로그램 평가의 핵심작업으로 ① 의도했던 사업효과가 나왔는가, ② 사업의 효과는 사업의 목표와 대비하여 어느 정도인가, ③ 사업효과의 크기는 의도했던 사회문제를 해결하는 데 충분한가 하는 차원에서 제공된 서비스의 양 또는 수행된 활동의 양이 얼마나 되느냐 하는 노력성과 어떤 프로그램을 통해 과연 달성하고자 하는 클라이언트의 변화나 만족효과가 나타났는가 하는 효과성, 프로그램의 혜택이나 대상이 공평하게 잘 배분되었는가 하는 형평성, 의도적이건 비의도적이건 간에 학교사회복지가 지역사회와 주민복지 증진에 어느 정도 기여하는가 하는 영향평가 및 사업별 프로그램 수지현황과 계획된 실적 및 예산 대비 목표달성도를 평가한다.

(2) 효율성 평가

효과성(efficiency) 평가는 사업이 진행된 후에 행하는 사후적인 평가이지만, 효율성 평가는 사업의 결정 전이나 진행 중, 사업 후에도 평가가 가능하므로 경제사업의 경우에는 이 방법이 매우 중요하다.

$$\text{효율성} = \frac{\text{산출(output)}}{\text{투입(input)}} = \frac{\text{효과}}{\text{비용}} = \frac{\text{비용}}{\text{노력}}$$

효율성 평가는 위의 수식처럼 투입(비용, 노력)에 따라 산출(효과, 비용)이 단위당 어느 정도인가를 계산해 능률성을 측정하는 평가방법이다.

이처럼 효율성 평가는 주로 요원시간분석(the personal time study), 전달비용분석(the cost study)에 의해 비용편익 · 효과분석(cost-benefit · effectiveness analysis)을 평가하고자 한다.

① 직원시간분석

직원시간분석(the personal time study)은 학교사회복지사가 개입하는 총 프로그램 운영시간과 작업할당시간(고객서비스시간, 행정업무시간, 개발 · 연구시간 및 기타 공통업무시간)을 파악하여, 학교사회복지사의 기능형태, 직원의 인력크기 및 서비스단위 생산시간을 계산한다. 이를 기초로 변화된 또는 만족한 참가자가 어느 정도인가를 분석, 평가한다.

고객시간분석(the client time flow study)은 클라이언트가 전달장소에 들어와서 접수를 하고, 대기하며, 서비스를 받는 이행과정(접근시간 + 대기시간 + 프로그램 참여시간 + 이동시간)을 분석 · 평가하는 기법이다.

이처럼 학교사회복지사와 클라이언트의 시간분석을 추적 · 조사함으로써 수요자와 공급자 간의 상관관계적인 효율성을 평가한다.

② 전달비용분석

전달비용분석(the cost study)은 요원시간분석의 자료를 바탕으로 프로그램별 전달비용, 학교사회복지사의 작업할당시간에 따른 비용, 학교사회복지사의 과업수행시간을 기초로 산출된 서비스단위비용(총 프로그램운영비/총 서비스생산량), 비용편익(총 프로그램운영비/변화된 · 만족한 참가자 수) 등을 산출하는 데 활용될 수 있다.

총 프로그램운영비=간접비용+직접비용(프로그램사업비)
간접비용=[담당자인건비×세부사업별 업무량비율]
+[(사무비+관리비+기타비용) / 직원 수]
인건비=급료+후생복지비+퇴직금 충당비
세부사업별 업무량 비율=(100−기타 공통업무량)을 세부사업별로 업무량을 세분하여 투입한 백분율
(100−기타공통 업무량)=직접고객서비스+행정업무+개발연구시간

(3) 적합성 평가

적합성은 지역사회의 특성과 클라이언트의 욕구에 어느 정도 부합되는 사업을 수행하는가, 또는 의도적이건 비의도적이건 간에 프로그램이 야기시키는 모든 변화, 즉 환경에 대해 프로그램이 효과가 있었는가 하는 영향성을 파악하기 위해서 지역특성을 반영한 프로그램 수, 평가 및 지역사회욕구조사에 의한 프로그램 보완 및 개발 여부, 세부사업별 이용자호응도와 사업의 중요도와의 부합 정도, 이용자 참여의도 부합 정도, 사업별 인력배치의 적절성, 담당자의 전문적 능력에 대한 만족도, 시설이용에 대한 편리성 및 담당자의 전체 및 집중 케이스관리 수 등을 평가한다.

3) 과정평가

과정평가는 프로그램이 운영되는 과정에 초점을 두고 평가하는 방법으로 총괄평가를 보완하는 기능을 수행하기 위해 두 가지 차원에서 평가가 이루어진다.

첫째, 사업의 효과는 어떠한 경로를 거쳐서 발생하게 되었는가, 사업의 효과가 발생하지 않을 경우 어떤 경로에 잘못이 있었는가 그리고 보다 강한 영향을 미치는 경로는 없는가 하는 내용에 대한 평가이다.

둘째, 계획 시 운영의도에 의한 활동들이 이루어졌는가, 계획된 양과 질의 인적 · 물적 자원이 계획된 시간에 투입되었는가, 의도한 바의 사업은 대상집단을 대상으로 실시되었는가 그리고 관련된 법규나 규정에 순응하였는가 하는 운영과정에 대한 평가를 한다. 이러한 과정평가를 통해서 학교사회복지사는 사업내용을 수정 · 변경하거나 사업의 중단, 축소, 유지, 확대 여부를 결정하는 자료를 받게 된다.

이와 같은 내용을 평가하기 위해서 총괄평가 및 과정평가를 병행하는 통합평가가 이루어져야 바람직하다. 그러므로 먼저 총괄평가를 한 후 과정(전달경로)평가를 하여 프로그램 운영과정의 타당성과 프로그램의 전달 그리고 이 전달로 인해 발생한 효과 간의 인과관계를 정밀히 검사할 수 있다.

또한 하나의 기관 또는 하나의 사업에 대한 절대적인 평가보다는 상대적인 평가를 하는 것이 더욱 바람직하므로 시간별(금년도와 지난해, 전반기와 후반기 또는 분기별 · 월별), 기관별, 서비스별 또는 지리별 등에 따라 서비스통계가 얼마나 어떻게 달라졌는가 하는 과정을 비교 · 분석하여 조직 및 프로그램의 능률성을 측정해야 더욱 포괄적이고 효과적인 평가가 가능하다.

지금까지 전개해 온 학교사회복지에 대한 운영평가를 다음과 같이 정리할 수 있다.

학교사회복지의 서비스나 프로그램은 ① 학교사회복지가 진행되는 운영장소평가 ② 소프트웨어요인에 대한 총괄평가가 일차적으로 이루어지고 ③ 이를 바탕으로 과정평가가 이루어져서 하드웨어요인인 운영장소와 소프트웨어요인인 서비스나 프로그램에 환류(feedback)되는 순환과정이 반복되어 재생산된 유기체의 산출이 바로 서비스 프로그램이다. 그러므로 운영평가는 이러한 서비스나 프로그램의 효과성, 효율성 및 적합성 등을 확보하기 위한 유기체의 순환성에 의해 진행되는 일련의 의도적인 평가과정이라고 정의할 수 있다(조운희, 1995: 267-269).

이러한 유기체의 평가순환성은 주요 자원제공자인 사회환경에 대해 책임성과 효율성을 확보하게 되는 것이고, 이로 말미암아 사회환경으로부터 자원을 받아 학교사회복지에 투입－전환과정－산출－평가의 순환과정이 반복될 수 있도록 해야 한다.

제4절 종결

평가는 프로그램담당자에게는 일종의 위협이 될 수도 있지만, 평가는 학교사회복지의 필연적 부분이다. 우리의 과업은 우리가 하고 있는 일이 전문적으로, 공정하게 그리고 우리가 생산하고 있는 것에 대한 명확한 이해로 평가되는 것을 보장하는 일이다(Anderson, 1980: 3). 그러므로 학교사회복지사는 자신의 일에 대한 책임성과 전문성을 확보할 수 있는 유일한 방법이라고 인식하는 것이 우선되어야 한다.

현장의 실천가들은 다양한 과업을 수행하기 때문에 주의 깊은 계획, 자료수집, 분석에 필요한 시간적인 제약으로 인해 곤란을 겪을 수도 있다. 그러나 경험과 지식을 축적해 나갈수록 평가과업은 쉬워지고 일상의 정규업무의 한 부분으로 자리매김할 수 있을 것이다.

학교사회복지사는 책임성 확보라는 견지에서 실천하고자 하는 노력이 무엇보다 중요하다. 만약 학교사회복지의 기능이 교육과정에 기여하고 있다고 하는 점을 입증하는 데 실패한다면 학교사회복지서비스는 지속적으로 성장하지 못할 것이다. 때로는 예산삭감의 표적이 된다던가, 정보공유를 하지 못한 결과로 의사결정자로부터 오해를 받는 경우 등에 평가의 결과가 미치는 힘은 대단하다.

따라서 평가의 결과가 어떻게 활용되느냐에 따라 중대한 차이가 있을 수 있다. 그러므로 학교사회복지사들은 자신의 역할을 체계적으로 실천해서 다양한 평가도구를 실험함과 동시에 효과성을 입증하려는 노력이 증가되어야만 할 것이다.

본 장 제1절에서 전술한 바와 같이 평가를 해야 하는 의의나 목적이 바로 평가의 결과를 활용하는 그 자체라고 할 수 있다.

평가결과는 크게 두 가지 차원에서 활용된다.

① 사업계획 또는 준비과정의 계약단계에서 행정가와 협의 · 조정하기 위한 자료로 평가결과가 활용된다.

② 학교사회복지사가 보다 효과적인 서비스를 제공하기 위해, 필요한 서비스나 프

로그램을 개발하기 위해, 또는 보다 효과적인 중재방법을 개발하기 위한 다양한 측면에서 평가결과를 활용할 수가 있다.

개인 또는 집단과의 종결은 평가결과를 바탕으로 수행된다(전재일 · 김상규, 1996: 284).

① 모든 목적이 달성되었을 때
② 목적들이 달성되지 않았거나 더는 진전이 없는 것으로 보일 때
③ 다른 요인이 개입되어 사례를 끝내야 할 필요가 있을 때

학교사회복지사는 개인이나 집단과의 종결단계에서 다음의 과제를 수행해야 한다(전재일 · 김상규, 1996: 284-285; 김종옥 · 권중돈, 1993: 365-366).

① 클라이언트와 함께 사례를 요약하고 재검토함으로써 의도적이고 비의도적인 긍정적 변화 노력을 유지시키고 일반화시킨다.
② 학교사회복지사 또는 집단에 대한 의존성을 감소시키고, 클라이언트의 독립적인 기능을 증진시킨다.
③ 클라이언트들이 종결에 대한 감정을 다룰 수 있도록 원조한다.
④ 미래에 대한 계획을 수립한다.
⑤ 의뢰(referral)를 한다.
⑥ 사후지도를 계획하고 수행한다.
⑦ 중재활동을 평가한다.

이러한 개인 및 집단과의 종결단계를 참고로 제시하면 [그림 11-1]과 같다. 평가결과는 다음과 같이 정치경제적 관점에서도 활용될 수 있다(Allen-Mears, Washington, & Welsh, 1986: 221-222).

1) 행정가에 대한 연간 계획 수행과정에 관한 진행보고

지도 · 감독하는 행정가들은 자신들이 관장하는 업무에 책임이 있고 활동이 알려져야 할 필요성도 있다. 그러므로 행정가들에게 중간진행보고서를 제공하면 이들과의

신뢰관계를 확립하고 유지하기 위한 중요한 동인이 될 수 있다. 이로 인해 행정적인 지지뿐만 아니라 가치 있는 자원을 확보할 수도 있다.

1단계: 변화의 고정

↓

2단계: 클라이언트에게 환류

클라이언트와 요약 및 재검토

클라이언트와 합의
( )예 ( )아니오

종결의 이유
( ) 완전히 문제가 해결됨
( ) 클라이언트는 더 이상 도움이 필요하다고 느끼지 않음: 진전에 만족
( ) 클라이언트-상담자관계가 긴장됨
( ) 클라이언트 생활상황의 변화
( ) 클라이언트는 기관의 절차에 불만
( ) 클라이언트가 더 이상 도움을 원치 않음: 문제는 완전히 해결되지 않음
( ) 클라이언트와 함께 일하는 것이 더 이상 유익하지 못함

↓

3단계: 종결 및 사후지도의 계획

↓

4단계: 종결계획의 이행

의뢰
( )예 ( )아니오

사후지도 계약
( )예 ( )아니오

↓

5단계: 사후지도 완료

( )예 ( )아니오

* 자료: 전재일 · 김상규, 1996, p.285.

그림 11-1 개인 또는 집단과의 종결

2) 연말에 계획을 평가한 수행결과를 행정가들에게 보고용으로 제공

연말에는 비록 평가가 지속되고 있을지라도 공식적으로 평가해서 목표에 대비한 실적을 측정하고 다음 단계를 계획하는 데 있어서 환류를 활용할 시기이다. 그러므로 행정가들에게 보고용의 평가보고서는 전문적 신뢰성을 보장받을 수 있으므로 각 행정가, 교육청, 지도감독자 및 자원제공자 등에게 제공해야 한다. 이들에게 제공한 평가보고서는 지속적인 과제를 규명하기 위한 기초를 제공해 줄 뿐 아니라 탐색적인 노력이 필요한 분야까지 관심을 갖게 할 수도 있다.

3) 새로운 연간계획을 개발하는 것

어떠한 사회복지이던지 계획–실행–평가–환류과정을 거치면서 수정 · 보완되거나, 새로운 사업이 계획되는 평가의 순환성이 내재되어 있다. 그러므로 지역사회 또는 학교 등의 변화와 이용할 수 있는 자원의 변화에 따라 서비스계획은 전년도 평가에서 얻은 자료들을 활용하여야 한다.

이처럼 평가는 계획의 첫 순간부터 마지막 평가에 이르기까지 필연적인 동반자적 관계이다. 이를테면 평가는 사업을 계획할 때에도 관련되고, 사업의 종결 시에도 관련되어야 하기 때문에 평가는 곧 사업의 시작과 끝이다.

CHAPTER 12

학교사회복지실천의 사례

다음의 실천 사례는 학교구역에 사회복지서비스를 제공한 계획과 수행을 설명하고 있다. 사례로 인용된 학교는 소도시에 위치하지만, 그 실천내용은 농촌이나 도시지역에서도 적용될 수 있다.

제1절 자료 확인

B지역은 대략 740명의 학생이 있는 소규모 학교구역이다. 유치원이 부설된 초등학교 1개와 중 · 고등 병설(7~12학년)인 고등학교가 1개가 있다. 이 두 학교건물은 매우 근접해 있다. 초등학교 교장은 지난 5년 동안 학교의 교사로 재직하다가 교장으로 승진하였고, 젊고 열성적이고 책임감이 강한 사람이다. 고등학교 교장 역시 젊은 사람으로서 직업학교의 교사로 재직한 바 있으며 교장으로는 5년째이다. 초등학교 교사 중 2명을 제외한 모든 교사는 학교체계에 처음이다. 그들 대부분은 처음 가르치는 것이다. 고등학교 교사의 이 학교 재직연수는 평균 5년이다. 가정과 교사는 이 학교체계에 처음이다.

초등학교의 특수교육학급은 다양한 학습장애학생을 위한 자원으로 사용되었다. 전년도 고등학교 상담가에 의해 개발된 고등학교 내의 새로운 프로그램은 읽기에 어려움이 있는 초등학교 학생에게 개인지도를 받을 기회를 제공한다.

지역사회로부터 한 여성이 부모 프로그램의 조정자로서 고용됐다. 학교구역은 1981년 교육통합법(the education consolidation act) 제1장에 따라 기금을 조성할 자격이 생겼다

(전 1장, 초등-중등교육법). 그리고 읽기와 부모 프로그램을 개발했다.

시간제 도서관 직원과 전임상담원은 고등학교에 고용되었다. 중간학교구역(ISD, Intermediate School District)은 언어병리, 읽기상담, 그리고 심리 · 사회서비스 같은 부가서비스를 제공하였다. 군(群, county)위생국은 양육서비스를 제공하였다. 지역사회는 마일리지 캠페인(mileage campaigns)으로 교육 프로그램을 지원하였다.

8개 상점이 있는 소규모 상업지역은 학교와 가까운 거리에 있다. 지역사회의 재정지원은 농업, 관광무역(여름철), 그리고 소규모 제재소에서 나온다. 군(群)의 위치(의료, 정신건강, 그리고 사회복지서비스, 법정체계가 위치한 곳)는 50km 정도 떨어져 있다. 인구의 30%는 식품 등 경제적 지원을 정부로부터 받고 있다. 인구는 대략 3,000명(여름에만 거주하는 사람 때문에 여름에는 더 많음)이고, 대개 전형적인 미국인(white anglo-saxon protestants)으로 인구의 20%에 해당하는 미국원주민이 있다.

학교구역의 모든 구성원은 특히 긴 겨울기간 동안에 고립감을 느낀다. 알코올중독은 성인과 십대 사이에서 만연해 있다. 아동학대와 근친상간은 일반적인 걱정거리였다. 이러한 문제가 가족의 역기능의 원인이 되기도 한다. 초등학교 교장과 교사들은 그들이 이 지역의 생소함에 대해 걱정했다. 그리고 고립과 영향을 받지 않고 함께 일할 수 있을지 의심스러워 했다.

교장은 만약 교사가 이 지역생활에 대해 만족하지 못한다며, 내년에는 교사들이 떠날 것이라는 걸 알고 있었다. 교장은 그들의 미숙함에 대해 걱정했고, 학생을 가르칠 때 교사의 지식과 기술을 증진시킬 수 있게 교사를 도와주고자 했다. 고등학교 교장과 교사들은 직원관계에서 아무런 문제가 없었는데, 9학년 여학생 몇 명의 행동이 전체 학교를 혼란스럽게 하고 있다는 것을 인식하고 있었다. 초등학교 교장은 사회복지사에게 지원을 요청했다.

생태도 [그림 12-1]은 B지역 안에 발생한 긴장 · 갈등을 설명하고 있다. 여학생집단과 고등학교 교사, 학생, 학교행정가, 그리고 상업지역 간에 긴장 · 갈등이 있었다.

사회복지사는 아직 어느 체계와도 함께 일할 수 있는 관계를 수립해 두지 않았다.

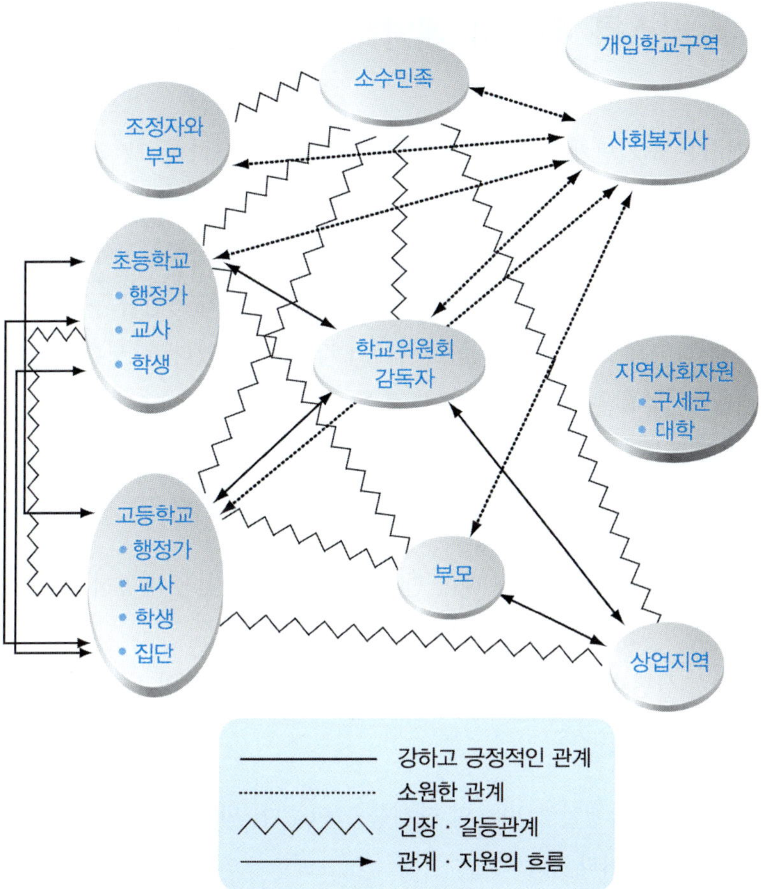

그림 12-1 B지역에서 관계사정 생태도

소수민족과 상업지역 간, 그리고 소수민족과 초등학교 및 고등학교 간에 긴장 · 갈등이 있다.

또한 학부모들과 초등학교 및 고등학교 간에서도 긴장 · 갈등이 분명히 있다. 고등학교 학생과 초등학교 학생 사이에서도 긴장 · 갈등이 있었다. [그림 12-1]의 직선은 학교구역 내에 다소의 긍정적 관계가 있음을 보여준다. 그림에서 보이는 긴장의 이유는 후반부 토의에서 분명해질 것이다.

제2절 서비스를 위하여 계약하기

사회복지사는 초기단계의 작업에서 수집한 정보에 기초하여, 1년 동안 수행할 사회복지서비스의 목표와 목적을 만들었다. 이 목적은 학교구역행정가와 사회복지사의 슈퍼바이저인 중간학교구역(intermediate school district)의 지도감독관에 의해 논의되고, 수용되었다. 목적은 지역사회 전역에 만연된 고립의 영향에 초점을 두었다. 만약 고립감이 이 지역 학교의 모든 구성원들 사이에서 감소될 수 있다면, 생활의 질은 개선될 수 있을 것이다. 목적은 아동, 청소년, 그들의 가족, 그리고 학교인사 사이에 긍정적인 사회적 상호작용을 증대시키는 것이다.

학년 말까지 위에서 설명한 목적을 성취하기 위하여 세운 목표는 다음과 같다.

① 초등학교 교사에게 재직 첫 해에 만족스러운 교직경험을 제공하는 것
② 문제가족의 대처능력을 강화하는 것
③ 학급에서 산만한 행동으로 의뢰된 고등학교 여학생 3명의 사회적 기능을 증가시키는 것

목표는 1년 동안 실행할 서비스의 한계를 그어준다. 만약 정보와 환경이 바뀐다면, 이 목표는 수정될 것이다.

제3절 목표 달성을 위한 사회복지서비스계획

목표 1. 초등학교 교사에게 재직 첫 해에 만족스러운 교직경험을 제공하는 것

1. 중재(활동)

① 교장이 과업을 위해 일할 수 있는 교사집단을 만들도록 해주는 것(교장은 교과과정에 학습목표를 기재하는 교사집단을 확립한다.)

② 초등학교 교사에게 학급관리에 대한 대학의 프로그램인 연수과정을 학교에서 가르치는 것(이 과정은 교사자격에 필요한 석사 후 과정의 학점을 제공하였다. 초등학교 교사의 80%가 등록했고, 이웃학교구역의 초등학교 교사의 10%가 등록했다.)

③ 모든 교사에게 부모–교사의 상담에서 사용할 상담기술에 대해 현임교육연수회를 두 가지 개발하는 것

④ 사회복지사가 서비스를 제공하고 있는 학생과 관련하여 부모–교사 회의 동안에 학교 공개일을 개최할 것

⑤ 학급과 염려되는 개별행동에 대해서 교사와 교장에게 자문하고 협동하는 것

2. 결과

모든 초등학교 교사는 지난해의 경험을 만족하면서 다음 해의 계약에 서명했다. 직원은 결속집단이 되었다.

대학과정수업에서 집단과정에 대해 강조함은 학급 안에서 집단역동성의 인식을 발달시켰을 뿐 아니라 서로서로 상호작용에 대해 통찰력을 제공했다. 1년 동안 교사와 교장은 서로 신뢰하는 것과 서로 존경하는 것을 배웠다. 그리고 사회복지사는 학교 직원의 구성원으로 받아들여졌다. 부모와 교사 사이의 의사소통기술은 면접기술현임교육의 결과로 증가되었다. 교사와 행정가, 교사와 사회복지사, 그리고 행정가와 사회복지사 사이의 긍정적 관계가 [그림 12–2]와 같이 개발되었다.

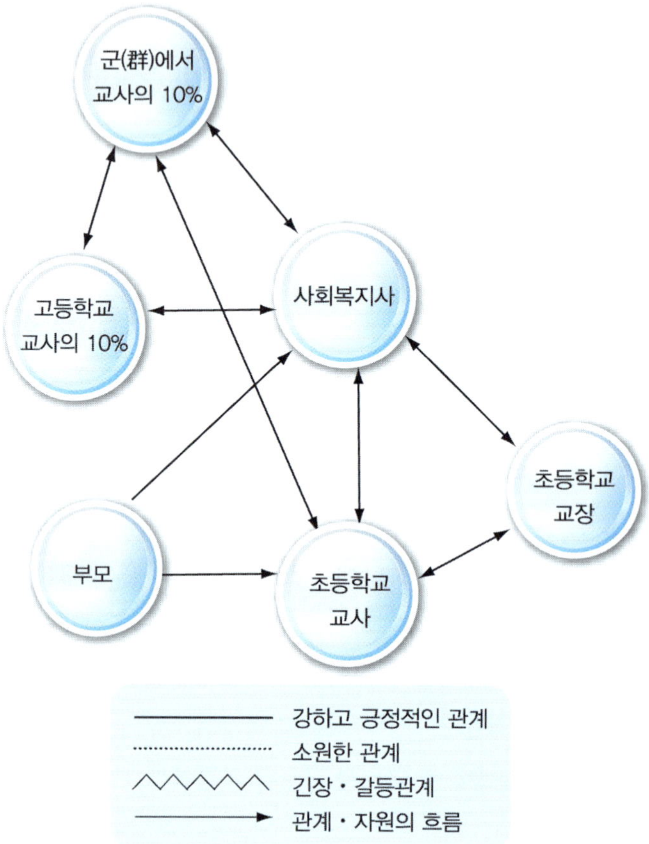

그림 12-2 목표 1에 대한 과업결과 생태도

목표 2. 가족의 대처능력을 강화하는 것

1. 배경정보

초등학교는 1981년 교육통합법의 제정으로 제1장의 자금지원을 받게 되었다. 이 사업의 목적은 상업적인 읽기 프로그램의 개발과 교육과정에 있어 부모의 참여를 통해 초등학교 학생의 읽기수준을 증대시키는 것이었다. 다른 지역사회에서 준전문가로 일하는 어머니가 프로그램의 부모역할을 조정하기 위해 고용되었다. 부모들은 작년에 몇 번 만났다. 그들은 읽기 프로그램을 홍보했고 증거를 보여주었으며, 가정에서 그들의 아이들과 함께 읽기를 계속했다. 조정자인 Brown 여사는 프로그램의 목표를 성취할 수 있도록 사회복지사에게 도움을 부탁했다. Brown 여사와 사회복지사는 역할과 한계를 확인하여 업무관계를 발전시켰다. 제1장의 부모집단은 30대에서 40대 어머니, 그리고 몇몇 아버지로 구성되어 있다. 학교의 목적은 학생의 교육에 부모를 참여시키는 것이다. 사회복지의 목적은 긍정적인 가족의 상호작용을 증가시키는 것이다. 다음의 중재와 결과는 목적들이 어떻게 성취되는가를 보여준다.

2. 중재(활동)

① 가족상호작용을 격려하고 교육하는 장난감에 초점을 두고, 11월달 부모모임에서 설명할 것, 나아가 다른 집단을 위해서 만들어진 장난감의 소책자가 개발되고 배급되어졌으며, 장난감의 견본은 부모들 사이에서 전해졌고, 설명되었다. 어떤 부모는 "우리가 아이들을 위해 이러한 장난감을 만들 수 있을까?"라는 질문을 제의했다.

② 크리스마스 장난감 워크숍을 정착시킬 것(서비스집단에 의해 기증된 헌 장난감을 수선하고 벽돌, 퍼즐, 그리고 게임과 같은 새로운 장난감 구세군의 기금으로부터 재료를 구입하여 만들어졌다.)

③ 부모에 의해 준비된 장난감의 전시를 보도록 학교공개일에 교사와 행정가를 초대할 것(과자는 급여받은 식품으로 만들어졌다.)

④ 부모 중심으로 모임을 만들 것(1월 프로그램은 '예산 내의 생활'을 중심으로 하였다. 어머니들은 급여받은 음식을 적절하게 사용하는 방법에 대해 모른다고 말했다. 또한 크리스마스 때 인형에게 옷을 입히기 위해 어머니들은 바느질하는 법과 가정관리와 관련된 사소한 일들에 대해 물었다. 고등학교의 가정과에 있는 바느질기계와 치킨기계는 부모들에게 유용하게 쓰여졌다.)

⑤ 소수민족을 포함시킬 것(부활절이 다가오면 부모, 특히 어머니가 아이들을 위해 부활절 바구니를 만들기를 원했다. 팔기 위해 바구니를 만드는 지역사회의 원주민할머니인 Simpson 여사는 부활절바구니를 엮는 방법을 부모들에게 가르치고 교육비를 받았다. 이 사업에서 이웃국립공원의 검정물푸레나무는 허가를 받아 베어야 했고, 바구니가 만들어지기 전에 나무가 말랐

고, 넘어지고 죽었기 때문에 복잡하게 되었다.)

⑥ 장난감대여점을 개발할 것(장난감은 도서관에서 빌리는 책처럼 빌릴 수 있었다. 이 사업은 특정기간 동안에 아이들에게 학급에 있는 게임과 재료를 빌려준 교사에 의해 시작되었다.)

3. 결과

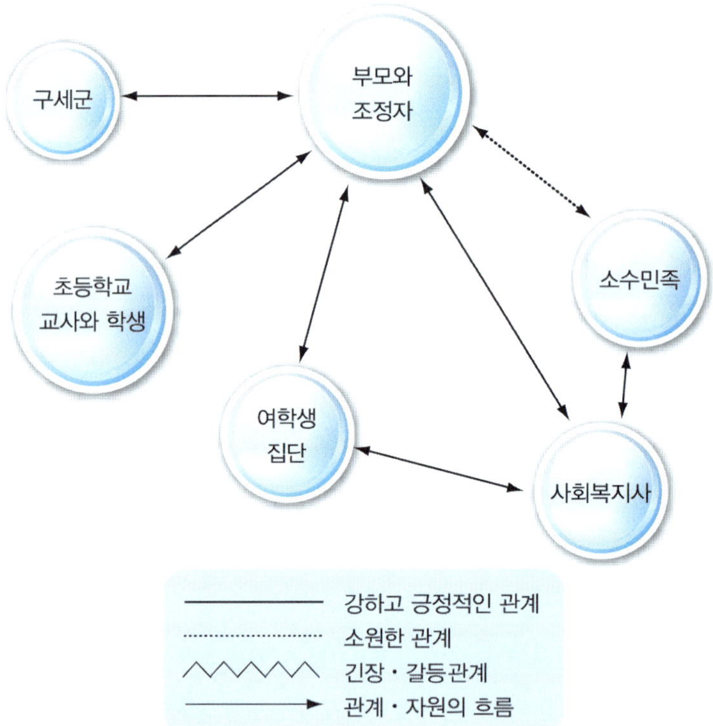

그림 12-3 목표 2에 대한 활동결과 생태도

Brown 여사에게 상담을 제공한 것은 사회복지사의 업무시간에 있어 유용했다. 비록 사회복지사가 모임에 참석했고 계획을 조사하고 있었지만, Brown 여사는 즉시 부모들과 함께 일을 했다. 교사에게 부모들이 크리스마스 차를 제공한 것은 교사에게 부모의 능력을 알기 위한 기회를 제공하고, 그들 사이에 의사소통을 증진시켰다. 교사는 상담실에서 무력한 것처럼 말했던 부모에게 새로운 존경심을 갖게 되었다고 논평했다. 어머니가 새로운 기술을 배웠고, 타인으로부터 지지를 받아 가정생활의 많은 부분에서 받았던 스트레스가 줄었다.

그 결과 학대가 거의 없게 되었고, 교사는 많은 학생들이 더욱 편안해진 것 같다고 보고했다. Simpson 여사는 상담가로 고용되었고 교사는 지역사회 내의 원주민의 이미지를 개선했다. 그것은 시작이었다. 생태도 [그림 12-3]은 한 해 동안 많은 변화가 있었음을 보여준다.

목표 3. 학급에서 파괴적 행동으로 의뢰된 3명의 고등학교 여학생의 사회적 기능수행을 증가시키기

1. 배경정보

Sandy, Ellen과 Helen은 공통점이 많다. 세 여학생의 반사회적 행동은 동년배로부터 소외시켜 3명만이 친구가 되었다. 소녀들은 학기 말이 되기 전에 16세가 된다. 8학년으로 진급하는 데 2년이 걸렸고, 16세 생일 이후 학업을 계속하리라는 계획은 없었다. Ellen은 이 지역사회에 살고 있으며 엄마, 양아버지 같은 8학년인 남동생, 그리고 고등학교 2학년인 18세 오빠가 있다. 가족구성원 사이에 지속적인 갈등이 있어 왔다. Helen은 화재로 인해 부분적으로 손상된 오두막에 아버지와 함께 살고 있었다. 그녀의 아버지는 다양한 여자와 사귀었으며, 그녀는 항상 주부역할을 하기를 기대받아 왔다. Sandy는 여름별장에서 엄마와 함께 살고 있었다. 그녀와 엄마는 전에 살았던 도시 학교에서 어려움을 경험하였다. 아버지는 회사운전사였으므로 그 지역사회를 떠날 수 없어 떨어져 생활을 하였다. Sandy는 지역사회를 떠나거나 아동기관에 보내지는 대안 중 선택해야 했다. 엄마는 새로운 환경이 차이를 만들 것이라고 희망하면서 Beta와 지역사회로 Sandy를 데려왔다. 지능검사는 Sandy와 Helen이 학업성취에서 떨어져 있지만, 평균의 능력을 가지고 있다는 것을 나타냈다. Ellen의 검사는 학습 무능력과 특수교육의 필요성을 나타냈다.

세 여학생 모두는 학교에 대해 낙담하고 있었으며, 그들이 16세가 되면 그만두겠다고 말했다. 집단과 사회복지사의 초기 만남 중 한 번에서 소녀는 그들이 우둔하고 아무에게도 가치가 없다고 하였다. 비행행동을 하기를 기대받고 있으며, 그들이 타인을 실망시키는 이유를 알지 못하겠다고 말했다. 그들의 가족이 적은 수입을 가졌기 때문에 소녀들은 용돈이 거의 없었다.

그 결과 그들은 동년배의 지역사회 활동에 참여하지 못하게 되고 그들은 지루하게 되었다. 교사가 공격적이라고 말한 소녀의 행동들은 과업을 완수하지 못하고 교실에서 소란을 피우고 교사와 동료에게 욕을 하는 것을 포함하는 것이었다. Ellen은 교사가 그녀에게 바느질을 새로 시작해야 한다고 말했을 때, 상스러운 말을 했기 때문에 가정시간에서 그녀를 제외시켰다. 세 여학생은 점심시간 동안 운동장에 나가는 것이 금지되었다. 왜냐하면 점심시간 동안 중심가에 있는 7~8개의 상점에서 도둑질을 했기 때문이다.

사회복지사와 소녀는 학기 동안 성취할 세 가지 목표를 확인했다.

① 동년배와 교사 사이에 인정을 획득하는 것
② 소비할 돈을 증액시키는 것
③ 고독과 지루함을 줄이는 것

2. 중재(활동)

① Ellen은 자원인 특수교육교사에 의해 개별지도를 받도록 하는 것(이것은 그녀가 학습지체로 확인된 후 개별교육 프로그램을 개발하였다.)
② 교사가 소녀들을 개별적으로 만나서 그들의 관심을 논의하도록 초청하는 것(몇 개 동의가 소녀와 교사 사이에 이루어진다. 몇 개의 이슈가 부각되고 몇 개는 나타나지 않았지만 의사교환은 개선되었다.)
③ 가정교사 프로그램의 범위를 확대하는 것, 그것은 고등학교 진학을 보장하고, 가정교사로서 고등학교 미진학자를 활용하여 상담가와 부모집단의 조정자에 의해 작년에 개발되었다(소녀는 개별적으로 관심과 능력에 적절한 숙제를 받는다. 사회복지사는 가정교사 모두에게 서비스를 훈련시키고 가정교사, Brown 여사, 사회복지사와 상담가를 포함하는 환류모임을 갖는다. 각 소녀는 과정에서 A를 받았다. 이것은 Ellen 혹은 가족구성원이 전

에 받지 못했던 첫 번째 'A'였다).

④ 부모집단이 학생을 위한 크리스마스선물을 만드는 것을 돕는 것(Ellen은 동전지갑을 의도하고 전에 선물받았던 가죽옷으로 그것을 만들었다. 그녀는 굉장한 일을 해냈고 수학가정 교사에게 그것을 보여주었을 때 그녀는 그 수업을 재수강하게 되었다.)

⑤ 학생성취클럽 이후 집단을 새로 형성하는 것(집단구성원은 관광시기 동안 관광객뿐 아니라 친구에게 팔 물건을 만들기로 했다. 소녀들이 도둑질하지 않은 장식품가게의 주인이 이 모험적 사업의 후원자가 되기로 동의했다. 그는 그들에게 물건을 팔게 해줄 뿐 아니라 만들 적절한 물건에 대해 조언을 해주고 그의 가게에서 팔아서 이윤을 주었다. 이 경험에는 희망과 좌절이 있었지만 소녀들은 공통 이유를 가지고 함께 일했다. 그들은 능력과 한계에 대해 인식했고 그들의 물건을 팔고 전시하는 과정에서 그들은 교사와 동년배에게서 존경을 받았다. 작은 이윤이 있었지만, 모두의 재정적 요구를 채우기에는 모자랐다. 그러나 그들은 노력이 가치 있다는 것을 알게 되었다.)

⑥ 1년 동안 가족과의 상담을 계속하는 것

3. 결과

학기 말에는 세 소녀가 함께 그들의 1년 동안의 과업을 평가했다. 그들은 스스로 개선되었다고 느끼고 타인에게 그들이 전과 다르게 보인다고 말했다. 그들은 현재 16세이지만 학교를 그만두겠다고 하지 않았다. 그들은 새로운 관심을 가지게 되었고 가정교사의 지도와 선물사업을 즐겼다. 그들은 상점주인과 교사 중 일부와 긍정적인 관계를 만들게 되었다. 그들은 아직도 저녁에 지겹다고 생각하고, 소비할 돈을 가지지 못하지만, 지금은 기회가 있다는 것과 노력에 대해 보상받을 수 있다는 것을 안다.

Helen은 사업의 결과로 다른 도시에 사는 엄마와 다시 같이 살게 되고, 그녀와 사회복지사는 아버지와 아동시설장을 함께 자원으로 개발하였다. 아직 학교에서 몇 가지 사건이 있다. 비록 개선되었다고 하지만 같은 학년의 여학생에 비해 주변적이다. 그런데 교사와 교장은 각 소녀의 행동에서 중요한 변화가 보인다고 말했다. 결과는 생태도 [그림 12-4]와 같다.

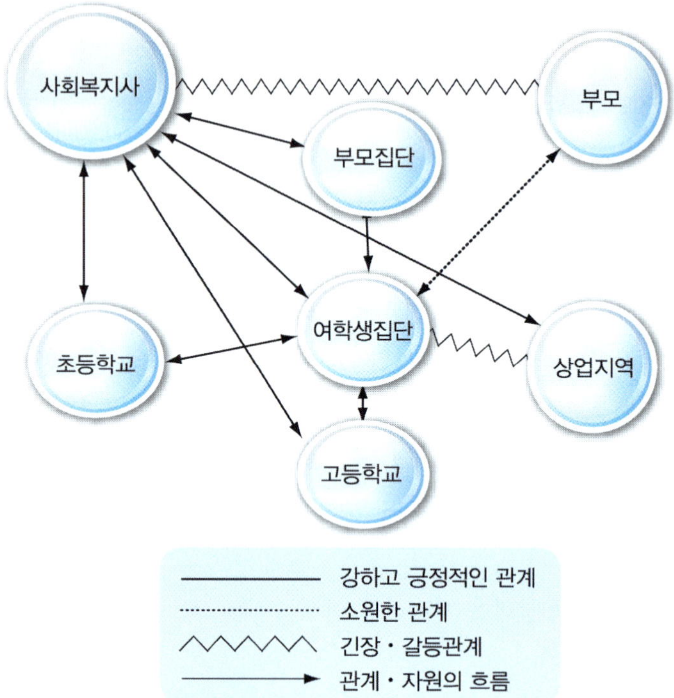

그림 12-4 목표 3의 활동결과 생태도

긴장 · 갈등이 남아 있는 영역이 있지만 소녀가 지속적인 지지를 받는다면, 긴장 · 갈등은 증가하지는 않을 것이다. [그림 12-4]와 [그림 12-5]를 비교하면 사회복지사의 개입 이후에 다양한 체계 사이에 상호작용이 변화되었다는 것을 알 수 있다.

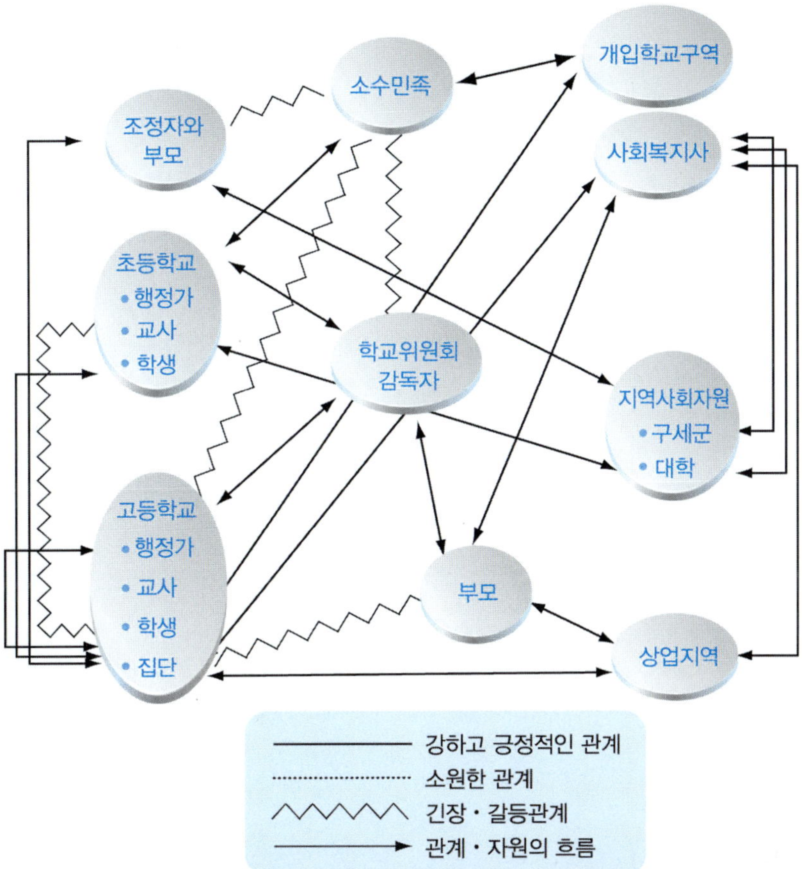

그림 12-5 B지역에 있어서 중재의 결과 생태도

PART 4

School Social Work

학교사회복지의 미래

CHAPTER 13

학교사회복지의 과제와 전망

학교는 대부분의 청소년들이 생활하며 학습하는 중요한 생활장면이기 때문에 청소년들의 건전한 성장과 발달을 위한 중요한 환경이다. 그러나 학교는 이러한 학교교육체계를 중심으로 본래의 교육목적의 달성을 침해하는 요인들이 날로 증가하여 청소년의 건전한 성장, 발달과 교육을 위한 장으로서의 기능을 위협받고 있다.

지금까지 우리나라의 학교교육은 지식주입식 교육이 이루어져 오다가 입시 위주의 교육이 강조되어 학생 개인적 문제뿐만 아니라 다양하고 심각한 사회문제로 확대되고 있다. 그러나 학교와 지역사회는 적절한 대안을 마련하지 못한 채 예방적 · 지도적 · 치료적 접근보다는 전체적 · 강제적 대응으로 우선적 접근을 하고 있는 것이 현실이다.

일찍이 학교는 청소년들의 건전한 성장, 발달과 문제예방과 치료를 위한 생활지도교사제 운영을 실시하여 왔으나 제도운영을 위한 제반여건의 불비, 생활지도교사의 기능의 한계 등 여러 가지 요인으로 학생의 개인생활에 대한 교육적 배려는 점차 약화되었다. 그 결과 학생들의 문제를 사전에 발견하여 예방적 조치를 취하는 일은 거의 없고, 학생의 문제가 발생한 경우 결과적 문제행동을 처벌로 처리하는 경우가 많아 학교에서 책임을 맡기보다는 학교 밖의 책임으로 전가하고 있다.

최근 학교에서의 전문적 개입은 학교와 지역사회에 있어서 학생 성폭력, 동료학생들에 의한 신체적 · 정신적 학대, 가출, 약물남용, 학업중퇴, 학교폭력과 비행 등 학교체계와 관련된 학생들의 문제가 사회적 이슈로 제기되고 있어 절실히 요구되고 있다.

이에 본 장에서는 학교사회복지를 우리나라에서 정착시키고 발전시켜 나가면서 본래의 기능을 발휘하여 소기의 목적을 달성하기 위해서 해결해야 할 여러 가지 과제와 앞으로의 발전과 전망에 대하여 논의해 보기로 한다.

제1절 학교사회복지의 과제

1. 학교사회복지사의 교육훈련

학교사회복지의 활성화는 중추적인 역할을 담당할 전문인력으로서 학교사회복지사를 교육 · 훈련하여 양성하는 일이 시급히 요청된다. 그러기 위해서는 먼저 대학 사회복지학과에 학교사회복지의 강좌를 개설하여 학점을 이수하도록 하고, 아울러 학교사회복지의 실습을 통한 학교에서 배운 이론과 기술을 통합하여 현장에 적용할 수 있는 충분한 예비적 경험의 기회를 가지도록 교육계획에 반영하여야 할 것이다.

학교사회복지사들에게 필요한 지식은 사회복지와 학교라는 특수장면에서 이루어지는 사회복지전문분야의 양면을 포함하는 것이어야 한다. 사회복지에 관한 교육은 모든 사회복지의 실천분야에 기본적이고 공통적인 것으로 어떤 분야에도 적용 가능한 지식과 기술을 말한다. 그러므로 학교사회복지라는 특수한 실천에 관한 교육은 학교사회복지에 관련된 지식과 이론의 학습, 그리고 실습을 통한 지식의 통합과정이 포함되어야 한다. 따라서 학교사회복지사는 ① 사회복지의 일반적인 이론, 지식 및 기술, ② 학교체계 전반에 관한 지식, ③ 지역사회의 가치와 학교사회복지실천과 관련된 법제도에 대한 지식, ④ 학생들의 발달적 특성, 특수욕구의 파악, 그리고 이에 관련된 프로그램, ⑤ 학교사회복지실천의 과정 및 방법, ⑥ 교사 및 학교행정가, 상담사, 보건교사 및 다른 전문가들과의 협력적 관계 수립과 유지에 관련된 지식을 필요로 한다.

현재 전국 대학의 사회복지학과에서 학교사회복지의 강좌를 개설한 대학은 많이 증가되었으나 아직도 제한적이어서 각 대학 사회복지학과는 앞으로 소요될 인력양성을 위하여 이에 신속히 대응해 나가야 할 것이다. 따라서 대학은 일선 초 · 중등학교와의 협력관계를 확립하여 학생들의 실습현장을 확보하는 것이 중요한 과제이다.

이러한 측면에서 한국학교사회복지계는 한국학교사회복지학회, 한국학교사회복지사협회 및 한국사회복지사협회가 공동으로 학교사회복지사 자격관리위원회를 운영하여 학교사회복지사 자격시험을 2005년도에 처음 실시한 이래 매년 1회씩 실시하여 2011년 제7회까지 776명이 시험에 합격하여 직무교육 이수 후 자격증을 교부하였다.

2. 학교사회복지사의 점진적 배치 확대

학교사회복지사는 학교사회복지의 실효성 있는 실천과 효과를 위해서 점진적인 확대 배치가 이루어져야 할 것이다. 현재 여러 가지 형태로 학교사회복지사들이 초·중등학교에서 학교사회복지를 실천하고 있다. 지금까지 정부가 실시하고 있는 교육복지우선 지원사업에 배치한 교육복지사는 수급자 자녀가 많은 지역을 대상으로 학교를 선정하다보니 대상이 되어야 할 조건을 갖춘 개별학교가 제외되었다. 다행이 2011년부터 개별학교를 중심으로 심사 선정하여 전국 1,200여 이상의 학교와 교육청, 지역교육청에 교육복지사를 확대 배치하게 되었다.

그러나 학생들의 어려움은 수급자를 중심으로 한 빈곤문제만이 우선적으로 다루어야 할 문제가 아니라는 점에서 더 많은 학교사회복지사를 배치하여 학교사회복지실천을 통한 교육적 목적 달성을 위한 학생들의 학교생활을 보장하여야 할 것이다.

3. 학교사회복지사의 역할모형 개발

학생들의 지도는 기본적으로 교사가 중심이 되어 이루어져야 할 것이다. 그러나 학교는 교사의 역할부담을 덜어주고 학생지도의 효율성을 증대시키기 위하여 학교사회복지사, 상담사, 보건교사 및 기타 전문가들과의 협력관계를 확립하여 공동으로 접근하는 팀접근이 필요하다.

학교사회복지사는 학생들의 모든 문제를 혼자서 감당하는 기능을 수행하기보다는 학교와 지역사회 내에 존재하는 행정기관, 사회복지기관, 보건·의료기관 등을 포함하는 사회기관과의 지역사회관계망을 확립하여 연계자, 조정자로서의 역할을 수행할 수 있는 모형을 개발하는 것이 학교사회복지의 활성화를 위하여 해결해야 할 중요한 과제이다.

학교사회복지가 본래의 기능과 목적을 달성하기 위해서는 지역사회자원과 밀접한 관계를 확립하고 그 자원을 적극적으로 활용하여야 할 것이다. 지역사회자원은 지역사회서비스를 활용하는 가족과 학생을 격려하고 돕는 것에 관련된 인적, 물적, 제도적, 환경적 자원체계들이 포함된다.

학교사회복지사는 지역사회 안에 어떤 종류의 자원체계들이 존재하고 있는지를 찾아내어 조직화하고, 필요한 경우 언제든지 활용할 수 있는 자원망을 확보해 두어야 한다. 따라서 학교사회복지사는 그 자원체계가 가진 특성, 기능 및 이용을 위한 요건과 절차에 대하여 익숙해져 있어야 하고, 어떤 자원체계가 어떤 특수욕구를 가진 학생들에게 유용하게 활용될 수 있는가에 관한 정보와 지식을 가지고 있어야 한다.

그동안 우리나라의 학교사회복지는 기업복지재단, 지방자치단체, 지역교육청, 사회복지공동모금회의 지원과 학교 자체, 그리고 정부에 의한 여러 가지 형태로 수행됐으나 학교사회복지제도화에는 한계가 있었다. 그러나 2003년부터 학교에 사회복지사를 배치하여 계속 확대 실시해 온 교육복지우선 지원사업은 교육복지사의 역할과 기능이 학교사회복지사로서의 역할과 기능과 차이가 있으나 정부가 주도하는 학교사회복지 실천이라 하겠다.

따라서 교육복지우선 지원사업의 교육복지사는 2003년부터 사용해 온 지역사회교육전문가와 프로젝트조정자(PC)의 명칭을 2011년부터 지역에 따라 변경 사용하게 되었다. 앞으로 정부는 학교사회복지법의 입법과 동시에 학교사회복지사로 명칭변경을 하여 학교사회복지사의 역할모형을 확립하여야 할 것이다.

이처럼 교육복지지원사업이 확대 실시되고 있음에도 불구하고 그 근거법의 입법을 미루고 있는데 이는 빠른 시일 내에 해결해야 할 과제라 하겠다.

4. 학교사회복지에 대한 홍보

학교사회복지가 활성화되기 위해서는 사회복지계 인사를 포함한 교육정책입안자, 교사와 학생뿐만 아니라 학부모 및 지역사회주민들의 올바른 이해와 참여가 이루어질 때 가능하다.

무엇보다 학교사회복지에 대한 홍보의 우선적 대상은 사회복지계이다. 먼저 사회복지계 안에서 학교사회복지에 대한 필요성을 환기시키고 많은 사람들이 관심을 가지고 연구 · 발전시킬 수 있는 분위기를 조성하는 것이 절실하다. 그러기 위해서는 학교사회복지에 관심을 가진 교수, 학교사회복지사 및 대학원학생들을 대상으로 학술대회와 세미나를 개최함으로써 학교사회복지에 대한 이해와 필요성을 제고시켜 나가야 할 것이다.

다음으로 학교사회복지를 활성화시키기 위한 전제는 교육계의 올바른 인식과 협조적인 참여를 필요로 한다. 교육당국의 학교사회복지 관련 정책이 사회복지실천분야로 학교사회복지와는 차이가 있는 것은 여러 가지 이유가 있을 수 있겠지만, 그 중 하나는 학교사회복지에 관한 이해의 부족이라 하겠다. 학교사회복지는 학교라는 교육기관에서 학교사회복지사가 교육의 목적을 달성하기 위하여 일하기 때문에 교육계와의 긴밀한 협조관계가 유지될 때 그 실효성을 거둘 수 있을 것이다. 그러므로 우리는 교육관계자들에게 학교사회복지의 당위성과 필요성을 이해시키는 데 적극적인 노력을 하여야 할 것이다.

그리고 학교사회복지서비스를 필요로 하는 욕구를 가진 학생과 그 부모들뿐만 아니라 모든 학생과 부모들, 그리고 지역사회 전체가 학교사회복지에 대한 이해와 필요성을 인식할 수 있도록 적극 홍보하여야 할 것이다.

5. 학교사회복지법의 입법화

학생의 문제는 심리상담이나 진로지도 및 취업만으로 해결될 수 없으며 전문적인 접근이 필요하다. 이러한 전문적 접근은 선진국의 경우 학교사회복지제도의 도입으로 대처해 나가고 있다. 다행스럽게도 정부는 이에 대한 필요성을 인식하여 1996년 6월 21일 비행, 결손가정, 소년소녀가장, 장애아, 학생 등을 상담하고 취업을 알선하는 학교사회복지제도를 시범적으로 도입한다고 발표하였다. 이에 따라 정부는 비행학생

등을 학교 차원에서 적극 보호하기 위해 1997년부터 2년간 전국 중 · 고교에서 4개교를 학교사회복지 시범학교로 지정하였으나 준비 부족으로 운영의 성과를 거두지 못하여 1999년 전국적으로 확대할 것이라고 제시한 기본방향이 시행되지 않았다.

당시 정부는 시범학교의 상담교사, 교육학 부전공 교사와 자원봉사상담 학부모 등에게 별도의 연수교육을 시킨 뒤 상담을 담당하게 하고 취업도 알선하게 하며, 학교사회복지를 학생선도제 등 다양한 사회교육 프로그램과 연계시킨다는 것이었다.

그러나 그 계획내용은 지속적인 제도적 장치에 의한 계획이라기보다는 임기응변적 대처방안에 지나지 않았을 뿐만 아니라 학교사회복지사가 제외되고 있어 학교사회복지의 본래의 기능을 발휘하기는 어려웠다. 따라서 학교사회복지제도의 도입은 학교사회복지사의 자격과 훈련, 고용, 소속, 실천주체, 재원 등을 명백히 밝히는 입법이 선행되어야 할 것이다.

학교사회복지사는 전문적 교육과 훈련을 받은 전문자격을 갖추었으므로 학교체계 내에서 학교사회복지사 자격을 인정받을 수 있는 제도적 보장이 이루어져야 할 것이다. 즉, 전문자격증을 가진 학교사회복지사는 교사자격증과 관계없이 학교사회복지 제도 내에서 학교사회복지의 전문실천가로서 일할 수 있는 기회를 보장하여야 할 것이다.

최근 학교사회복지제도의 입법화의 노력은 정부가 아니라 지방자치단체들의 조례 제정과 개정에 의하여 학교사회복지실천의 구체적인 활동이 전개되어 상당히 고무적이라 하겠다. 이외 다른 지방자치단체들은 이러한 선례를 도입하여 각 지역의 학생복지 향상을 위한 학교사회복지사업에 관한 조례제정을 해 나가야 할 것이다. 또한 정부는 청소년복지 증진을 위해 학생복지를 지방자치단체들이 자율적으로 도모하도록 방치할 것이 아니라 그 책임을 지고 하루속히 학교사회복지법을 입법하여 제도화하여야 할 것이다.

성남시(2009. 6. 29.)와 경상남도(2010. 12. 24.)는 학교사회복지 활성화를 위한 조례를 제정하여 학교 부적응청소년(학생)들에게 보다 전문적인 학교복지사업 프로그램 제공을 통해 학교적응력을 향상시켜 주고 청소년(학생)들의 복지 향상과 사회문제를 해결하기 위한 법적 근거를 마련하게 되어 다른 지방자치단체에 파급효과를 가져오는 전기를 마련하게 되었다. 따라서 이 조례제정은 지역사회가 안고 있는 청소년의 문제를 한 걸음 더 나아가 고민하고 적극적인 해결책을 모색하고 발전하는 계기가 될 것으로 전망된다. 그러나 교육복지우선 지원사업이 정부에 의해 확대 실시되고 있는 시점에서 정부 차원의 학교사회복지에 관한 입법조치를 마련하는 것은 사업의 효율성이나 효과성을 위하여 해결해야 할 우선적 과제라 하겠다.

제2절 학교사회복지의 전망

최근 우리사회는 21세기를 맞이하여 사회 각 분야에서 개혁의 필요성이 강조 추진되고 있고, 세계화 · 정보화에 따라 교육계에 있어서도 예외 없이 교육개혁의 바람이 불고 있다. 이러한 사회 전반적 변화는 교육제도 및 체계에 영향을 미쳐 학생 수의 감소, 학교중퇴자의 증가, 학교 재정의 어려움, 교사의 교육성 부재 등 학교교육의 양적 · 질적 변화를 초래하고 있다. 앞으로 이러한 변화와 더불어 학교교육체계 내에는 사회복지서비스의 확대와 예방활동의 개입에 대한 욕구가 한층 증가되어질 전망이다. 즉, 가정폭력, 약물남용, 경제적 불안정, 비행 증가 등의 사회문제는 공식적 사회화 기관의 하나인 학교교육의 기능을 더욱 강조하게 될 것이다.

교육체계 내에서 날로 증가하는 학생의 욕구, 결손가정, 폭력 등과 같은 문제들은 그 해결을 위한 서비스에 대해 창의적이고 다양하게 생각하는 전문직을 요구할 것이다. 이에 따라 학교의 전문교육체계의 일부로 학교사회복지의 역할이 더욱 절실히 요청될 것이다.

사회복지는 서비스의 통합성, 실천성, 전문성, 그리고 유용성을 높이기 위해 지역사회의 사회경제적 자원의 범위를 넓히는 데 매우 유용한 학문으로 확립되어 있다. 따라서 학교사회복지는 교육체계 안에서 제기되는 학생들과 관련된 문제에 대하여 더 이상 소극적인 입장을 취할 수 없게 될 것이다. 한편, 학교에 있어서도 학생들의 문제를 처벌 위주의 형태로 지역사회에 위임하는 방식의 책임회피는 더 이상 수용될 수 없을 것이다. 이것은 현재 지식주입과 입시 위주 교육에 치중하고 있는 학교체계의 역할을 사회가 언제까지나 방관하고만 있지 않을 것이기 때문이다.

따라서 교육체계가 학생들의 문제와 관련한 대안적 지도방안으로 학교사회복지의 제도를 필요로 하게 되고 사회복지계는 이에 적극적으로 대응해 나가게 될 것이다. 이것은 사회복지가 사회변화에 따른 새로운 문제에 적극적으로 대응하여 응용과학적 실천성을 추구해 나감으로써 더욱 개발되어 나갈 것이기 때문이다.

예를 들면, 학교사회복지는 모든 학생집단의 교육목적과 학문적 수행의 획득을 촉진시키고, 지역사회서비스에 주간보호 프로그램, 정신건강서비스, 맞벌이부부의 자녀에 대한 방과 후 프로그램과 같은 학교사회복지사의 중재가 포함되어 가족의 스트레스를 감소시키는 데 도움을 줌으로써 교육체계가 제공하는 서비스에 대한 한계를 극복해 나가게 될 것이다.

이처럼 학교사회복지가 발전해나감에 따라 학교사회복지서비스가 의미하는 것은 무엇인가? 학교와 지역사회기관의 협력을 포함하여 통합된 서비스 전달체계의 발달을 새로이 강조함과 더불어 학교사회복지는 지속적으로 도전을 받아가며 점점 더 모범적인 수단으로 확실한 위치를 확보하게 될 것이다.

20세기 초부터 학교사회복지는 근본적으로 세 가지 의문을 지니고 있었다. 학교사회복지사는 누구인가? 학교사회복지사는 학생에게 어떤 서비스를 제공해야 하는가? 학교사회복지사는 누구와 연결하여 서비스를 제공해야 하는가?

학교사회복지사는 교육적 접근방법의 변천과 교육이 반응해야 하는 사회적 조건의 변화를 항상 자각해야 한다. 따라서 학교사회복지사는 그들의 역할결정에서 후행적(reactive)이라기보다는 오히려 선행적(proactive)인 역사를 지니고 있다.

앞으로 학교사회복지의 발달은 교육적 사명, 사회의 인구통계학적 변화, 법률과 정부의 성격, 전문적 가치 및 지식, 그리고 학교 내에서 사회복지를 보충적 서비스로 포함하려는 학교행정가의 자발성에 의하여 영향을 받게 될 것이다.

그런데 학생들의 문제는 학생 개인만이 아니라 가정, 학교, 그리고 지역사회체계 등 생태체계들 간의 상호작용적 결과로 발생하기 때문에 학교사회복지는 여러 전문직 간의 학제적 접근이 강조되는 방향으로 발전해 나가야 할 것이다. 따라서 학교사회복지는 교육체계 내에서 일어나는 학생들의 문제를 종합적, 효과적으로 대처하기 위하여 장기적으로 사회복지의 전문적 실천분야로 발전해 나갈 것이다.

결국 학교사회복지는 학생들이 자신의 학업목표를 성취하도록 할 뿐만 아니라 학교와 학교교육의 목적을 성공적으로 달성할 수 있도록 돕는 이중적 기능, 즉 사회복지와 교육의 기능을 수행하면서 교육체계에서 이루어지는 사회복지의 임상적 실천분야로 확립될 것이다.

부 록

APPENDIX

부록　미국사회복지사협회의
학교사회복지서비스 실무지침

APPENDIX

미국사회복지사협회의 학교사회복지서비스 실무지침

서 문

1943년에 미국방문교사협회(NAVT)가 미국학교사회복지사협회(AASSW)로 되었고, 1955년에 6개의 서로 다른 영역의 사회복지협회가 형성한 미국사회복지사협회(NASW)가 미국학교사회복지사협회를 통합했다. 이처럼 학교사회복지는 오래전부터 사회복지직의 필수적인 영역이 되었다.

최근에 장애아의 권리, 가족단위에 있어서의 변화, 아동에 대해 증가하는 사회적, 경제적, 교육적 압력의 영향은 학교사회복지서비스를 중요하게 만들었다. 학교사회복지중재의 가치는 여러 법률을 통해 더욱 인정받게 되었다.

1978년 NASW는 학교사회복지발달을 위한 지침서로 제공된 학교사회복지를 위한 지침을 개발했다. 그 이래로 전문적인 실천을 반영하고 촉진시키는 이러한 지침은 필수적으로 되고, 그 지침들은 변화하는 실천과 정책을 반영하기 위해 수정됐다. 이러한 지침들의 수정은 이 목적을 달성하기 위한 책임을 맡아왔다.

이러한 지침은 학교, 학생, 가족들에 대한 양질의 전문적인 서비스를 보증하기 위해 필수적인 리더십과 팀워크를 제공하는 지역사회지도자들과 교육자, 학교사회복지사의 협력적인 노력을 통해서만 지켜나갈 수 있다.

이러한 지침들은 수많은 학교체계를 위해서 현행되고 있는 실천을 강화할 것이다. 다른 학교체계에 있어서 그들은 성취할 변혁과 목적을 제공할 것이다. 학교사회복지사를 위해 이 지침들은 전문실천영역으로 학교사회복지사의 유일성과 차이성을 각각 확인시켜 주고, 학생이 그들의 교육경험으로부터 최대의 수혜를 성취할 수 있도록 하는 학교사회복지의 가치를 주장한다.

Ⅰ. 자격과 전문적 실천의 지침

이 지침서의 목적에서 자격은 학교사회복지업무를 수행하는 데 있어서 지식, 기술, 행동을 통합하는 전문적 행위의 총체로 정의된다. 전문적 실천은 학교사회복지사에게 기대되는 윤리적 규범, 서비스 제공, 책임성과 관련이 있다.

'지역교육기관'이라는 용어는 어느 지역 또는 지역의 공립교육체계를 설명하기 위해 이 지침서에서 사용되고 연방법률의 용어와 일치한다.

지침 1 학교사회복지사는 사회복지전문직의 가치와 윤리의 공약을 지켜야 하고 윤리적 결정을 하기 위한 안내서로서 NASW의 직업적 지침과 윤리규범을 사용해야 한다.

이 공약은 다음을 통해 지켜진다.

1. 인도적 서비스에 대한 모든 사람들의 권리를 포함하여 기본적인 인간의 권리를 인식
2. 학교사회복지사가 개인의 수준과 직업적 위험을 수용하고, 직업적 판단과 신념에 따라 행동하려는 의지
3. 변화는 이론, 정책, 실천을 지속적으로 철저히 연구하고 향상시키는 것에 의해 사회복지사가 현재 상태를 유지할 것을 요구한다는 것을 인식

학교사회복지사가 지역교육기관의 필수적인 직원으로 되었을 때 사회복지전문직의 지침뿐 아니라 연방, 주, 지방의 법률과 정책을 알고 따를 책임이 있다. 다양한 기대들 사이에서 갈등이 생길 때 학교사회복지사는 윤리적인 결정을 함에 있어서 NASW의 윤리적 규범에 따라야 한다.

지침 2 다학제 간 집단의 지도자 또는 구성원으로서의 학교사회복지사는 학생 및 가족의 욕구에 응하는 지역교육기관과 지역사회의 자원을 동원하기 위해 협력적으로 일해야 한다.

학교사회복지사는 학생의 욕구를 사정 및 진단하기 위한 고유한 기술과 체계를 개발한다.

집단의 지도자 또는 구성원으로서의 학교사회복지사는 서비스제공에 있어서 제도적 장애나 차이를 극복하기 위한 활동을 시작하고 지원한다. 학교사회복지사는 진실, 개방된 의사소통, 상호 존중, 지속적인 협력, 다학제 간 집단의 목표 달성을 용이하게 하는 효과적인 조정을 보여주어야 한다.

지침 3 학교사회복지사는 교육제도의 목적과 신념을 수행하는 훈련과 교육 프로그램을 발달시키고 제공해야 한다.

학교사회복지사는 교사, 지역교육기관의 다른 직원, 지역사회기관의 직원들을 위한 연수교육 프로그램을 제공해야 한다. 이러한 프로그램은 다른 분야와의 팀워크와 협력을 포함한다. 그 내용은 학교에서 학생의 성공에 영향을 미치는 요인을 예방, 중재, 교정하는 것이어야 한다.

지침 4 학교사회복지사는 그들의 책임을 수행하기 위해 시간, 에너지, 업무량을 조정하고 그들의 다양한 책임 중에서 순위를 숙고하여 업무를 분담해야 한다.

학교사회복지사는 효율적이고 효과적인 방법으로 그들의 일을 관리해야 한다. 많은 지역교육기관은 직원이 충분하지 않기 때문에 우선순위는 학생의 안녕, 다른 자원의 유용성, 사회복지사의 전문적 기술에 영향을 미치는 것에 기초하여 확립되어야 한다.

지침 5 학교사회복지사는 학교사회복지 프로그램을 계획, 관리, 평가하는 데 관련된 정확한 자료를 보유해야 한다.

기록과 통계의 이용은 학교사회복지사가 지역교육기관의 행정과 지역사회에 그들의 책임과 가치를 보여주는 한 가지 방법이다. 활동보고서, 프로그램통계, 평가척도의 분석은 학생과 가족의 욕구에 더욱 훌륭히 대응하기 위해 학교사회복지서비스의 이용과 확산을 지지할 수 있다. 이러한 기록과 통계는 적절한 기밀성이 유지되어야 한다.

지침 6 학교사회복지사는 서비스의 욕구에 있어서 개별학생과 표적집단을 확인할 책임이 있다. 그들은 지역교육기관의 직원, 지역사회대표, 학생 및 가족과의 조직적인 상담을 포함하는 욕구사정의 과정을 통해 이러한 일을 한다.

욕구사정은 학생 및 가족을 위한 효과적인 프로그램계획의 기초이다. 그것은 학교에서의 학생의 적응과 성취를 방해하는 생리심리학적 요인의 조사를 포함한다. 특별히 그것은 다음의 사정을 포함한다.

1. 학생의 육체적, 인지적, 정서적 발달과 가족력
2. 다양한 장소에서의 학생의 행동과 태도
3. 가족, 지역교육기관, 지역사회에서 관찰된 대인관계유형
4. 교사 및 지역교육기관의 다른 직원에 의해 작성된 학생의 행동에 관한 보고서
5. 학생의 행동에 영향을 미치는 지역교육기관과 다른 제도적 요인의 공식적 · 비공식적 정책

6. 학생의 성장과 발달의 위기상황에서 성취와 적응의 유형
7. 학생과 가족을 위한 지역사회자원의 확인, 접근성, 이용

지침 7 학교사회복지사는 객관적인 척도를 사용하는 방법을 알아야 하고 적절한 때 척도의 평가와 그 후 보고서 작성 시 그것을 적용시켜야 한다.

학교사회복지사는 적응행동, 자기존중, 사회기술, 태도, 정서적 건강, 관심을 포함하여 사회복지사에 의해 적절하게 운영되어지는 다양하고 객관적인 척도의 이용에 있어서 숙련되어야 한다. 그 척도들이 종합적인 사정에 이용될 때 이러한 척도들은 학교사회복지사의 장점에 부가적으로 공헌하게 된다.

지침 8 사정에 잇달아 사회복지사는 중재계획을 세우고 이행한다. 그런데 가장 적절한 중재를 할 수 없을 때는 학생이 교육경험으로부터 수혜를 받을 수 있는 능력을 향상시킬 수 있는 대안적 계획을 개발해야 한다.

계획은 의뢰의 중요성에 관련된 사정에 기초를 두고 있고 원하는 결과를 성취하기 위한 목적, 목표, 중재를 포함하며, 평가방법과 성과의 기준을 포함한다. 계획은 학생의 긍정적인 교육경험을 강화하기 위해 설계되고, 필요하다면 가족, 다른 집단 구성원, 학교와 지역사회의 적절한 자원을 포함해야 한다.

지침 9 변화매개인 체계로서의 학교사회복지사는 지역교육기관과 지역사회에 의해 다루어지지 않는 욕구를 확인해야 하고 그러한 서비스를 창조하기 위해 일해야 한다.

학교사회복지사는 학생집단이 교육계로부터 수혜를 받을 수 있는 능력에 영향을 미치는 지역사회 혹은 지역교육기관의 자원과 서비스의 결핍을 주장하는 활동을 시작할 것이다.

이러한 활동은 문제의 확인, 지역교육기관이나 지역사회에서 개인의 특별한 문제를 설명, 교육가와 다른 전문가 및 시민들 간의 행동의 조장을 포함한다. 이러한 변화를 위한 지지는 지방, 주, 지역, 국가적 수준의 위원회와 자문회의의 지도자에게 영향을 미치는 것을 포함한다.

지침 10 학교사회복지서비스에 대한 이해를 촉진시키고 효과적인 이용을 위해 학교사회복지사는 지역교육기관의 직원, 학교위원회의 구성원, 지역사회대표자들에게 자문을 제공해야 한다

학교사회복지사는 학생의 교육경험에 영향을 미치는 가정, 지역교육기관, 지역사회 등의 요인에 대해 이해시킬 수 있도록 자문을 제공한다. 또한 그들의 징계, 정학, 제명, 출석, 비밀보장성, 다문화적 요소, 아동학대 및 유기와 같은 문제를 포함하여 정책문제에 대한 자문가로서 활동한다.

학교사회복지사는 전체적인 목적, 목표, 그들의 특수한 과업을 끊임없이 인식해야 하고, 지역교육기관의 직원에게 그것들을 잘 설명함으로 인해 교육전문직의 활동과 자격이 유지되고 향상되도록 해야 한다.

지침 11 학교사회복지사는 학생과 그의 가족이 학생의 학습경험에 대한 가족의 지지를 강화하는 다문화적인 이해력과 감수성에 관하여 서비스를 제공받을 것을 보장해야 한다.

미국 내의 교실에서 증가하고 있는 다양성은 문화적 차이에 대한 그들의 인식을 증

가시키는 학교사회복지사를 요구한다. 학교사회복지사는 높은 수준의 자기인식, 지식, 실천기술을 포함하여 문화적 능력을 발달시켜야 한다. 또한 그들은 지역교육기관의 학생분위기의 장애의 부정적인 영향을 줄이고 극복하기 위한 전략을 개발해야 한다.

지침 12 학교사회복지서비스는 학생의 개인적인 힘을 형성하고 그들에게 그들 자신의 학습경험에 대한 계획과 지도에 참여할 수 있는 최대한의 기회를 제공한다는 점에서 학생에게 확산되어야 한다.

행동을 계획하는 데 있어서 학교사회복지사는 학생이 자신들에 관해 의사소통을 하고, 선택하고, 학습을 지도하는 데 포함되기 위해 개별학생의 성격과 모든 학생의 재능을 고려해야 한다.

지침 13 학교사회복지사는 학생과 가족에게 공식적·비공식적 자원을 획득하고 효과적으로 사용할 권한을 부여해야 한다.

권한부여는 가족이 그들 자신과 그들의 학생을 위해 지지하는 기능을 할 수 있도록 가족의 힘과 구조를 이용하는 원리에 기초를 둔다.

특히, 학교사회복지사가 지역교육기관 및 지역사회기관의 공식적 서비스를 수행할 수 있는 자연스러운 원조망을 개발하고 강화하기 위해 그들의 지역사회에서 공식적·비공식적 지도자로서 기능하는 개인과 함께 제휴하고 의논하는 것은 적절하다.

지침 14 학교사회복지사는 적절한 사생활보호와 정보의 비밀보장을 유지해야 한다.

학교사회복지사는 비밀보장성에 관련하여 위임된 법적 요구에 익숙해지고 따라야 한다. 비밀보장이 요구되는 정보사용에 있어서 전문적 판단은 법과 윤리에 기초해야 한다. 학생과 가족 및 다른 전문가들은 서비스가 제공되기 시작했을 때 비밀보장성의 한계와 요구에 대해 알아야 한다.

지침 15 학교사회복지사는 학생의 교육적 문제를 해결하기 위해 중재와 갈등 해결전략을 훈련받고 사용해야 한다.

시도(attempts)는 공식적이고 비용이 많이 들고, 반대의 과정절차를 통해 부모와 지역 교육기관 간의 갈등과 곤경을 해결하도록 한다. 중재(개입)는 문제를 명확히 하고 드러나지 않은 문제를 통해 일하고, 타협과 해결을 달성하기 위한 융통성 있는 방법으로 조직된다.

넓은 의미에서 갈등해소와 문제해결은 학생과 부모 및 학교와 기관의 직원들 간의 비생산적인 충돌의 결과를 해결하고, 긍정적이고 협력적인 관계를 형성하기 위해 학교사회복지사가 사용해야 하는 효과적인 전략이다. 학교사회복지사는 훈련과 경험에 의해 이러한 역할을 잘 수행할 수 있어야 하고 이러한 과정에서 고용될 수 있는 기회를 찾아야 한다.

지침 16 학교사회복지사는 다양한 상황에서 학생과 그의 가족을 위해 옹호해야 한다.

효과적인 옹호는 학교사회복지사가 학교사회복지실천에 영향을 미치는 법적 결정, 법률, 규칙, 정책과 절차에 관해 알고 있을 때 가장 잘 수행할 수 있다.

특히, 정학과 제명, 제도적 인종차별, 차별, 동성애 공포증, 체벌, 성차별과 같은 문제에 관심이 있다. 부과하여 이주민과 난민, 집 없는 사람들, 인간면역결핍바이러스

(HIV) 전염병, 선천성 면역결핍증(AIDS), 약물남용, 다른 위기집단의 욕구를 지원해야 한다.

Ⅱ. 전문적 준비와 발달에 대한 지침

전문적 준비와 발달은 학교사회복지실천을 위해 요구되는 훈련의 수준과 관련이 있다. 게다가 지식과 기술은 학교사회복지사가 지속적으로 노력하는 것을 요구하고 그것은 필수적이다.

지침 17

학교사회복지사는 사회복지전문직에 기초한 지식과 이해력을 가지고 있어야 하고, 지역교육기관과 교육과정 및 관련 법규에 관한 특별한 지식과 이해력을 보유해야 한다.

요구되는 지식영역은 다음과 같다.

1. 다양한 이론적 관점을 포함한 인간행동과 사회환경은 다음의 내용을 포함한다.

① 학습이론, 체계이론, 의사소통이론, 사회학습이론, 행동이론을 포함한 인간성장과 발달에 관한 이론

② 문화적, 인종적, 민족적 차이

③ 위기상황에 놓인 학생과 장애아의 욕구

④ 학교에서 효과적인 기능을 하기 위한 학생의 능력에 영향을 미치는 생물학적 요인

2. 학교사회복지의 전문적 실천에 있어서 조사와 체계적 사정은 다음의 내용을 포함한다.

① 사정과 중재계획을 세우기 위해 자료수집과 자료로부터 결론을 내리는 방법
② 수행목표와 측정 가능한 결과 및 중재의 결과를 사정하기 위한 수단
③ 과학적 조사와 조사설계의 요건
④ 학술적 문헌과 조사연구의 사용
⑤ 실천과 조사연구에 있어서의 책임성에 관한 개념

3. 사회복지중재방법은 다음의 내용을 포함한다.

① '관계'라는 용어와 사회복지사의 관계의 이용에 관한 의도적이고 전문적 관점에 포함되는 둘 또는 그 이상의 사람들 간의 지식, 감정, 태도, 행동의 역동적 상호작용
② 상담, 위기중재, 개별사회사업, 집단사회사업, 지역사회조직, 자문, 사례관리, 가족치료, 효과적인 교육전략을 포함하는 사회복지중재의 기본적 방법

4. 지역교육기관의 조직과 구조는 다음의 내용을 포함한다.

① 체계이론과 조직기능화에 관한 이론
② 공립교육의 목적, 교육 개선을 위한 앞선 시도, 지역교육기관이 서비스를 제공해야 할 학생의 특성에 관한 역사적 관점
③ 지역교육기관위원회의 권위의 본질과 범위
④ 지역교육기관이 재정을 포함하는 교육정책이 이슈에 관한 넓은 시각
⑤ 교육정책 형성에 있어서의 학교와 지역사회의 정치적 역학관계 및 학교와 지역사회의 권력구조의 다양한 형태의 결과
⑥ 교육기회에 영향을 미치는 법률
⑦ 지역교육기관에서 사용되는 교육에 대한 교과과정 및 접근
⑧ 지역교육기관에서의 학생과 직원의 하위문화
⑨ 지역교육기관에서의 다양한 직업능력의 역할과 영역
⑩ 팀워크의 과정

5. 가정, 학교, 지역사회의 특성과 상호 영향에 관한 이해는 다음의 내용을 포함한다.

① 학교와 지역사회에서 학생의 적응에 영향을 미치는 가족역동

② 지역사회의 전형적이고 선택적인 조직의 구조와 기능 및 지도력

③ 지역사회의 사회복지정책과 프로그램 및 자원

지침 18 학교사회복지사는 학생, 가족, 지역교육기관의 직원, 지역사회에 대해 효과적인 서비스의 기술을 개발해야 한다.

학교사회복지 실천모형은 정지되지 않고 발달되어야 하며 생태체계론적 관점을 사용해야 한다. 그러한 모형을 실행하기 위해 요구되는 기술은 다음을 포함한다.

1. 클라이언트체계의 모든 사람들과 면접 및 구두와 서식을 통한 의사소통(oral and written communication)의 서로 다른 형태
2. 클라이언트체계의 다양한 개인들과 원조관계를 발달시키기 위해 공감의 사용
3. 지역교육기관에서의 학생, 가족, 직원, 그리고 이웃과 지역사회에서의 개인과 집단의 욕구, 특성, 상호작용을 체계적인 관찰 및 사정
4. 학생의 학습에 영향을 미치는 생물학적, 의학적, 심리적, 문화적, 사회학적, 정서적, 법적, 환경적 요인 면에서 기록하고 사정하기 위한 적절한 정보의 수집
5. 학생의 교육경험을 강화하기 위해 가장 효과적인 중재방법과 기술의 선택 및 제공
6. 학생과 가족의 욕구를 위한 옹호
7. 다학제 간 집단에서 효과적인 지도력과 참여
8. 공동목적을 성취하기 위해 가족, 지역교육기관의 직원, 기관과 지역사회대표자에게 자문을 제공
9. 가족, 지역교육기관, 지역사회 간의 효과적인 관계의 유지
10. 지역교육기관과 지역사회에서 자원을 효과적으로 의뢰
11. 사례관리서비스를 제공

12. 학생 및 가족의 문제상황을 해결하거나 새로운 자원을 개발하기 위해 학교와 관련된 서비스계획이나 다른 프로그램에 있어서 지역사회기관과의 협력
13. 지역교육기관 내 · 외부 자원의 확인과 개발
14. 효과적인 중재계획을 실행하기 위해 지역교육기관과 지역사회기관이 서비스를 지정
15. 다양한 과업의 효과적인 우선순위 결정과 시간배당을 포함하는 업무량관리
16. 프로그램 개발과 평가를 위한 조사
17. 중재의 효과성의 사정
18. 교과과정개발팀에 참여
19. 지역교육기관의 행정가와 다른 적절한 사람들에게 사회복지서비스의 효과성의 해석
20. 사회복지 전문분야에서 연수교육의 수행
21. 지방, 주, 군, 그리고 연방정부의 정책을 분석하고 영향을 미침

지침 19 학교사회복지사는 주정부의 지침뿐 아니라 NASW의 실천지침에 따라야 한다.

전문직 내에서 구별되는 전문성으로 학교사회복지는 교육체계 내에서 효과적으로 일하기 위해 전문화된 교육이 필요하다. 학교사회복지 교육내용은 미국사회복지교육위원회(CSWE)에 의해 공인된 프로그램이거나 그 이상을 포함한다.

학교사회복지사는 CSWE에 의해 공인된 사회복지 프로그램으로부터 사회복지학위를 받아야 한다. NASW의 학교사회복지전문가 자격증은 학교사회복지실천을 위한 필수요건이다.

지침 20 학교사회복지사는 그들 자신의 전문적인 발전을 지속화하기 위해 책임을 져야 한다.

사회복지 및 교육현장의 변화하는 특성 때문에 학교사회복지사는 그들의 지식과 기술의 지속적인 발전과 실천에 있어서 현재를 유지하기 위한 전문적인 책임을 가져야 한다. 또한 그들은 개인적 성장과 전문직의 정체성을 강화하는 지원체계를 개발하고 이용해야 한다.

전문직의 책임은 NASW 및 지역, 주, 군, 국가적 수준에서 다른 전문가협회의 참여와 지도력, 직원개발 활동 및 전문가회의의 참여와 기여, 전문적 간행물의 발행과 그에 대한 기여를 포함한다.

지침 21 학교사회복지사는 사회복지실습생의 교육과 지도감독을 통하여 전문직의 발전에 기여해야 한다.

현장교육은 학교에서 사회복지실습생의 지도 · 감독을 통해 학교사회복지실천에 관련된 다른 적절한 학습경험의 준비를 통해 제공된다.

Ⅲ. 행정상의 구조와 지원의 지침들

효과적인 학교사회복지 프로그램은 행정상의 구조와 지원에 적합해야 한다. 비록 NASW가 지방교육기관을 주와 연방정부의 지시와 함께 학교사회복지서비스를 받는 지원과 협회의 유형 및 특성을 규정할 것을 인식하더라도 이러한 지침들은 그런 구조와 지원을 개발하기 위한 안내로서 역할을 하기 위해 만들었다.

지침 22 학교사회복지서비스는 학생에게 통합적 서비스의 한 부분으로서 지역교육기관에 의해 고용된 자격증 있는 학교사회복지사에 의해 제공되어야 한다.

지역교육기관들은 학생에게 제공되는 서비스의 질과 유형에 대한 책임을 가진다. 학교사회복지서비스는 자격증 있는 학교사회복지사가 직접적으로 고용되었을 때, 최선의 형태로 제공된다.

그들의 전문화된 지식과 기술을 가지고 학교사회복지사가 아동과 그들의 가족에게 교육적으로 관련 있고 지역교육기관이 아닌 기관에서 일하는 사람에 의해 지역교육기관 안에 제공되는 정신건강과 사회서비스를 촉진하고 조정하는 역할을 가진다.

지침 23 학교에서의 사회복지사들은 '학교사회복지사'로 계획되어야 한다.

'학교사회복지사'는 직업상의 명칭으로 개인의 교육적인 배경, 전문직, 그리고 기능이 정확하게 정의된다.

이를테면, 기획이 학교사회복지사의 자격과 기능의 개념이 잘못 이해되고 불완전할 때에는 다른 명칭으로 '출석사무원', '학생개인워커', '가정 및 학교방문원', '학교－가정조정자' 또는 '방문교사'로 불린다.

지침 24 지역교육기관의 행정상의 구조는 학교사회복지 프로그램을 위한 책임과 지원의 분명한 선을 나타내야 한다.

지역교육기관의 행정상의 구조와 조직은 학교사회복지 직원과 자원의 최적의 이용을 준비해야 한다. 현실적인 직업의 설명, 근무조건, 그리고 작업량의 지침들은 필수적이다. 이 행정상의 구조는 학교사회복지 프로그램의 목표와 목적, 그것의 성취, 필수적인 자원의 정규적인 재검토을 위한 기제를 필요로 한다.

지침 25 지역교육기관의 행정상의 구조는 학교사회복지의 적절한 관리감독을 위해 제공되어야 한다.

지역교육기관은 양질의 서비스를 보장하기 위한 행정상 · 기술상의 관리감독에 대한 책임을 가진다. 학교사회복지 프로그램의 관리감독자는 자격이 있고, 경험이 있는 석사학위를 소지한 학교사회복지사여야 한다.

사회복지의 관리감독을 위한 특별한 준비는 전체 지역교육기관에 고용된 사회복지사가 한 명 또는 한 명도 없는 주에서 경험이 없는 학교사회복지사를 위해 필요한 것이다.

지침 26 지역교육기관은 전체 참여자의 높은 전문성을 맞춰서 학교사회복지사를 고용해야 한다.

공인된 프로그램인 미국사회복지교육협의회(CSWE)로부터의 학위인 사회복지석사(MSW)는 학교사회복지에 대한 가입수준 자격을 위탁받았고, NASW의 학교사회복지전문가 자격증명서가 요구된다. 학교사회복지 직원이 최고자격을 가진 일부 사람들인 사회복지학사자격과 사회복지석사를 가진 사람들을 포함할 때의 업무는 어떤 의미에서 직원의 증명된 능력과 교육 정도에서 볼 때 차별적인 업무배정이 될 것이다. 사회복지학사와 사회복지석사의 직원구성원들 모두 그들의 최대한의 능력을 확장하고 사용하기 위한 기회를 주어야 한다.

지침 27 지역교육기관의 등급과 급여수준은 학교사회복지사의 지위와 급여가 그들의 교육, 경험 그리고 책임감에 맞는 등급으로서 제공되어져야 한다. 등급과 급여는 지역교육기관의 비슷하게 분류된 전문적인 직원과 일치된 절차에 의해 공식화되어야 한다.

사회복지석사를 가진 학교사회복지사들은 그들의 교육, 경험, 그리고 책임감에 의해 보증된 행정상의 급여수준의 범위 안에서 보수가 지급되어야 한다. 학교사회복지사의 급여에서 사용되어진 절차는 학교사회복지 직원의 교육, 경험, 그리고 책임감에 대한 특별한 수준에 따라야 하고 공정해야 한다.

지침 28 지역교육기관은 사회복지사들이 그들의 능력을 효과적으로 사용할 수 있도록 작업환경을 제공해야 한다.

학교사회복지사들은 학생과 가족에 대한 비밀과 사생활보장과 그들이 업무를 가장 효과적으로 하기 위한 기본작업자원이 필요하다. 이러한 기본자원은 전화가 있는 사무실, 사무원의 제공, 전문적인 인재, 지급, 그리고 활동을 위한 적당한 재정, 각 학교마다 학생, 가족, 그리고 지역교육기관의 직원들 간에 만남의 장소(개인적 또는 소집단끼리)로써 적합한 개인적인 설비가 포함된다.

지침 29 지역교육기관은 사회복지 직원에 대해 사회복지연구교육과 직원개발 프로그램에 참여한 기회를 제공해야 한다.

지역교육기관들은 학교사회복지 직원들에게 사회복지연수교육과 직원개발 및 지도력활동에 참가하고, 적용하며, 개발하도록 기회를 제공해야 한다.

직원개발의 기회는 작업환경이 상당한 정도의 자기규제실천을 필요로 하는 위치에 있는 지역교육기관의 사회복지사들에게 특히 중요하다. 지역교육기관의 내 · 외부적으로 직원개발에 대한 기회는 사회복지와 관련 학과로부터 지도자에 대한 직원 워크숍, 새로운 기술을 배우고 기술을 확장하는 수단을 제공하는 모임을 지도하거나 참가하기 위하여 휴가를 정당하게 하고, 지속적인 교육을 위한 휴직 등 다양한 방법으로 제공될 수 있다.

지침 30 학교사회복지 프로그램의 임무, 목적, 목표는 분명해야 하며 지역교육기관, 교육과정, 그리고 학생에게 제공되는 교육적인 기회활용의 신념과 직접적으로 관련되어야 한다.

학교사회복지사들은 교육에서 효과가 있는 것에 대해 부단한 변화와 재구성을 채택하고 참여해야만 한다. 그들은 지역교육기관의 개혁과 주도권의 재구성에 대한 사전적인 역할을 취해야 한다.

학교사회복지 프로그램과 활동들은 최근에 만들어진 교육적인 경향(스트레스 예방, 초기중재, 학업수행 준비, 부모교육, 출생에서 이차적인 교육에 이르기까지의 학생에 대한 서비스통합)에 대해 반응해야 한다.

지침 31 새로운 또는 장기간의 지위로서 모든 학교사회복지 프로그램은 그들의 관련성, 효과성, 타당성, 그리고 교육 중인 학생의 과정에 대한 공헌도를 결정하기 위해 진행 중인 원리가 평가되어야 한다.

그들의 프로그램에 대한 진행 중인 평가를 통해 학교사회복지 직원의 구성원들은 서비스를 받는 사람, 교육적인 체계, 일반 국민, 사회복지전문직의 윤리와 지침에 대한 프로그램의 책임을 증명한다.

프로그램평가에 있어서 사용된 방법은 정기적으로 재평가되어져야 한다. 측정되어졌을 때 자문은 학생의 문제와 관련된 객관적인 환경을 위해 수행되어야 하는 적절한 과업의 확인, 서비스결과의 측정을 개선하기 위해 이루어져야 한다.

직원의 보고서형태와 다른 기록보존방법들은 그들의 수행된 업무와 일치함을 보증하기 위해 정기적으로 재검토되어야 한다. 학교사회복지사들은 프로그램평가의 방법을 선택하기 위해 분명하고도 논리적인 기초가 수립되어야 한다.

지침 32 각 주의 교육성은 자격 있고 경험 있는 석사학위를 소지한 학교사회복지사를 주립학교사회복지고문으로 고용해야 한다.

주립학교사회복지고문은 다음에 대한 책임을 갖는다.

1. 지역 내 수준의 학교사회복지 프로그램과 서비스의 통합을 위한 옹호
2. 교육과 관련된 입법과 규제노력에 대한 영향
3. 학교사회복지 프로그램을 실행하고 개발하는 지역교육기관에 대한 기술적인 원조의 제공
4. 국가적 차원에서 학교사회복지가 다른 학교 프로그램과의 통합을 위한 노력
5. 학교사회복지사의 자격과 지침들의 개발에 있어서 지도력과 기술적인 원조의 제공
6. 교육성 내에서 다른 서비스 프로그램과의 행동
7. 학교사회복지에 관련된 지역, 주, 국가수준의 그들의 활동에 대한 설명

지침 33 지역교육기관은 합리적인 업무수행을 보장하기 위해 학교사회복지사 대 학생인구비율을 만들고 준수해야 한다.

학교사회복지서비스를 위한 전국 주 자문위원회(the national council of state consultants for school social services)는 학교사회복지사 대 학생인구비율을 추천하였다.

참고문헌

강남대학교 한국사회복지연구소, 2009년 용인시 학교사회복지 시범사업 운영 보고서, 2009.

경상북도 영덕중학교, 연구학교 운영 보고서–학교 사회복지 프로그램을 활용한 학생들의 교육복지 증진, 2006.

경상북도교육청, 2006년도 교육복지투자우선지역 지원사업 평가 종합 보고서, 2006.

경상북도교육청, 2007년도 교육복지투자우선지역 지원사업 평가 종합 보고서, 2007.

교육인적자원부, 교육복지 증진 및 학교폭력예방을 위한 사회복지사 활용 연구/시범적용학교 운영지침, 2006.

교육인적자원부, 인천광역시교육청, 사회복지사활용 연구학교 및 시범적용학교 담당자 직무연수, 한국교원대학, 2006.8.24.

금명자 · 이영선 · 김수리 · 손재화 · 이현숙, 다문화 가정 청소년 (혼혈청소년) 연구: 사회적응 실태조사 및 고정관념 조사, 한국청소년상담원, 2006.

김종옥 · 권중돈, 『집단사회사업방법론』, 서울: 홍익재, 1993.

나동석 · 이용교 역, 가출청소년 연구–청소년과 부모의 대처에 관한 탐색적 연구, 한국청소년연구원, 1991.

노병일, 『학교사회복지론』, 서울: 창지사, 2015.

대구광역시 교육청, 2006학년도 교육인적자원부 지정 사회복지사활용 정책연구학교 운영 보고서, 대구비산초등학교, 대구신기중학교, 대구경상공업고등학교, 2006. 12.20.

대구광역시 남부교육청 교육복지사업전담팀, 2007년도 달서 1, 2지역 교육복지투자우선지역 지원사업 종합 보고서, 2007.12.

대구광역시 남부교육청 교육복지사업전담팀, 2008년도 달서 1, 2지역 교육복지투자우선지역 지원사업 프로그램우수사례집, 2009.

대구광역시 남부교육청 교육복지사업전담팀, 2008학년도 교육복지투자우선지역 지원사업 상담활동 사례집, 2009.

대구광역시 남부교육청 교육복지사업전담팀, 2009년 달서 1, 2지역 교육복지투자우선지역 지원사업 '남부희망네트워크' 종합보고회 및 심포지엄, 대구광역시 정보원 시청각실, 2009.10.9.

대구광역시 남부교육청 교육복지사업전담팀, 2009년도 달서 1, 2지역 교육복지투자우선지역 지원사업 프로그램우수사례집, 2009.

대구광역시 남부교육청 교육복지투자우선지역 지원사업팀, 달서 1, 2지역 교육복지투자우선지역 지원사업 사업설명회, 대서중학교 시청각실, 2007.10.23.

대구대학교사회복지연구소 편, 『사회복지사전』, 서울: 경진사, 1985.

대구동부고등학교, 대구광역시 교육청 지정 사회복지사활용 시범학교 운영 보고서, 학교사회복지실천을 통한 학교복지 증진, 2006.

대구명덕초등학교, 2006년 사회복지공동모금회 지원 학교사회복지 사업 보고서, 학교사회복지사 지원체계 구축을 통한 즐거운 학교생활 증진 방안, 2006.

대구비산초등학교, 신기중학교, 경상공업고등학교, 사회복지사를 활용한 연구학교 평가 보고서, 2005.5.1.~2006.4.30.

문명미, "지역사회복지관의 학교사회사업 현황 및 실천 방안", 서강대학교 대학원 석사학위논문, 2000.

문인숙 · 양옥경, 『정신장애와 사회복지』, 서울: 일신사, 1993.

문화체육부, 『청소년 백서』, 1996.

박은우, "국민학교 아동의 학교상담 실태분석 및 개선에 관한 연구", 울산대학교 대학원 석사학위논문, 1992.

보건복지가족부, 교육과학기술부, 한국사회복지사협회, '08년 학교사회복지사 파견사업 운영 안내, 2008.8.

보건복지가족부, 교육과학기술부, 한국사회복지사협회, 학교사회복지사 파견사업 2008년 하계 워크숍, 대전유성호텔, 2008.8.6.~7.

보건복지부, 교육인적자원부, 2007년 학교사회복지사 파견사업 보고회, 부산해운대그랜드호텔, 2007.12.14.

보건복지부, 교육인적자원부, 한국사회복지사협회, '07년 학교사회복지 시범사업 운영 안내, 2007.3.

사회복지개발연구원, 학교사회복지사업 운영 보고회 참관록, 2008년 대구광역시 사회복지공동모금회 지원 테마기획사업, 2008.

사회복지공동모금회 기획사업 학교사회복지전문위원회, 학교 상주형 학교사회복지 3차년도 사업평가 보고서, 2002 사회복지공동모금회 기획사업 학교사회복지, 2005.

사회복지사를 활용한 연구학교 정책연구팀, 2004 사회복지사를 활용한 연구학교 하계 워크숍, 꽃동네 현도사회복지대학교, 2004.7.26.~28.

상원중학교, 대구광역시 지정 사회복지사활용 시범학교 운영 보고서, 학교사회복지 프로그램 적용을 통한 학교생활 적응력 향상, 2006.

상인, 성서, 신당, 월성, 학산종합사회복지관, 2009년 교육복지투자우선지역 지원 남부교육청 공동사업–멘토링 프로그램, 해피투게더, 2009.

서현 · 이승은, 농촌지역의 국제결혼 가정 자녀가 경험하는 어려움에 관한 연구, 열린 유아교육연구, 12, 2007, 25-47.

성규탁, 『사회복지행정론』, 서울: 법민사, 1994.

성규탁, 『사회복지행정조직론』, 서울: 박영사, 1992.

성민선 외, 『학교사회복지의 이론과 실제』, 서울: 학지사, 2004.

성민선 외, 『학교사회복지의 이론과 실제』, 서울: 학지사, 2014.

성민선 · 송준 역, 『가족의사소통의 새로운 기법』, 서울: 홍익재, 1988.

신성웅 · 권석우 · 신민섭 · 조수철, 학교폭력 피해자의 정신병 실태 조사, 『소아 · 청소년 정신의학』, 11, 2000, 124-143.

심희옥, 아동의 심리사회적인 발달과 또래 괴롭힘의 가해 · 피해 · 친사회적 행동과의 횡 · 종단적 관계, 『한국아동학회지』, 23, 2002, 1-15.

안경달, "실업계 여고생의 가출의 원인분석과 학교관리체계의 개선 방안", 부산대학교 교육대학원, 1993.

안종현, "중등학교 학교상담실태와 그 실효성에 관한 연구", 전남대학교, 1993.

여성가족부, 『청소년백서』, 2016.

오봉욱 외, 『학교사회복지론』, 서울: 동문사, 2015.

오인수, "다문화가정학생의학교괴롭힘피해경험과심리문제의 관계: 심리적 안녕감의 매개효과를 중심으로", 『아시아교육연구』, 15(4), 2014, pp. 219-238.

오창순, "학교사회사업에 관한 연구", 이화여자대학교 대학원 석사학위논문, 1981.

윤백현 편, 『단체운영의 실제』, 서울: 홍익재, 1990.

윤철수, "중등학교에서 학교사회사업가의 활용가능성에 관한 사례연구", 숭실대학교, 1995.

이규환, 『교육사회학』, 서울: 배영사, 1978.

이근후 외 역, 『최신임상정신의학』, 서울: 하나의학사, 1990.

이배근, "아동학대와 사회사업적 개입", 한국정신보건사회사업학회, 96추계학술대회자료집, 1996.

이순영, "지역사회복지관에서의 학교사회복지서비스 실태와 개선 방안", 대구대학교 대학원 석사학위논문, 2004.

이혜원 · 김혜래 · 홍순혜 · 노충래, "통합적 학교사회복지 서비스모형의 재정립", 변화하는 사회환경과 학생복지—2007년도 한국학교사회복지학회 춘계학술대회 자료집, 2007.

임상사회사업연구회, 『임상사회사업기술론』, 서울: 홍익재, 1991.

장수한, 『학교사회복지의 이론과 프로그램실제』, 파주: 양서원, 2010.

장인협, 『사회복지개론』, 경기: 한국사회개발연구원, 1981.

장인협, 『사회사업실천방법론』, 서울: 서울대학교출판부, 1993.

전재일 외, "사회복지관사업 평가도구 개발을 위한 연구", 『사회복지개발연구』, 1(2), 1995.

전재일 외, 『개별사회사업』, 서울: 형설출판사, 1996.

전재일 외, 『사회복지론』, 서울: 형설출판사, 1996.

전재일 외, 『학교사회사업실천 어떻게 할 것인가?』, 대구: 사회복지개발연구원 출판부, 1999.

전재일 외, 『학교사회사업』, 대구: 사회복지개발연구원 출판부, 1997.

전재일 편저, 『사회복지실천의 이해』, 대구: 사회복지개발연구원 출판부, 1998.

전재일 · 이성희, 『학교사회사업 실천모형개발』, 대구: 사회복지개발연구원, 2001.

정금자, "아동의 욕구 및 성격형성 유형과 결손가정에 관한 이론적 고찰", 한사실업전문대학 논문집, 제16집, 1981.

정원식, 『교육환경론』, 서울: 교육출판사, 1974.

정진영, "사회복지조직의 유효성에 관한 연구–조직과 환경 간의 협역관계를 중심으로", 서울대학교 대학원 박사학위논문(미간행), 1986.

조경미, "학교교육에서의 학교사회사업의 중요성", 『학생지도』, 제14호, 서울특별시 교육연구원, 1972.

조운희, "사회복지조직의 평가모형 설정에 관한 연구–사회복지관 운영평가를 중심으로", 한성신학대학 연구논문집, 제5집, 1995.

주진석 외, 『학교사회복지론』, 파주: 양서원, 2014.

청소년대화의 광장, 청소년문제 유형분류체계–기초연구, 1994.

청소년대화의 광장, 청소년상담정책연구, 1993.

최영욱 외, 『사회복지시설론』, 서울: 범논사, 1990.

최인욱, "학교사회사업실천을 위한 사회사업가의 역할과 개업전략–중등학교를 중심으로", 부산대학교 대학원 박사학위논문, 1993.

최인욱, "학교사회사업의 도입을 위한 부산지방 고교생 생활실태분석", 부산대학교 대학원 석사학위논문, 1985.

포항중앙초등학교, 영덕중학교, 죽변종합고등학교, 교육인적자원부 지정 정책연구학교 합동공개 보고회, 사회복지사활용 연구학교 보고서, 2006.12.8.

학교사회복지사 자격관리위원회, 제2회 학교사회복지사 자격시험합격자 직무교육, 천안상록리조트, 2006.6.23.~24.

학교사회복지사 자격관리위원회, 제3회 학교사회복지사 자격시험합격자 직무교육, 한남대학교, 2007.7.26.~27.

한국교육개발원, 교육복지투자우선지역 지원사업 실천사례집, 서울: 2005.

한국사회복지사협회, 학교사회복지사 파견사업 2007 하계 워크숍, 2007.8.16.~18, 수안보한화리조트, 2007.8.13.

한국청소년연구원, 『청소년 문제론』, 1992.

한국청소년연구원, 청소년 문제행동진단을 위한 조사연구(II)–유형별 청소년 문제행동에 관한 문헌연구, 1990.

한국학교사회복지사협회 부설 교육복지연구소,『학교교육과 복지』, 파주: 양서원, 2006.

한국학교사회복지사협회 부설 교육복지연구소,『학교교육과 복지』, 파주: 양서원, 2010.

한국학교사회복지사협회, '05 교육인적자원부지정 사회복지사활용 연구학교 하계 워크숍, 교육복지 증진 및 학교폭력 예방을 위한 효과적인 학교사회복지 실천 전략, 서울여자대학교 인문사회관, 2005.8.10.~11.

한국학교사회복지사협회, 10년을 딛고 내일을 연다, 한국학교사회복지사협회 10주년 기념 자료집, 2010.

한국학교사회복지사협회, 2007 학교사회복지 우수 프로그램집, 서울여성프라자, 2007.12.21.

한국학교사회복지실천가협회, 2003년 학교사회사업 대학생 연수, 2003.

한국학교사회복지실천가협회, 학교－지역사회통합모형 실천을 통한 학교사회복지 운영 보고서, 2002 사회복지공동모금회 기획사업, 2004.10.

한국학교사회복지학회, 교육복지지원사업의 사회복지적 의미와 과제, 2003년 춘계학술대회 및 워크숍 자료집, 한남대학교, 유성호텔, 2003.5.23.~24.

한국학교사회복지학회, 변화하는 정책환경과 학교사회복지의 방향, 2008 한국학교사회복지학회 춘계학술대회 자료집, 서울여자대학교, 2008.5.24.

한국학교사회복지학회, 새천년 학교사회복지의 방향, 제7회 학술대회 자료집, 가톨릭대학교 성심교정 성심관, 2000.5.18.

한국학교사회복지학회, 아이들과 미래, 지역사회복지관 중심의 학교사회복지 실천전략, 2000년 한국학교사회복지학회 제3회 연수자료집, 속리산유스호스텔, 2000.8.17~19.

한국학교사회복지학회, 우리교육에서의 학생복지, 그 현실과 대안－대토론회 자료집, 국회의원회관 소회의실, 2001.11.30.

한국학교사회복지학회, 청소년보호위원회, 청소년 음주와 흡연, 학교사회복지를 통한 예방과 해결, 제10회 학술대회 자료집, 서울대학교 호암교수회관, 2002.5.24.

한국학교사회복지학회, 청소년보호위원회, 학교붕괴의 실상과 사회복지적 대응, 2001년 한국학교사회복지학회 제9회 학술대회 자료집, 서울 YWCA 대강당, 2001.6.8.

한국학교사회복지학회, 학교붕괴의 실상과 사회복지적 대응, 2001년 제9회 학술대회 자료집, 서울 YWCA 대강당, 2001.6.8.

한국학교사회복지학회, 학교사회복지 슈퍼비전을 통한 전문성 제고, 2011년도 춘계학술대회, 숭실대학교, 2011.5.28.

한국학교사회복지학회, 학교사회복지의 실천모형과 발전전략, 2000 한국사회복지학회 추계학술대회 자료집, 청주대 종합강의동 203호, 2000.10.21.

한국학교사회복지학회, 학교폭력예방과 학교사회복지, 2004 학교사회복지 워크숍, 경산상대온천관광호텔, 2004.5.28.~29.

한국학교사회사업실천가협회, 부등교 학생과 학교사회사업－원인 및 진단과 집단지도 훈련, 2001년 학교사회사업 하계 워크숍 자료집, 한국통신김해연수원, 2001.7.16.~ 18.

한국학교사회사업학회, 교육개혁과 학생복지－학교사회사업의 실천 방향, 제3회 한국학교사회사업학회 학술대회, 서울 YWCA 대강당, 1998.5.22.

한국학교사회사업학회, 새천년 학교사회복지의 방향, 2000년 제7회 학술대회 자료집, 2000.5.

한국학교사회사업학회, 학교사회복지의 현실과 전망, 제6회 추계학술대회, 국회의원회관 소회의실, 1999.

한라종합사회복지관, 학교폭력 가해학생 재발방지를 위한 프로그램 매뉴얼, 2006.12.

한인영 · 홍순애 · 김혜란, 『학교와 사회복지실천』, 경기: 나남출판사, 2004.

허미화, 한국사회의 다문화적 변화와 국제결혼가정 유아의 교육환경고찰, 『유아교육연구』, 28, 2008, 265-281.

황정원, 우리나라의 특수교육의 현황, 교육통계 FOCUS, 2015 겨울.

홍경자, 『정신건강적 사고』, 서울: 이문출판사, 1987.

홍봉선 · 남미애, 『학교사회복지론』, 고양: 공동체, 2009.

홍봉선 · 남미애, 『학교사회복지론』, 고양: 공동체, 2015.

황성철 · 강혜규, "사회복지관 운영평가 및 모형개발", 한국보건사회연구원, 1994.

2002년 사회복지공동모금회 기획사업 학교사회복지 전문위원회, 사회복지공동모금회 기획사업 학교사회사업 사례집, 2004.5.

2002년 사회복지공동모금회 기획사업 학교사회복지 전문위원회, 학교사회복지 대토론회 II, 학교사회복지 시범사업의 성과와 발전 방향, 사회복지공동모금회 강당, 2006.1.17.

Abbott, E. & Breckinridge, S., *Truancy and Nonattendance in the Chicago Schools: A Study of the Social Aspects of the Compulsory Education and Child Labor Legislation of Illinois*, Chicago: University of Chicago Press, 1917.

Alderson, J. & Kirshef, C., "Another Perspective in Tasks in School Social Work", *Social Casework 54*(10), December 1973, pp.591-600.

Alderson, J., *Model of School Social Work Practice*, Florida State University, 1972, p.59.

Allen-Meares, P., Washington, R. O., & Welsh, B. L., *Social Work Services in School*, New Jersey: Prentice-Hall Inc., Englewood Cliffs, 1986.

Allen-Meares, P., Washington, R. O., & Welsh, B. L., *Social Work Services in School*, New Jersey: Prentice-Hall Inc., Englewood Cliffs, 2000.

Anderson, R. J., "Editorial Comments", *Social Work in Education, 2*(3), April, 1980.

Anderson, R. J., "Procedures and Problems in Referring School Children to Mental Health Clinics", Doctoral Dissertation, Illinois State University, Normal, 1968.

Ann, N. Y., *Initiating an Ecosystems Model in School Social Work Practice: The Urban School Setting*, City University of New York, 1990, pp.16-17.

Apter, S. & Bronfenbrenner, V., "Toward an Experimental Ecology of Human Development", *American Psychologist, 32*, 1977, pp.513-531.

Apter, S. J., *Troubled Children-Troubled Systems*(Rev.ed.), Elmsford, New York: Pergamon Press, 1982.

Barker, R. L., *The Social Work Dictionary*, 3rd ed., Washington D.C.: National Association Social Workers, 1995.

Barker, R. L., *The Social Work Dictionary*, 3rd ed., Washington D.C.: National Association Social Workers, 2003.

Bigher, J. J., *Parent-Child Relations: An Introduction to Parenting*, New York: MacMillan Publishing Co., 1970.

Biller, H. B. & Davids A., "Parent-Child Relations, Personality Development, & Psychopathology", In Davids, *Abnormal Child Psychology*, Bermount, California: Brooks Cole, 1973.

Bower, E. M., "Building Bridges Over the River Kwai: Goal Displacement and Constriction in Human Institution", *Psychology in Schools, 5*(4), October 1968, pp.310-316.

Bowlby, J., *Child Care & the Growth of Love*, 2nd ed., Middle-Sex England: Penguin Books, 1965.

Briar, S. & Miller, H., *Promlems and Issuse in Social Casework*, New York: Columbia University Press, 1971.

Brier, M. S., "From Hospital or Home to School: A Team Approach", In M. T. Hawkins(Ed.), *Achieving Educational Excellence for Children at Risk*, Silver Spring, MD: National Association of Social Workers, 1986, pp.56-68.

Compton, B. R. & Galaway, B., *Social Work Process*, 3rd ed., Homewood, Ⅲ: The Dorsey Press, 1984.

Constable, R., "Service Delivery in the School: An Overview", *School Social Work*, Lyceum Books Inc., 1996.

Constable, R., Flynn, J. P., & Mcdonald S., *School Social Work*, Lyceum Books Inc., 1996, p.169.

Costin, L. B., "A Historical Review of School Social Work", *Social Casework 50*, Permission Granted to Cite Work, 1969, pp.439-453.

Costin, L. B., "School Social Work Practice: A New Model", *Social Work, 20*(21), April 1975, pp.135-139.

Costin, L. B., *Child Welfare: Politics and Practices*, New York: McGraw-Hill Books, Co., 1974.

Culbert, J., *Visiting Teachers and Their Activities: Proceedings of the National Conference of Charities and Correction*, Chicago: Hildman Printing Co., 1916, p.595.

Deshier, B., *School-Community Relations: An Action Model*, Western Michigan University, Kalamazoo, 1983, Preared from Material Developed by Eugene Litwak and Henry, University of Michigan, Reprinted with Premision.

Deshler, R., "The School-Community Agent in the Detroit Public Schools", Unpublished Paper, February 1965.

Everette, E. M., "The Importance of Social Work in a School Program", *The Family 19*, March 1938, p.58.

Fink, A. E. et al., *The Field of Social Work*, 1968, pp.349-366.

Fisher, J. K., "Role Perceptions and Characteristics of Attendance Coordinators, Psychologists, and Social Workers", *Journal of the International Association of Pupil Personnel Worker, 10*, March 1966, pp.1-8.

Flynn, J. P., "Congruence in Perception of Social Work-Related Tasks in a School System", *Social Service Review, 59*(3), September 1976, pp.471-481.

Foley, V. D., *An Introduction to Family Therapy*, New York: Grune & Stratton, 1974.

Freeman, G., Goldberg, D., & Sonnega, J., Cooperation Between Public Schools and Mental Health Agencies. *Social Work in Education, 5*, 1983, pp.178-187.

Germain, C., "An Ecological Perspective in Social Work in the School", In R. Constable & J. Flynn(Eds.), *School Social Work: Practice and Research Perspective*, Homewood, III: Dorsey Press, 1982, p.6.

Germain, C., "Ecology and Social Work", In C. B. Germain(Ed.), *Social Work Practice: People and Environment*, New York: Columbia University Press, 1979.

Haggstrom, W. C., "Perspectives from Four Disciplines", In H. P. Miller, *Poverty, Belton*, Calf: Wadsworth Publishing Co., Inc., 1968.

Hernstein, R. & Murray, E. J., *The Bell Curve: Intelligence and Class Structure in American Life*, New York: Free Press, 1994.

Hetherigton, E. V., "Effects of Father Absence on Personality Development in Adolescent Daughters", *Developmental Psychology, 7*(3), 1972.

Hourihan, J. P., "Social Work in the Schools: New Developments in Theory, Knowledge, and Practice", Paper Presented at the NASW Tenth Anniversary Symposium on Social Work Practice and Knowledge, Atlantic City, New Jersey, May 1965, pp.21-23.

Hourihan, J. P., "The Expanded Role of the School Social Worker", In Alderson(Ed.), Op. Cit, p.134.

Ketter, P. M., "A Framework for Comparing Practice Modes", *Social Service Review, 49*(4), Devember 1975, pp.629-642.

Konopka, G., *Social Group Work: A Helpin Process*, New Jersey: Prentice-Hall Inc., 1963.

Langer, T. S., "Socioeconomic Satus and Personality Charteristics", In T. S. Langer & S. T. Michael, *Life Stress and Mental Health*, New York: The Free Press, 1963.

Lee, *Helping the Troubled School Child*, 1960, p.231.

Lewis, O., "The Culture of Poverty", *Scientific America*, No.4, 1966.

Litwak, E. & Meyer, H., Administrative Style and Community Linkages in Public Schools, In *Schools in a Changing Socity*, Ed., A. Russ, Glencoe, III: Free Press, 1979.

Litwak, E. & Meyer, H., "The Administrative Style of the School and Organizational Tasks", In *Strategies of Community Organization*, Ed. Fred M. Cox et al., Itasca, III: F. E. Peacock Publishers, 1974.

Lurie Harry L., *Encyclopedia of Social Work*, New York: NASW, 1967.

Merl, L., "The Social Worker as a Link Between School, Home, and Community", In The Supportive Role of School Social Work Service in Hilping the Seriously Disturbed Child, 1967, p.39.

Mischele, W., "Father Absence and Delay of Gratification", *Journal of Abnormal and Social Psychology*, Vol.62, 1961.

Monkman, M. M., "Abroader, More Comprehensive View of Social Work Practice", *School Social Work Journal*, 1978, pp.2-7.

Monkman, M. M., "The Contribution of the Social Workers to the Public School", In R. Constable(Ed.), *School Social Work: Research and Practice Perspectives*. Homewood, IL: Dorsey Press, 1982a.

Monkman, M. M., "The Specialization of Levels of Practice", In Differential Levels of Student Sport Services. St. Paul: Minnesota Department of Education, 1982b.

Murray, E. J., *Motivation & Emotion*, 1977.

NASW Standards for School Social Work Services, 실무지침 6, 1992.

Nebo, J. C., "Interpretation of School Social Welfare Services to Educators and Other Professionals Who Serve the School", *Bulletin of the National Association of School Social Workers, 30*, March 1955, pp.1-55.

Nebo, J. C., "The School Social Worker as Community Organization", *Social Work, 8*(1), January 1963, p.105.

Newton, J. K., "The Pupil Personnel Worker in Racial Conflict", *Florida Pupil Personnel Quarterly, 3*(3), Spring 1971, pp.4-5.

Oppenheimer, J., *The Visiting Teacher Movement with Special Reference to Administrative Relationship*, 2nd ed., New York: Joint Committee on Methods of Preventing Dilinquency, 1925, p.5.

Pollak, O., "A Family Diagnosis Model", *Social Service Review*, March, 1960.

Poole, F., "An Analysis of the Structure and Practice of School Social Work Today", *Social Service Review 23*, December 1949, p.456.

Radin, N., "Assessing the Effectiveness of School Social Workers", *Social Work, 24*, March 1979.

Radin, N., "School Social Work Practice: Past, Present, and Future Trends", *Social Work in Education, II*, 1989, pp.213-225.

Rappaport, J., *Community Psychology: Values, Reserch, and Action*, New York: Holt, and Rinegart, and Winston, 1977.

Reid, W. & Epstein, L., *Task-Centered Casework*, New York: Columbia University Press, 1972, pp.7-8.

Rowen, R. "The Function of the Visiting Teacher in the School", *Journal of the Inter-*

national Association of Pupil Personnel Workers, 9, June 1965, pp.3-9.

Sabatino, C. A., Timberlake, E., & Hooper, S., "School Social Consultation: Theory, Practice, and Resarch", In R. T. Constable, J. P. Flynn, & S. McDonald(Eds.), *School Social Work: Practice and Research Perspectives,* 2nd ed., Chicago: Lyceum. 1991, pp.257-272.

Santrock, J. W., "Relations of Type and Effect of Father Absence to Cognitive Development", *Child Development*, Vol.43, 1972.

Sarri, R. & Maple, F. F., "Model of School Social Work Practice", *The School in the Community*, NASW Inc., 1972, pp.65-69.

Schilling, R. F., Koh, N., Abramovitz, R., & Gilbert, L., "Bereavement Groups for Inner-city Children", *Research on Social Work Practice, 2*, 1992, pp.405-419.

Schwartz, S., "School-Based Strategies for Primary Prevention of Drug Abuse", *Social Work in Education, 10*, pp.53-63.

Schwartz, W., "The Social Worker in the Group", *Social Welfare Forum*, New York: Columbia University Press, 1961, pp.4-157.

Shaw, M. C., "Role Delineation among the Guidance Professions", *Psychology in the Schools, 4*, January 1967.

Sikkema, M., "An Analysis of the Structure and Practice of School Social Work Today", *Social Service Review, 23*, December 1949, pp.447-457.

Skidmore & Thrackeray, *Introduction to Social Work*, 1976.

Skidmore, R. A., *Social Welfare Administration: Dynamic Management and Human Relationships*, Englewood Cliffs, New Jersey: Prentice-Hall, 1983.

Smalley, R. E., "School Social Work as a Part of the School Program", *Bulletin of the National Association of School Social Workers, 22*(3), March 1947, pp.5-52.

Swap, S., "The Ecological Mode of Emotional Disturbance in Children: Astatus Report and Proposed Synthesis", *Behavioral Disorders, 3*, 1978, pp.186-196.

Taft, J., "The Relation of the School of Mental Health of the Average Child", *Proceedings of the National Conference of Social Work*, Chicago: University of Chicago Press, 1923, p.398.

Towle, C., "Discussion of Changing Concepts in Visiting Teacher Work", *Visiting Teachers Bulletin 12*, September 1936, pp.15-16.

Towle, C., *Common Human Needs*, 1957.

Vinter, R. & Sarri, R. C., "Malper Formance in Public School: A Group Work Approach", *Social Work, 10*(4), January 1965, p.4.

Walton, M., Reaves, G. D., & Shannon, R. F., "Crisis Team Intervention in School Community Unrest", *Social Casework, 52*(1), January 1971, p.12.

Waston, F. T., "An Open Letter to Social Workers in School", *NASW News, 19*(1), Januray 1975.

Welsh, B. L. & Spitzer, K., "A Problem-Focused Model of Practice", *Social Casework, 50*(6), 1969, pp.323-329.

Welsh, B. L. & Spitzer, K., *A Problem-Solving Guide for Effecting Situational Change*, Wayne State University, Detroit, Micigan, 1981.

Wenters, W. G. & Easton, F., *The Practice of Social Work in Schools—An Ecological Perspective*, New York: The Free Press, 1983.

Wilson, Jan, "School Social Work at the Policy and Community Level." In School Social Work: Theory and Practice. Ed. by L. Bye and M. Alvarez, Belmont, CA: Thomson Brooks/Cole.

Wykle, G. T., "Integration is not Enough", In M. T. Hawkins(Ed.), *Achieving Educational Excellence for Children at Risk*, Silver Spring, MD: National Association of Social Workers, 1986, pp.149-160.

찾아보기

[인명]

[내용]

ㄱ

ㄴ

ㄷ

ㅁ

ㅇ

ㅈ

■ 필자소개

전 재 일 대구대학교 사회복지학(문학사, 철학박사), 경북대학교 상담심리학(교육학석사)
Ashland University 객원교수, University of Minnesota 객원교수
대구대학교 사회복지연구소장, 학생생활연구소장
사회과학대학장, 사회개발대학원장, 대학원장
한국사회복지학회장, 사단법인 한국사회복지학회 법인이사
한국학교사회복지학회장, 학교사회복지사 자격관리위원회위원, 사회복지개발연구원장
학교사회복지사 파견사업 자문위원, 경상북도교육정책협의회 위원
대구사회복지공동모금회 지원 테마기획 학교사회복지사업 전문위원회 위원장
현재: 대구대학교 사회복지학과 명예교수

이 성 희 대구대학교 대학원 사회복지학(문학석사, 철학박사)
월성종합복지관 심리상담실장, 아동복지센터 총무, 사회복지개발연구원 사무국장
한국학교사회복지학회 이사, 대구가족치료센터소장, 한국미술치료학회장
울산대학교 사회 · 복지학전공 교수

이 성 국 경북대학교 사회학(문학사), 대구대학교 사회복지학(문학석사)
대구대학교 사회복지학과 박사과정 수료
대구동부고등학교 교장, 경북대학교 · 대구대학교 강사
전국도시교육감협의회 교육정책팀장
현재: 경화여자고등학교 교장

이 경 은 이화여자대학교 사회사업학(문학사, 문학석사)
대구대학교 대학원 사회복지학(철학박사)
한국학교사회복지학회 이사
현재: 경북대학교 사회복지학과 교수

박 영 준 대구대학교 사회복지학(문학사, 문학석사, 철학박사)
대구미래대학 사회복지과 교수, 한국학교사회복지학회 감사
현재: 대구대학교 사회복지학과 교수, 대구대학교 사무처장

이 선 자 대구대학교 사회복지학(사회복지학사, 사회복지학석사, 철학박사)
사회복지개발연구원 사무국장, 학교사회복지사 파견사업 자문위위원
경상북도 영천교육지원청 교육복지투자우선지역지원사업 자문위원
현재: 한국복지사이버대학교 청소년복지상담학과 교수

[개정판]
학교사회복지론

1판 1쇄 발행 — 2016년 8월 20일
2판 1쇄 발행 — 2020년 8월 10일
2판 2쇄 발행 — 2023년 8월 20일

저　　자 – 전재일 이성희 이성국 이경은 박영준 이선자
발 행 인 – 강철원
발 행 처 – 양성원
주　　소 – 경기도 파주시 검산로 173번길 29-12
전　　화 – 031-946-3861(代)
팩　　스 – 031-946-3864
이 메 일 – tnwpub@naver.com
홈페이지 – tnwpub.co.kr
출판등록 – 2015년 8월 31일 제2015-000211호

ISBN 979-11-6126-297-0

정가 19,000원